北海道の業界地図 2022-23

北海道新聞社 編

北海道新聞社

「北海道で働きたいけれど、どんな会社があるかわからない」「もっと学生たちに自分たちの会社を知ってほしい」―。そんな就活生と企業の声をマッチングさせるために、北海道経済を広く一望できるような本を目指して「北海道の業界地図」を 2020 年 2 月に発行しました。

しかし、新型コロナウイルスの感染拡大は、わたしたちの生活や、企業・業界の状況にも大きな影響を与えました。北海道経済の変化を捉えた情報の更新や読みやすさの工夫、読み物の拡充を図り、リニューアルしたのが本書「北海道の業界地図 2022-23」です。

本書がみなさんの就活や新たなビジネスの羅針盤となり、北海道の企業との出会いや発見のお役立てになれることを願います。

2021 年 3 月　撮影

　北海道新聞社は2018年1月、道内の経済団体、行政機関、大学などとスクラムを組み、若い人材の地元就職を支援する「北海道で働こう応援会議」を立ち上げました。

　北海道新聞の紙面や「どうしん電子版」などを通じ、全道各地の優良企業の情報を発信し、若者の道内就職やU・Iターンを後押しする取り組みです。

　本書『北海道の業界地図 2022-23』も、この応援会議と、北海道と沖縄の企業を中心に構成された「どさんこしまんちゅプロジェクト」のコラボから生まれました（詳しくは173ページ）。

合同企業説明会オンライン開催！

　合同企業説明会「北海道で働こう！お仕事フェスタ」は、2020年からはオンラインで開催、2021年9月までに計3回開き、累計で175社の企業と2300名の学生が参加しました。

　参加者が道内在住者だった過去2回とは違い、道外からの参加が大幅に増えたのも特徴で、なかには海外留学生もいました。

「ジョブアンテナ北海道」始動！

　道内中小企業の情報を学生に届けるため、道内企業と全国の就活生が双方向でやりとりできる求人マッチングサービス「ジョブアンテナ北海道」が2021年7月1日に開設されました。

　企業側から登録した就活生へアプローチできるのが特徴で、企業と就活生が直接やりとりできるチャット機能を備えています。就活生は無料で利用できます。

　「ジョブアンテナ北海道」で検索、または右記の二次元バーコードからアクセスしてください。

WEB・SNSによる情報発信！

　北海道新聞に掲載された就職関連の記事、北海道で働こう応援会議に参画する企業・団体からのお知らせや関連サイトとのリンク、専門家によるコラムなど、道内の就職関連情報を一元化し、特設サイトから発信しています。FacebookやTwitterでも随時情報を発信しています。

Facebookでチェック 　　　Twitterでチェック

北海道の業界地図 *2022-23*
CONTENTS

北海道で働こう応援会議	*4*
北海道の業界地図 2022-23 の見方	*6*
北海道の業界地図 2022-23 の基本用語	*7*

巻頭特集

「ポストコロナ　北海道経済の針路」
　北海道新聞社編集局経済部長　浜中　淳　*8*

| 業界地図 1 | 注目業界 | *16* |

食

業界地図 2	農業・農業団体	*18*
業界地図 3	漁業・漁業団体	*21*
業界地図 4	乳製品	*22*
業界地図 5	食肉	*24*
業界地図 6	パン・小麦	*25*
業界地図 7	飲料・食品・調味料	*26*
業界地図 8	水産物流通・加工	*29*
業界地図 9	青果・水産物卸	*30*
業界地図 10	菓子	*32*
業界地図 11	酒類	*34*

TOP interview
よつ葉乳業㈱
代表取締役社長　有田　真さん　*36*

資源・エネルギー・製造

業界地図 12	電力・ガス	*42*
業界地図 13	紙・パルプ	*44*
業界地図 14	鉄鋼・金属	*46*
業界地図 15	素材・化学	*48*
業界地図 16	自動車	*50*
業界地図 17	産業機械・部品	*52*
業界地図 18	石油	*54*

TOP interview
㈱ダイナックス
代表取締役社長　伊藤　和弘さん　*55*

建設・不動産

業界地図 19	建設・土木	*60*
業界地図 20	住宅・マンション	*62*
業界地図 21	不動産・建物管理	*65*
業界地図 22	木材・建築資材	*66*

TOP interview
ヤマチユナイテッド
代表　山地　章夫さん　*68*

流通・外食

業界地図 23	スーパー・コンビニ	*74*
業界地図 24	ドラッグストア・化粧品・薬局	*76*
業界地図 25	医療関連商品卸・製造	*79*
業界地図 26	外食	*80*
業界地図 27	専門店・専門メーカー	*82*
業界地図 28	百貨店・商業施設	*84*
業界地図 29	家具・ホームセンター	*85*

TOP interview
生活協同組合コープさっぽろ
理事長　大見　英明さん　*86*

運輸・観光

業界地図 30	鉄道・バス	*92*
業界地図 31	航空	*94*
業界地図 32	物流・フェリー	*96*
業界地図 33	旅行・観光施設	*99*
業界地図 34	ホテル・リゾート	*100*

TOP interview
㈱ロジネットジャパン
代表取締役社長　橋本　潤美さん　*103*

IT・メディア・教育

業界地図 35	IT	*108*
業界地図 36	出版・書店	*111*
業界地図 37	マスメディア	*112*
業界地図 38	印刷	*114*
業界地図 39	広告	*115*
業界地図 40	大学	*116*
業界地図 41	教育・フィットネス	*119*

TOP interview
クリプトン・フューチャー・メディア㈱
代表取締役　伊藤　博之さん　*120*

金融・サービス

業界地図 42	銀行・金融	*126*
業界地図 43	信金・信組	*128*
業界地図 44	プロスポーツ	*130*
業界地図 45	アミューズメント・興行	*132*
業界地図 46	人材サービス・その他のサービス	*133*
業界地図 47	病院・介護	*134*
業界地図 48	冠婚葬祭	*136*

北海道新聞「学生応援ページ　道新夢さぽ」	*138*
北海道新聞「ほっかいどう企業ファイル」	*145*

巻末特集

「データでひもとく北海道経済」
　解説　北海学園大学経営学部教授　佐藤　大輔　*160*

企業・団体名別さくいん　*166*

北海道の業界地図2022-23の見方

- 売上高、従業員数などは、公開されている最新および直近のデータを掲載しています。2019年11月以前の売上高等のデータ、およびデータが非公開・不明の場合、掲載していません。店舗数などのデータは、本書制作時のものです。
- 企業・官公庁のウェブサイトや有価証券報告書、決算短信などの公開情報、北海道新聞記事などから作成しました。
- ➡（青線）は企業間の出資や買収などの資本関係を表します。矢印の向きは出資主体→被出資主体です。
- ━（赤線）は業務提携や取引関係、協力関係などを表します。
- 社名に続く自治体名は本社や本店、本部所在地、主要工場所在地を表します。
- 略称のHDはホールディングス（持ち株会社）です。
- ▲はマイナスを表します。
- トップインタビューの組織文化診断ツールは、米ミシガン大のロバート・クイン教授、キム・キャメロン教授により開発された手法です。企業は「家族文化」「官僚文化」「イノベーション文化」「マーケット文化」の4側面を持つとするもので、強弱の度合いは折れ線グラフで判断します。

道内48業界ごとに基本情報や最新ニュースを解説しています

地場企業を中心に、業界内の提携関係や出資関係をまとめました

北海学園大学・佐藤大輔ゼミの学生が企業トップへインタビュー。本音に迫りました

北海道新聞朝刊経済面で連載中の「ほっかいどう企業ファイル」を再録しました

北海道の業界地図2022-23の基本用語

〈売上高と利益〉

- **売上高**とは企業が1年間に商品やサービスを売ったすべての代金で、企業の規模を表す代表的な指標です。業種によっては経常収益や営業収益と呼びます。
- 売上高から仕入れにかかわる費用、生産にかかわる材料費、工場の作業員の人件費など売上原価を引いたものが**売上総利益**。**粗利（あらり）**とも呼びます。
- 売上総利益から販管費（販売費及び一般管理費）を引いたものが**営業利益**。本業のもうけを表す大事な指標です。販管費には広告宣伝費や営業マンの人件費などが含まれます。
- 営業利益に株の配当金の受け取りや銀行への利息の支払いなど本業以外の財務上の損益を足し引きしたものが**経常利益**です。
- 経常利益から税金の支払いや工場の売却といった特殊要因で生じた損益を足し引きしたものが**純利益**です。
- 企業は純利益から株主への配当を支払い、残りを利益剰余金（内部留保）として翌期に積み残します。

売上高と利益のイメージ

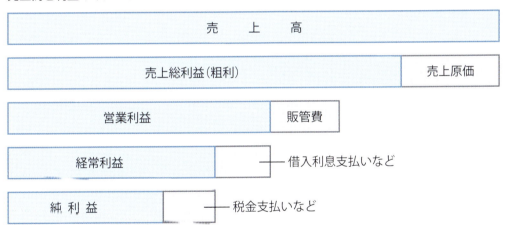

〈企業の提携関係〉

- 企業の提携関係を表すのは資本の出資（その企業の株式を取得する）を伴う**資本提携**と伴わない**業務提携**があります。
- 株式を50％超所有した方は**親会社**。所有された方は**子会社**になります。100％なら**完全子会社（親会社）**となります。40〜50％所有の場合でも、人事上で緊密な関係にあるなど一定の条件を満たせば子会社（親会社）となります。
- 株式をおおむね15％以上50％以下所有する場合、**関連会社（持ち分法適用会社）**と呼ばれます。子会社、関連会社とも出資の割合に応じ連結決算の対象となります。

巻頭特集

ポストコロナ
北海道経済の針路

2010年代、北海道は「食」と「観光」という二つの基幹産業を見いだし、かつてない豊かさを得た。だが、20年代の幕開けとともに起きたコロナ禍は2大産業を直撃し、北海道経済はリスタートを強いられる。この苦しい時期にこそ、北海道経済のポテンシャルを検証し、ポストコロナを見据えた戦略を練らなくてはならない。

北海道新聞社編集局経済部長

浜中　淳

〈略歴〉はまなか・じゅん　1963年東京生まれ。北海道大学経済学部卒。89年北海道新聞社入社。経済部次長、東京支社政経部次長、編集本部部次長、函館支社報道部次長、論説委員(経済担当)を経て2020年から現職。

◆働く住民への分配額は全国3位

2010年代の北海道民は年を追うごとに豊かになっていた─。そんな主張をすれば「まさか」と思われる方が多いだろう。

無理もない。17年度の道民所得（名目）を住民1人当たりに換算すると268.2万円。47都道府県平均の330.4万円を大きく下回り、都道府県別順位は36位。1位の東京都の542.7万円とは2倍以上の開きが生じていた。最新のデータとなる18年度も274.2万円で、集計済みの44都道府県中33位である（21年7月6日現在。未集計は石川、奈良、沖縄の3県）。

だが、道民所得のうち、働く道民への分配額を示す「道民雇用者報酬」に目を向けると全く違った風景が見えてくる。道民所得と雇用者報酬の関係は後述したい。

17年度の就業者1人当たりの道民雇用者報酬は491.2万円を数え、47都道府県中5位（都道府県平均476.2万円）。18年度は509.4万円で、44都道府県中3位に付けている。上にいるのは東京都と神奈川県だけだ。

実は13年度まで1人当たり道民雇用者報酬は一貫して全国平均を下回っていた。それが14年度に初めて平均を上回ると、以後5年連続で上昇し、ついに500万円台を突破したのだ。

◆2700億円に達したインバウンド消費額

働く道民への分配額という点から見れば、北海道経済は10年代に入り、明らかにフェーズが変わった。その

■〈表1〉1人当たり県民雇用者報酬（名目）の都道府県別ランキング

（単位・千円）

2013年度		
1	東京都	5,520
2	神奈川県	4,985
3	大阪府	4,793
4	奈良県	4,752
5	千葉県	4,745
6	兵庫県	4,719
7	愛知県	4,664
8	栃木県	4,590
9	滋賀県	4,510
10	長野県	4,495
14	北海道	4,441
全県平均		4,564

2014年度		
1	東京都	5,534
2	神奈川県	5,067
3	大阪府	4,841
4	千葉県	4,784
5	奈良県	4,752
6	愛知県	4,720
7	兵庫県	4,714
8	北海道	4,629
9	滋賀県	4,610
10	福井県	4,593
全県平均		4,626

2015年度		
1	東京都	5,546
2	神奈川県	5,016
3	大阪府	4,856
4	愛知県	4,804
5	千葉県	4,779
6	奈良県	4,723
7	兵庫県	4,684
8	滋賀県	4,656
9	北海道	4,647
10	福井県	4,628
全県平均		4,638

2016年度		
1	東京都	5,665
2	神奈川県	5,080
3	愛知県	4,871
4	大阪府	4,849
5	千葉県	4,841
6	兵庫県	4,816
7	北海道	4,746
8	滋賀県	4,686
9	広島県	4,656
10	長野県	4,640
全県平均		4,699

2017年度		
1	東京都	5,711
2	神奈川県	5,065
3	千葉県	4,967
4	兵庫県	4,967
5	北海道	4,912
6	大阪府	4,865
7	愛知県	4,852
8	広島県	4,805
9	栃木県	4,776
10	福井県	4,773
全県平均		4,762

2018年度		
1	東京都	5,811
2	神奈川県	5,289
3	北海道	5,094
4	兵庫県	5,046
5	千葉県	4,987
6	愛知県	4,980
7	広島県	4,948
8	大阪府	4,935
9	福井県	4,934
10	埼玉県	4,801
全県平均		─

出典：内閣府「県民経済計算」。2018年度は21年7月6日現在

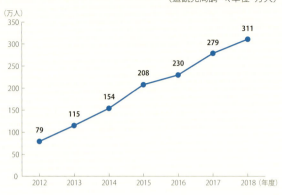

■〈グラフ1〉北海道を訪れた訪日外国人数（実数）の推移
（道観光局調べ、単位・万人）

■〈グラフ2〉北海道の農業産出額と生産農業所得の推移
（農林水産省「農業生産所得統計」より、単位・億円）

外国人観光客らでにぎわうニセコグラン・ヒラフスキー場。朝はリフトに長い列ができる＝2019年2月、倶知安町

理由は二つの点から説明できる。

一つは訪日外国人観光客（インバウンド）の爆発的増加だ。北海道を訪れた訪日外国人の数は、東日本大震災直後の11年度には57万人だった。それが13年度に100万人を突破すると、以後、毎年20万〜40万人単位で増え、18年度には311万人に達した。

インバウンドの北海道観光は長期滞在となる傾向があり、必然的に多くのお金を落としていく。観光庁によると、18年に北海道を訪れた訪日客1人当たりの消費額は11.9万円。東京都の10.9万円を上回り、都道府県別で最も多かった。その結果、訪日客の北海道内での消費総額はこの年、2706億円に達し、東京都（1兆4284億円）、大阪府（7722億円）に次ぐ3番目の金額となった。

国内観光客を含めた道内の総観光消費額（道と北海道観光振興機構が不定期で調査）は、99年度から09年度まで年間1兆2000億円台で推移してきた。それが、14年度は1兆4298億円、19年度は1兆5159億円に跳ね

上がっており、インバウンド効果の大きさを示している。

インバウンド消費がブランド品などの"爆買い"から、体験にお金を払う"コト消費"にシフトしているのも北海道にはプラスだった。景観と雪質に優れたニセコ地区は、欧米の国際スキーリゾートに匹敵するポテンシャルが注目され、パークハイアット、リッツ・カールトン、IHGホテルズ＆リゾーツ、カペラなど海外の超一流ホテルや観光資本が、コロナ禍の今も競うようにして巨額投資を行っている。彼らのターゲットはアジアの富裕層であり、提供するサービスの単価も日本標準に比べて桁外れに高い。そこで働く人たちへの分配額もまた"国際標準"に近づいていくのは当然のことだろう。

◆気候変動で食料基地としての求心力が高まった

14年度を境にフェーズが変わったもう一つの理由が、1次産品価格の上昇である。

北海道の農業産出額は13年の1兆705億円から、17年に過去最高の1兆2762億円にまで増額。翌18年もほぼ同水準の1兆2593億円だった。このうち農家のもうけ（＝付加価値額）を示す生産農業所得は4000億円未満から5000億円台に上昇した。

販売農家1戸当たりの生産農業所得は、13年には936万円だったが、17年には1559万円、18年も1409万円と1.5倍に増えた計算だ。

金額の大きな伸びの背景にあるのが気候変動である。気象庁のホームページでは、過去に災害をもたらした気象事例を一覧できるが、11年以降、14年を除いて、少なくとも年1回は「記録的な」と形容される大雨もしく

ポストコロナ 北海道経済の針路

店頭に並べられた新米のゆめぴりか＝2015年、岩見沢市内

は暴風が発生していることが分かる。加えて16年の熊本地震のような大きな地震もたびたび起きてきた。

これらの自然災害によって、産地リレー（同じ農作物でも、旬の時期が地域ごとにずれることを利用した通年供給の仕組み）が機能しなくなるなどして、単価が上がったことが農業産出額増加の一因である。

こうした中で国内の農業総産出額に占める北海道のシェアは、13年の12.4％から、18年には13.7％と、1.3㌽上昇した。豪雨や台風被害を受ける頻度は西日本が圧倒的に多い。もともと1次産品の供給量が多く、相対的に自然災害の被害が少ない北海道は、食料基地としての求心力が一段と高まっているのだ。

北海道の農産品と言えば、タマネギ、ジャガイモ、小豆、乳製品などが有名だが、近年、急速に市場の評価を高めているのがコメである。以前の北海道米は、生産量こそ全国トップクラスだが、食味に関しては"やっかいどう米""猫またぎ米"とやゆされるほど、まずいコメのイメージが定着していた。

その評価が一変したのは、日本穀物検定協会の10年産米食味ランキングで、道産米の銘柄として初めて「ななつぼし」が最高評価の特Aを獲得して以降のことである。翌11年産米で「ゆめぴりか」が続き、最新の20年産米のランキングでは「ふっくりんこ」を含めた3銘柄が同時に特Aに格付けされた。

ゆめぴりかは、いまでは日本を代表するブランド米としての地位を確立し、小売市場では最高級の魚沼産コシヒカリに次ぐ価格帯で販売されている。ななつぼしは、北海道内での作付け比率が47.7％（18年産、ゆめぴりかは23％）を占め、品質、供給量、価格のバランスの良さから、外食、中食などの業務用に引く手あまただ。

18年の北海道のコメの産出額は1122億円と、タマネギ（696億円）、ジャガイモ（648億円）などの主要産品を大きく上回った。国内の主食米の消費量は年々減少し、市場規模そのものは縮小傾向にあるが、現在の北海道米にはその中でシェアを拡大していけるだけの"商品力"がある。10年代に入り、高く売れる主食米が登場したこともまた北海道の農業産出額と生産農業所得の底上げにつながっている。

北海道米の品質向上は、各銘柄の開発者である道立総合研究機構が取り組んできた品種改良の努力の成果だが、温暖化が進み、コメ生産の適地が徐々に北上している影響も大きい。

◆**海外にも高く売れる北海道の食**

北海道の1次産業には、いま自由化の荒波が押し寄せている。

18年12月に環太平洋連携協定（TPP）、19年2月に日EU経済連携協定（日欧EPA）、20年1月に日米貿易協定が相次ぎ発効。米国、オーストラリア、EUの農業国からの輸入農産物に対する関税が段階的に削減または撤廃されることが決まっている。すでに安価なオーストラリア産や米国産牛肉の輸入が拡大し、競合する道内の畜産農家を苦しめつつある。

とはいえ、北海道の1次産業全体を見れば、自由化は必ずしもマイナスばかりではない。相互主義で相手国の関税も削減・撤廃されるため、北海道の上質な1次産品を海外に売り込む好機ともなるからだ。

13年に「和食」がユネスコ無形登録遺産に登録されたことなどが追い風となり、北海道の1次産品の輸出は以前から増加基調にある。15年に109億円だった農産物（加工品を含む）の輸出額は、18年には179億円に拡大した。

台湾の薬膳料理の素材として人気の高い十勝産のナガイモの輸出額が15億円で、北海道最大の輸出野菜となっているが、輸出で強みを発揮している1次産品は農産物よりも水産物である。中でも養殖ホタテの18年の輸出額は344億2800万円で、農林水産物・食品の総輸出額（858億円）の40％を占めた。

サロマ湖を発祥とするホタテ養殖は90年近い歴史を

トラックに次々と積み込まれる猿払村で初水揚げされたホタテ＝2021年

■〈図1〉県民（道民）所得の内訳

| 県民（道民）雇用者報酬 | 財産所得 | 企業所得 |

持っており、現在はオホーツク海沿岸が日本最大のホタテ産地となった。ホタテは中華料理に欠かせない食材だ。かつては名産地の青森県陸奥湾から中国への輸出が盛んに行われてきたが、近年は質量共に青森を凌駕し始めた北海道にシフトしている。

人口2600人の寒村の平均年収が全国3位に—。総務省発表の課税対象所得を基に算出した17年の納税者1人当たりの平均年収で、宗谷管内猿払村が813万円を数え、市区町村別で東京都港区、同千代田区に次ぐ3位になったことが話題になった。翌18年も765万円で両区、東京都渋谷区に続いて4位にランクされた。

日本最北の村・猿払は、ホタテ養殖を手がけて半世紀以上の歴史を持つが、産地として存在感を高めたのは、やはり10年代に入ってからのことだ。温暖化による海水温の上昇で他産地の生育不良が目立つ中で、漁場の環境整備に力を注いできた猿払産ホタテの価値が高まり、中国向けに高額で輸出できるようになったのだ。

このように北海道の観光と食は10年代に入り、道外や海外に高く売れる"商品"となった。それが道民を豊かにしたのである。

国の政策がこれらを後押しした事実も指摘しておかねばならないだろう。インバウンドの爆発的増加は、観光ビザ（査証）発給要件の緩和、住宅に旅行者らを有料で泊める「民泊」の解禁など、第2次安倍晋三政権が12年の発足直後に実行した市場開放（プラス円安）の効果である。

保護色の強い旧来型の農政を官邸主導で転換、農産物の貿易自由化と輸出強化を柱とする「攻めの農政」を打ち出したのも安倍政権だった。結果的に、経営規模が大きく生産性の高い北海道農業が、他の府県よりも優位性を発揮しやすくなっている。

アベノミクスには功罪両面あるが、北海道の食と観光の潜在力開花を促した部分は認めなくてはならない。

◆労働分配率の高さが示す北海道経済の二面性

ここで、冒頭紹介した住民1人当たりの道民所得が全国下位、就業者1人当たりの道民雇用者報酬が全国上位—という乖離の理由を考察しておきたい。

県民（道民）所得は、①働く県民（道民）への分け前を示す「県民（道民）雇用者報酬」②利子や配当収入などの「財産所得」③企業の利潤である「企業所得」—の三つの要素で構成される。道民所得が全国下位、道民雇用者報酬が全国上位という意味は、①の割合、すなわち労働分配率が高いということにほかならない。事実、北海道の労働分配率（道民雇用者報酬÷道民所得×100）は17年度で70.4％。全国平均の68.9％を1.5ポイント上回った。少なくとも06年度以降、北海道の労働分配率が全国平均を下回ったことは1度もない。

北海道の労働分配率が高いということには、悪い面と良い面の両方がある。

悪い面は、本来なら北海道内に蓄積されなければならない企業所得が道外に流出しているということである。典型が観光業だ。

先に、ニセコ地区に名だたる観光資本や超一流ホテルが積極投資していると記したが、北海道の観光資本がここに加わることは、ほぼできていない。働く人の給料が超一流ホテルの水準になっても、企業の莫大なもうけは道外に持ち出されてしまう構図である。

これは北海道観光の永遠の課題だ。かつての西武グループや東急グループが、パークハイアットやIHGホテルズ＆リゾーツに変わったに過ぎず、道外資本が観光開発を行い、そこから得た利潤は道外に蓄積されていく「収奪の構造」は変わっていない。

ポストコロナ 北海道経済の針路

一方の良い面は、他の業界よりも労働分配率が高い産業があるということだ。それは1次産業である。道内で生産された1次産品を集荷し、流通業者への販売、輸出など手がけているホクレンや道漁連は協同組合である。非営利の協同組合は利潤獲得や資本蓄積を組織の目的としていない。必要経費を除いた収益は組合員（＝生産者）に還元するのが原則だ。他の業界であれば企業所得となる利潤の相当部分が生産者に回り、それが雇用者報酬に反映されていると判断できる。

◆ 地方町村の「豊かさ」が意味するもの

先に猿払村がホタテ輸出に成功し、住民が豊かになった事例を紹介した。それでは他の自治体はどうなっているのだろうか。〈表2〉はコロナ禍直前の19年の平均年収（納税者ベース）を道内市町村別にランキングしたものである。特筆すべきは28位までを町村が占め、市の最上位は29位の稚内市、札幌市はようやく30位に登場するという点だ。「札幌に富が偏在し、地方町村は衰退の一途をたどっている」―という北海道に対するステレオタイプな見方を覆すのに十分なインパクトがある。

トップ10には、養殖ホタテの主産地であるオホーツク海沿岸や、道東の農業、畜産、酪農地帯にある自治体が並んでいる。

2位の安平町はサラブレッド生産のガリバー、ノーザ

■〈表2〉2019年道内「平均年収」ランキング

順位	市町村名	平均年収	全国順位
1	猿払村（宗谷管内）	620.2万円	9
2	安平町（胆振管内）	485.9万円	15
3	枝幸町（オホーツク管内）	385.5万円	67
4	士幌町（十勝管内）	381.3万円	77
5	更別村（十勝管内）	372.7万円	89
6	斜里町（オホーツク管内）	367.5万円	106
7	佐呂間町（オホーツク管内）	363.7万円	111
8	別海町（根室管内）	356.6万円	131
9	豊頃町（十勝管内）	354.3万円	134
10	興部町（オホーツク管内）	353.1万円	140
15	倶知安町（後志管内）	334.7万円	219
19	ニセコ町（後志管内）	328.7万円	269
30	札幌市	318.8万円	349

出典：年収ガイド（https://www.nenshuu.net/）

ンファームの本拠地だ。その生産馬は近年、海外でも活躍している。21年7月の英国オークス、アイルランドオークスでそれぞれ2着に16馬身、8½馬身もの差をつけて優勝し、欧州現役最強馬と評されるスノーフォールを生産したのはノーザンファーム、つまりは安平町生まれである。競走馬は高額で、生産・育成には専門知識・技能を要する。こうした点が町の平均年収の高さにも反映されているのだろう。

これらの数値はあくまで平均値であり、各自治体の経済実態すべてを正確に映し出したものではない。それでも、食（競走馬は「食」ではないが、統計上は農産品の一つ）と観光の分野で、本州や海外に高く売れる"商品"を持つ自治体が平均年収でも上位に来ている。その点では違和感のないランキングである。

これは食と観光が、本当の意味で北海道の基幹産業になった証しとも言えよう。そもそも生産地、観光地が豊かにならずして「基幹産業だ」と言うのはおこがましい。その意味で、これは正しいランキングでもある。

筆者は1997年11月の北海道拓殖銀行の経営破綻を現場記者として取材した世代だ。そのころを思い起こすと、まさしく隔世の感がある。

金融は経済の血液にたとえられる。破綻前の拓銀は、6兆円近い資金量と国内外の支店網を通じて集めた豊富な情報量を誇り、北海道経済に大量の血液を送り出す心臓のような存在だった。経営者の間には「拓銀と取引できれば一流」との価値観があり、地元で"名門""老舗"と呼ばれる企業の多くが事業資金を依存していた。こうした企業のビジネスは、すでに時代遅れだったり、身の丈に合わない投資だったりする場合が少なくなかったが、最後は拓銀が面倒を見てくれるので、危機感も創意工夫もない"ぬるま湯経営"に浸りきっていた。

競争力のある企業がほとんどない中で、当時よく耳にしたのが「北海道最大の産業は公共事業」という言葉だ。北海道に投じられる公共事業は年間1兆円と現在の2倍に達しており、それを地元の建設業者に分配することで北海道経済を回すという発想が当たり前だった。

その拓銀が破綻し、2001年には北海道開発庁も廃止された。拓銀と開発庁という"パトロン"をダブルで失い、自立を求められた北海道は、10年代についに食と観光という基幹産業を見いだし、自ら稼ぐことに目覚め

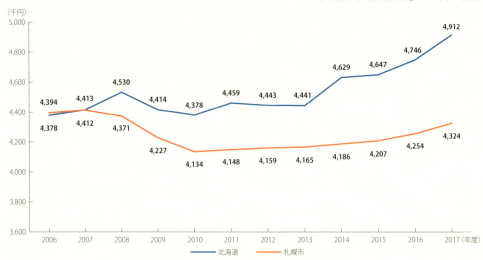

■〈グラフ3〉1人当たり道民雇用者報酬の推移
（内閣府「県民経済計算」より、単位・千円）

たと言えるのかもしれない。

◆札幌の1人当たり雇用者報酬はなぜ低い

　こうした中で気になるのが、道都・札幌市のパワーダウンである。〈グラフ3〉は、1人当たり道民雇用者報酬の推移を示したもので、北海道全体と札幌市だけの数値を比較している。北海道全体の金額は10年代に入ってから上昇カーブを描いているのに対し、札幌市の伸び悩みは顕著で、差は拡大する一方となっている。

　理由の一つは産業構造にある。事業所数の産業別割合（14年）をみると、北海道全体では宿泊・飲食サービス業（＝観光業）が14.3％、農林水産業（＝食）が1.8％であるのに対し、札幌市はそれぞれ13.4％、0.1％。製造業も北海道全体の5.0％に対し、札幌市は3.4％にとどまる。

　逆に札幌市が全道平均を上回るのは医療・福祉（8.5％、全道7.7％）、不動産・物品賃貸業（11.6％、全道7.7％）、建設業（8.8％、全道8.6％）など。札幌は高い付加価値を生み出す産業が少なく、その分、平均報酬も低いとの理屈が成り立つ。

　そもそも1871年（明治5年）の札幌開拓使庁開設以来、札幌は「官庁のマチ」であって、戦前はそれ以上でも以下でもなかった。「道都」になったのは、第2次世界大戦が始まり、コメ、石炭、綿製品、砂糖などの生活必需品が配給切符制になって以降のことである。道庁が生活物資を統制し、民間企業も小樽や函館などから札幌へと拠点を移さざるを得なくなった。道庁の強力な権限を背景に、戦後もモノ、カネ、情報を集めて道内各地に分配することが、札幌というマチの機能であったと言える。

　拓銀破綻や公共事業削減によって分配するカネが減り、インターネットの普及で情報も開かれたものとなり、資源分配の役割自体の意味が失われているのも確かだ。

◆深刻な札幌の「老齢化」

　先述したように、1人当たり道民雇用者報酬はあくまで平均値である。報酬の低い層のボリュームが大きいほど平均も押し下げられる。重要なのは、数値そのものの

■〈グラフ4〉札幌市の総人口に占める20歳代と
　60歳以上の比率（％）＝国勢調査、道の統計を基に計算

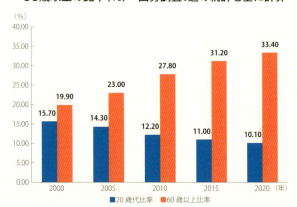

14

低さではなく、「誰が」数値を押し下げているのかという点だ。

札幌は典型的な支店経済都市であり、昔からこれといった産業のないマチであった。それでも、かつては全国に誇れるものが一つあった。「若い人材」の豊富さだ。

2000年の国勢調査では、札幌市の労働力人口（15～64歳）の51.4％を40歳未満が占めていた。

20歳代の人口は28万7000人で、総人口に占める割合は15.7％。これは札幌よりも大企業が集積し、雇用の受け皿が多い名古屋市と全く同じだった。

一方、65歳以上人口は14.4％と20歳代人口を下回り、60～64歳人口を加えても19.9％（36万1000人）と2割を切っていた（名古屋市は21.6％）。2000年代前半に大手企業が札幌にコールセンターを相次ぎ開設したのは、若く有能だが、人件費が安い若者を雇用しやすいことが動機の一つだった。

札幌市の1人当たり道民雇用者報酬が20年前に安かったのは、若い人材の豊富さの裏返しであり、悲観材料ではなかった。しかし近年の安さは意味が全く異なる。2000年に182万人だった札幌市の総人口は20年には196万人に増えたが、20歳代人口は20万人を割り込み、60歳以上人口は65万5000人と全体の3分の1を超えた。定年後の再雇用で給与が大幅に減額される世代の比率が増えたことが、平均値を押し下げていると推測できる。

もちろん少子化、高齢化は札幌市に限った問題ではないが、名古屋市（20年の20歳代人口、60歳以上人口の割合がそれぞれ11.8％、30.1％）などと比べても、札幌の「老齢化」の進行は早い。確かに札幌は高齢者が余生を過ごすにはいいマチだ。だが、魅力ある職場が少なくなったためなのか、かつて道内の若者たちを引きつけた「磁力」が失われてしまった気がしてならない。

◆コロナ後の北海道経済が目指すべきは

20年代の幕開けとともに世界に広がった新型コロナウイルス感染は、順調に成長してきた北海道の食と観光を直撃した。いまは我慢の時だが、コロナ禍が収束し、平時に戻れば、付加価値の高い北海道の食と観光の需要は必ず回復するはずだ。コロナ後の北海道経済もやはり、この2大産業を柱に自力でどう稼ぐかを戦略の中心

ウェルネットが2021年本社を移した札幌市中央区の新社屋

に据えるべきである。

コロナが普及を促したリモートワーク、密を避ける行動様式は、人口密集地の首都圏から遠く、「密」とは無縁の北海道にとって追い風だ。この追い風を経済効果に高めるための絶対条件が「デジタル化」である。

北海道が国内でもデジタル先進地であるとの評価を得られれば、多くの企業、人材がチャンスを求めて北海道に渡ってくるはず。行政は、限られた公共投資をこの分野のインフラ整備に重点的に振り向けてもらいたい。

北海道のデジタルトランスフォーメーション（DX）の中心地を担うべきは札幌である。90年代には北大発のITベンチャーが札幌駅北口に集積、「サッポロバレー」と呼ばれた歴史もある。サッポロバレーの再興は、「老齢化」が加速する札幌の若返りにもつながる。その意味で、東証1部上場企業のウェルネットが札幌中心部に新社屋を建設し、本社を東京から創業地・札幌に戻したのは朗報だ。

北海道の地方には食と観光という高く売れる"商品"がある。札幌がDXの中心となって販路拡大、取引効率化などの相乗効果を生み出し、北海道経済をさらに強くしたい。

もう一つ、北海道の経済人に求めたいのは、脱炭素化への真剣な取り組みである。先述したように食料基地としての北海道の求心力と気候変動は密接な関連がある。このまま温暖化が進行すれば、長期的に北海道の生産地としての基盤も揺らぐ。もちろん北海道だけで解決できる問題ではないが、地元経済人が率先して行動し、国全体を動かすことを期待したい。

1 | 注目業界

農業の深刻な担い手不足と高齢化を受け、無人トラクターやドローンなどで省力化・効率化につなげるスマート農業の普及へ向けた動きが道内で加速している▶中心となっているのは、北海道大学大学院農学研究院の野口伸教授と情報通信国内最大手のNTTグループ。岩見沢市などを舞台に、ヤンマーやクボタなどの農業機械メーカーと組み、実証実験を続けている。準天頂衛星「みちびき」や高速大容量のデータ通信が可能な第5世代（5G）移動通信システムを駆使したロボットトラクターの遠隔制御技術は、生産性向上の切り札として期待されている。ファームノートホールディングスや農業情報設計社など農業に特化したベンチャー企業が続々と誕生しているのも特徴だ▶バイオ関連ではアミノアップなどの機能性食品メーカーが独自の技術で市場を開拓するほか、脊髄損傷の再生医療を巡り、医療機器大手ニプロと札幌医科大学が細胞製剤を共同開発するなど医療分野でも注目の動きが出ている▶航空・宇宙分野では、ロケットベンチャーのインターステラテクノロジズが実用化へ向けた発射実験を繰り返しており、室蘭工業大学や北海道科学大学なども、人工衛星の研究を続ける。

スマート農業

NTTグループ
NTT東日本、NTTドコモなどが5Gを駆使したスマート農業の普及を促進

岩見沢市
自動運転トラクターを水田で遠隔制御する実証実験を北大、NTTなどと実施

帯広畜産大学
帯畜大が持つ農畜産データと、NTT東日本の分析技術を生かし作業の省力化を研究

ホクレン
GPS機能付きトラクターの自動操舵に必要な位置情報を補正するRTKシステムを運営

北海道大学
大学院農学研究院の野口伸教授を中心にスマート農業を研究開発

北海道ワイン
小樽市
空知管内浦臼町の鶴沼ワイナリーで電動ロボが草刈りや収穫実験。北大と協業

自動トラクター

クボタ
大阪市
売上高：1兆8532億円
農業機械首位。トラクター・コンバイン・田植え機の主要3機種で自動運転に対応

ヤンマーホールディングス
大阪市
売上高：7823億円
完全無人化のロボット農機を目指す。北大などと協業

井関農機
松山市
売上高：1493億円
農業機械専業で3位。傘下に販売会社のヰセキ北海道（札幌市手稲区）

植物工場

Jファーム
札幌市中央区
苫小牧と札幌の植物工場でミニトマトなど生産。JFE子会社が出資

北海道サラダパプリカ
釧路市
パプリカ水耕栽培の植物工場。北洋銀行、釧路信組などが出資

農業ドローン

コハタ
旭川市
売上高：130億円
農薬・農業資材をはじめ、施設資材などをJAや取次店へ供給する流通商社

関連会社 →

スカイワーク
札幌市白石区
農業用のドローンスクール事業やドローンの販売を行う

サングリン太陽園
札幌市白石区
農産物販売、生産資材・農業用薬品卸売

出資 →

北日本スカイテック
札幌市白石区
産業用無人航空機、散布ボートの販売など。サングリン太陽園からヘリコプター部門が分離し、ヤマハスカイテックとの合資により設立

IT農業

農業情報設計社
帯広市
GPS利用のトラクター運転支援アプリ開発

スペースアグリ
帯広市
人工衛星で農作物の生育状況を分析

ファームノート
帯広市
酪農・畜産のデータをセンサーで管理

バイオ

機能性食品

アミノアップ
札幌市清田区
免疫向上作用があるとされるキノコの菌糸体を長期培養して抽出

北海道マリンイノベーション
函館市
北大が開発した独自のガゴメコンブを素材に商品化

丸共水産
稚内市
カスベ軟骨からコンドロイチンを抽出

スリービー
空知管内南幌町
タモギタケ由来の健康食品製造・販売

玄米酵素
札幌市北区
玄米由来の健康食品を当別町で製造

北海道バイオインダストリー
札幌市豊平区
道産素材を使ったサプリやドレッシングを生産

雪印種苗
札幌市厚別区
売上高：435億円
種子・飼料販売や環境緑化事業

→ 出資

王子ホールディングス
東京
木材の副産物を合成した成分を血液凝固阻止剤とする研究を北大と実施

北大発ベンチャー

北海道大学
大学発ベンチャー企業数で全国13位（19年度実績・経済省調べ）

イーベック
札幌市中央区
医薬品開発。ヤマハ発動機（静岡県）が出資

ジェネティックラボ
札幌市中央区
病理診断、遺伝子解析など

再生医療

RAINBOW
札幌市北区
脳梗塞の患者の脳に幹細胞を投与する再生医療

キッズウェル・バイオ
東京
ジーンテクノサイエンスから社名変更。札幌大と抗がん剤開発や糖尿病性腎症の再生医療で協力

札幌医科大学
ニプロと脊髄損傷治療の細胞製剤を共同開発

共同開発

ニプロ
大阪市
売上高：4555億円
札幌に再生医療研究開発センター

アテリオ・バイオ
上川管内鷹栖町
ライラックの花から採った乳酸菌サプリを生産

日生バイオ
恵庭市
南幌で青汁粉末を生産

北海道三井化学
砂川市
植物由来の化粧品原料などを生産。三井化学子会社

航空・宇宙

ロケット部品の共同研究

インターステラテクノロジズ
十勝管内大樹町
実業家の堀江貴文氏が創業し、宇宙観測用の小型ロケット打ち上げに成功

→ 出資

丸紅
東京
総合商社大手。穀物、発電に強み

釧路製作所
釧路市
橋梁メーカー。人工衛星搭載用ロケットの発射システムの製作も

植松電機
赤平市
道産ロケット開発を研究

中央ネームプレート製作所
札幌市東区
金属製品製造やプレート加工。石狩に航空機用内装部品の専門工場を新設

室蘭工業大学
超小型人工衛星「ひろがり」を開発。プラスチック板を宇宙で広げる実験に成功

スペースコタン
十勝管内大樹町
大樹町などが計画するロケットの打ち上げ実験場などを整備する「宇宙港」を管理運営予定

スペースウォーカー
東京
大樹町で有翼宇宙機の打ち上げを目指す

協力関係

エア・ウォーターグループ
スペースウォーカーに燃料供給

室蘭航空宇宙産業ネットワーク

キメラ
室蘭市
精密金型部品を加工

今野鉄工所
室蘭市
航空会社にも機材を納入

西野製作所
室蘭市
機械部品の加工

ミヤタ技研工業
室蘭市
室蘭、伊達に工場。精密機械加工に強み

永沢機械
室蘭市
自動車や旅客機の金属部品の加工、製造

注目業界

食

資源・エネルギー・製造

建設・不動産

流通・外食

運輸・観光

IT・メディア・教育

金融・サービス

17

2 農業・農業団体 食

道農政部によると、道内の農業産出額(2019年)は1兆2558億円で、全国シェアは14%。全国の4分の1の耕地面積を生かし、カロリーベースの食料自給率は全国1位の196%(18年度)となり、国内平均の37%を大幅に上回っている▶品目別にみると、小麦(全国シェア66.4%)、春植えジャガイモ(同80%)、タマネギ(同63.1%)、生乳(同55.4%)などで全国1位を誇っている▶寒冷で広大な土地を生かし畑作や酪農が盛んだが、地球温暖化もあり近年では稲作も伸びている。コメの食味ランキングでは「ゆめぴりか」や「ななつぼし」、「ふっくりんこ」が特Aを獲得するなど高い評価を得ている▶道産農産物の流通を担うホクレンの取扱高(企業の売上高に相当)は、約1兆5千億円で道内最大。

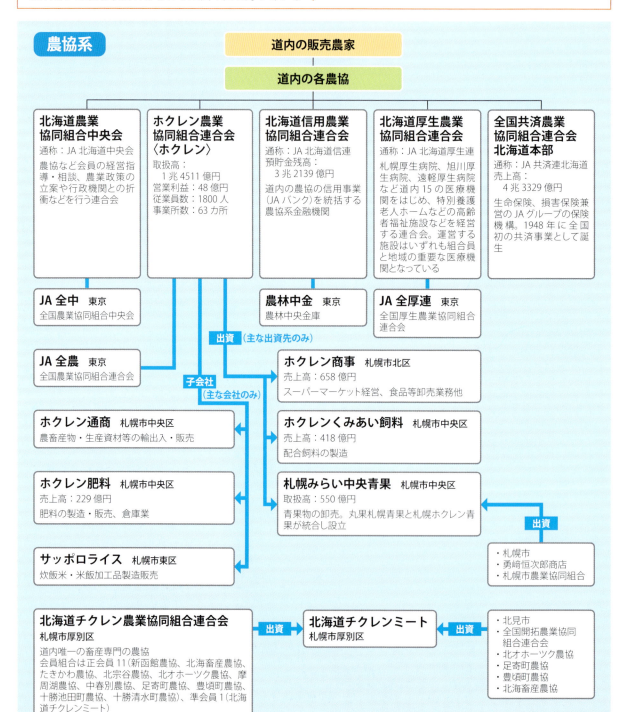

ホクレンの取扱高・利用高（ホクレングループレポート 2020 より）

■品目別取扱高の内訳

2019 年度実績　卸米穀 430　　(億円)

| 販売 | 米 855 | 青果物 1,731 | 砂糖 679 | 畜産物 1,844 | 生乳 3,563 | 乳製品 967 | 販売 計 11,361 億円 |

麦 300　　雑穀・でん粉・加工食品 591　　物流他 401

農薬 198　施設・資材 451（億円）

| 購買 | 飼料他 654 | 肥料 632 | 石油・自動車 1,020 | 購買 計 3,751 億円 |

農業機械・部品 363　　生活用品 387　　種子 46

2019 年度実績　合計 15,112 億円

2020 年度計画　卸米穀 432　　(億円)

| 販売 | 米 934 | 青果物 1,888 | 砂糖 670 | 畜産物 1,797 | 生乳 3,601 | 乳製品 570 | 販売 計 11,379 億円 |

麦 342　　雑穀・でん粉・加工食品 579　　物流他 566

農薬 203　施設・資材 441（億円）

| 購買 | 飼料他 650 | 肥料 654 | 石油 881 | 購買 計 3,645 億円 |

農業機械・部品・自動車 393　　生活用品 376　　種子 47

2020 年度計画　合計 15,024 億円

■管内別利用高・正会員数の内訳（2019 年度）

凡例：米穀　農産　酪農　飼料・畜産　資材　生活

留萌　246 億円（会員数：6）　7／46／25／117／38／13

稚内　439 億円（会員数：5）　米穀1／8／34／79／317

旭川　1,113 億円（会員数：14）　生活3／288／249／288／55／230

合計　11,355 億円（正会員数：126）　170／879／2,253／1,020／4,731／2,302

岩見沢　936 億円（会員数：15）　29／251／17／49／195／395

北見　1,789 億円（会員数：17）　生活10／米穀11／385／586／693／104

倶知安　351 億円（会員数：4）　24／114／9／26／178

札幌　299 億円（会員数：5）　1／81／60／19／35／103

函館　411 億円（会員数：8）　6／95／55／18／90／147

苫小牧　544 億円（会員数：12）　23／42／116／128／73／162

帯広　3,363 億円（会員数：27）　65／米穀2／630／648／459／1,559

釧路　776 億円（会員数：7）　生活5／97／66／594

中標津　1,088 億円（会員数：6）　米穀1／農産3／13／116／96／859

企業系

ホーブ
上川管内東神楽町
売上高：30 億円
四季成性イチゴの栽培、販売、流通

ホクリヨウ
札幌市白石区
売上高：130 億円
鶏卵の生産・販売、加工卵（液卵、温泉卵）の製造・販売

ホクト
長野県
売上高：738 億円
苫小牧にきのこセンター

オリエンタルランド
千葉県
売上高：1705 億円
東京ディズニーランドで提供されるイチゴをオリエンタルランド弟子屈農園（釧路管内弟子屈町）で生産

北海スターチック
札幌市厚別区
鶏卵生産、流通大手。胆振管内白老町、恵庭市、上川管内愛別町、釧路市に農場

農業法人　日本農業法人協会に加盟している道内の農業法人（2021年8月27日現在）

（株）谷口農場
旭川市

（農）西上経営組合
十勝管内鹿追町

（農）駒谷農場
空知管内長沼町

（有）松村農場
空知管内長沼町

（有）和田農園
帯広市

（有）パインランド・デーリィ
オホーツク管内興部町

（有）岩瀬牧場
砂川市

（有）大石農産
十勝管内大樹町

（有）トミーランド
釧路管内鶴居村

（有）伊藤畜産
根室市

（農）ぴりかファーム
檜山管内今金町

（有）大塚ファーム
石狩管内新篠津村

（有）ファームトピア
後志管内蘭越町

（有）丸勝農場
空知管内長沼町

（有）北幸農園
富良野市

（有）社名渕みどり牧場
オホーツク管内遠軽町

（農）豊原生産組合
上川管内上川町

（有）逢坂農園
空知管内長沼町

（有）中山農場
根室管内別海町

（有）ジェイファームシマザキ
根室管内別海町

（有）鹿毛牧場
根室管内別海町

（農）ヤマギシズム
生活北海道別海実顕地
根室管内別海町

（有）北翔農場
根室市

（株）もち米の里ふうれん特産館
名寄市風連町

（有）大塚農場
石狩管内当別町

（有）ドリームヒル
十勝管内上士幌町

（株）町村農場
江別市

新篠津つちから農場（株）
石狩管内新篠津村

（有）藤井牧場
富良野市

（有）大和納華
旭川市

（株）伊藤デイリー
釧路管内鶴居村

（有）村澤農園
深川市

（農）シレトコイオン生産組合
オホーツク管内斜里町

（有）森谷ファーム
北見市留辺蘂町

（株）大野ファーム
十勝管内芽室町

（株）ふるさとファーム
札幌市南区

（有）ミナミアグリシステム
胆振管内壮瞥町

（有）十勝しんむら牧場
十勝管内上士幌町

（株）尾藤農産
十勝管内芽室町

（有）西神楽夢民村
旭川市

（株）Kalm角山
江別市

（株）ノベルズ
十勝管内上士幌町

（株）アド・ワン・ファーム
札幌市中央区

（株）しののめ畜産
士別市

（有）NKファーム
上川管内和寒町

（株）輝楽里
江別市

前田農産食品（株）
十勝管内本別町

（株）宗谷岬牧場
稚内市

> （株）…株式会社　（有）…有限会社　（農）…農事組合法人

このほか、道内の農業法人でつくる任意団体「北海道農業法人協会」（本部・札幌）があり、2020年2月1日現在、一般会員290会員、賛助会員3会員、サポータークラブ会員60社が加盟しています

共済組合

北海道農業共済組合連合会
＜北海道NOSAI＞
札幌市中央区

農家が掛金を出し合い（国が一部を補助）、相互に助け合って災害に備える農業共済制度を運営する農業団体。北海道は地区ごとに計5組合があるが2022年4月に合併し北海道農業共済組合（NOSAI北海道）が設立される予定

- みなみ北海道農業共済組合＜NOSAIみなみ＞　　苫小牧市
- 北海道中央農業共済組合＜NOSAI道央＞　　深川市
- 十勝農業共済組合＜十勝NOSAI＞　　帯広市
- 北海道ひがし農業共済組合＜NOSAI道東＞　　根室管内中標津町
- オホーツク農業共済組合＜NOSAIオホーツク＞　　北見市

3 | 漁業・漁業団体

2020年の全道の漁業生産額は、前年比16%減の2013億円（道調べ）。新型コロナウイルス感染拡大による外食需要の落ち込みで、ホタテなどの高級水産物の価格が低迷したほか、サンマやスルメイカなど主要魚種の不漁も響き、平成以降で最低となった▶全道漁業生産額の約3割を占めるホタテは前年比32%減の505億円。サンマは20%減の63億円、スルメイカは54%減の38億円。一方、全道の漁獲量は前年比6%増の114万4千㌧。サンマ（1万1千㌧）、スルメイカ（6千㌧）は統計開始以来最低だったが、イワシが16%増の23万5千㌧、ホタテは7%増の42万㌧だった▶道は近年、ホタテの輸出に力を入れているが、新型コロナウイルス感染拡大による外食需要の激減で、20年の輸出額は前年比30%減の225億3千万円にとどまった。

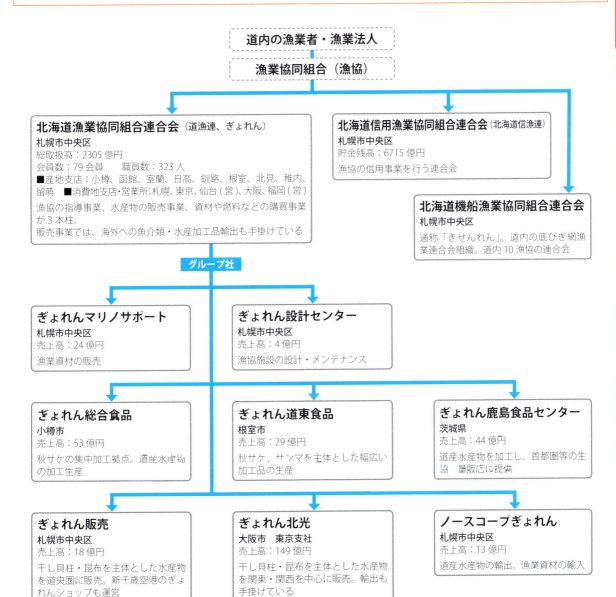

食 4 | 乳製品

札幌発祥の雪印メグミルク、明治、森永乳業の国内大手が乳製品工場を多数構える▶乳業製菓最大手の明治は2022年、120億円を投じ恵庭市に市乳工場を新設。老朽化した札幌と旭川の両工場を閉鎖する。このほか十勝管内芽室町の十勝工場にフレッシュモッツァレラチーズの製造ラインを約30億円掛け新設。雪印は140億円を投資して22〜23年度に十勝管内の大樹工場を増強。カマンベールチーズと「さけるチーズ」を増産する

▶一方、日欧経済連携協定（EPA）などの通商協定による安い乳製品が流入する逆風も吹いており、よつ葉乳業は関税引き下げの影響を受けにくいクリームチーズといった家庭向け乳製品を増やすなどの対応を始めた。新型コロナによる「巣ごもり消費」で機能性ヨーグルトの消費も伸びている▶また、総合化学メーカーのカネカなど他業種も参入。国の制度改革を受け、農協（ホクレン）系統外の生乳卸の動向も注目されている。

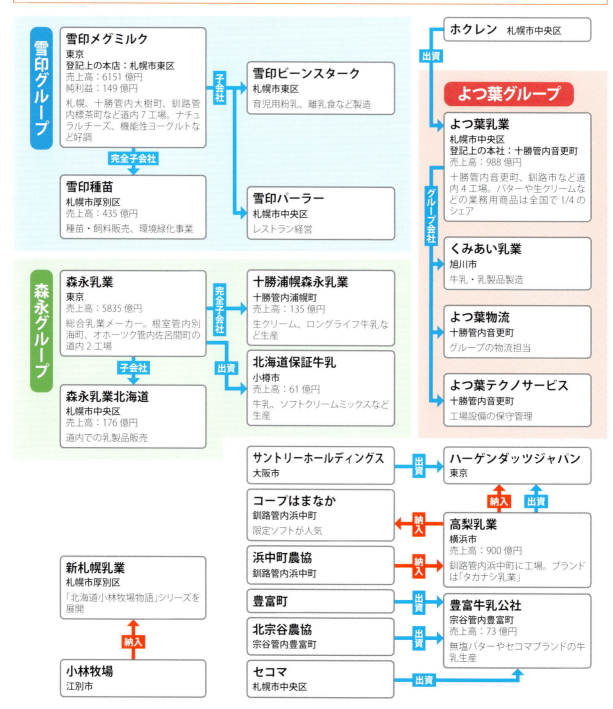

明治グループ

明治ホールディングス
東京
売上高：1兆1917億円
チーズ、ヨーグルトなど幅広い商品を展開。稚内、十勝管内芽室町などに道内6工場

↓ 子会社

道南食品
函館市
「北海道サイコロキャラメル」でおなじみ

サツラクグループ

サツラク農業協同組合
札幌市東区
売上高：97億円
1895年、札幌近郊の酪農家有志で前身の組織が誕生。年間約4.3万トンの生乳を生産

↓ 子会社

ミルクの郷
札幌市東区
製造部門担当

函館酪農公社
函館市
「函館牛乳」を生産。移動販売車も運行

倉島乳業
後志管内岩内町
岩内、仁木に工場

↑ 出資

国分グループ本社
東京
売上高：1兆8479億円
食品卸大手

北海道乳業
函館市
売上高：266億円
練乳、クリームチーズなどが主力

↑ 出資

日本ハム
大阪市

べつかい乳業興社
根室管内別海町
「べつかいのアイスクリーム屋さん」など

町村農場
江別市
1917年（大正6年）創業の老舗メーカー

ノースプレインファーム
オホーツク管内興部町
「おこっぺ有機牛乳」など

十勝しんむら牧場
十勝管内上士幌町
「放牧牛乳」「ミルクジャム」など

森高牧場
釧路管内厚岸町
牛乳、チーズなど生産

北海道日高乳業
日高管内日高町
モッツァレラチーズなど主力

← 子会社

南日本酪農協同
宮崎県

アレフグループ

牧家
伊達市
売上高：33億円
「白いプリン」「飲むヨーグルト」など

↑ グループ会社

のぼりべつ酪農館
登別市
廃校舎跡を工場として活用

北海道酪農公社
江別市
「三角牛乳」など

↑ グループ会社

日本酪農協同
大阪市

ノルディックファーム
オホーツク管内遠軽町
「オホーツク牛乳」など

小松牧場
釧路管内浜中町
「小松牛乳」など

← グループ会社

アレフ
札幌市白石区
売上高：332億円
「びっくりドンキー」などの外食チェーン

MMJ
群馬県
農協系統外の生乳卸。フリーズドライ牛乳も販売

カネカ
東京・大阪
売上高：5774億円
総合化学メーカー。恵庭市にバター工場。メガファーム「別海ミルクワールド」と有機生乳牧場

中標津町農協
根室管内中標津町
「なかしべつ牛乳」など

道内の主なチーズ工房

共働学舎新得農場（十勝管内新得町）	さらべつチーズ工房（十勝管内更別村）	チーズ工房白糠酪恵舎（釧路管内白糠町）
チーズ工房アドナイ（オホーツク管内興部町）	チーズ工房角谷（胆振管内安平町）	チーズ工房タカラ（後志管内喜茂別町）
鶴居村振興公社「酪楽館」（釧路管内鶴居村）	十勝野フロマージュ（十勝管内中札内村）	黒松内町特産物手づくり加工センター
ＮＥＥＤＳ（十勝管内幕別町）	ニセコチーズ工房（後志管内ニセコ町）	「トワ・ヴェール」（後志管内黒松内町）
ひがしもこと乳酪館（オホーツク管内大空町）	富良野チーズ工房（富良野市）	夢民舎（胆振管内安平町）
横市フロマージュ舎（芦別市）		

食

5 食肉

国内食肉首位の日本ハムと大手のプリマハムが道内に食肉工場を構える。ハム・ソーセージ関連では、これら大手業者グループのほか、生産、加工、販売まで一貫して取り組む「6次産業化」を目指す農家も増えている▶魚食から肉食志向へのシフトに伴い、国内の食肉需要は右肩上がりに上昇。日本人1人あたりの食肉供給量（鯨肉を除く）は1960年度の年間3.6㌔から、2019年度は10倍近いの33.5㌔まで伸びた▶コロナ禍に伴い、食肉大手は外食向け需要が減少。「巣ごもり需要」を取り込むため家庭向けにシフトした▶道内は牛・豚・鶏の一大産地であり、肉用牛は全国シェア1位で20.5%の51万2000頭を飼育。豚はシェア7.6%で3位、ブロイラーはシェア3.6%の5位。

エア・ウォーターグループ

春雪さぶーる
札幌市白石区
旧雪印食品のハム・デリカ部門を継承。冷凍食品も

↑ 完全子会社

エア・ウォーター十勝食品
十勝管内更別村
レトルト食品など製造

↑ 完全子会社

エア・ウォーター　大阪市
売上高：8066億円

ハニューフーズグループ

北海道ハニューフーズ
札幌市北区
売上高：112億円
食肉卸・販売、加工

↑ 子会社

十勝いけだミートパッカー
十勝管内池田町
売上高：89億円
国産牛肉の製造・販売。「ファーストビーフ」

ハニューフーズ　大阪市
売上高：2337億円
食肉販売大手。旧ハンナン

ホクビー
石狩市
牛脂注入加工肉製造。石狩市、オーストラリアなどに工場。「メルティークビーフ」

北海道丸大食品
岩見沢市
丸大食品（大阪府）の生産グループ会社。岩見沢市栗沢に工場

北海道千歳ハム
千歳市
SCミート（千葉市）の子会社。食肉加工品の製造・販売

日本ハムグループ

完全子会社

日本ハム北海道ファクトリー
旭川市
ソーセージ「シャウエッセン」など製造。旭川の新本社・工場が稼動

完全子会社

東日本フード
札幌市北区
売上高：900億円
食肉卸

函館カール・レイモン
函館市
ハム・ソーセージ製造販売

日本ホワイトファーム　青森県
売上高：510億円
網走市、胆振管内厚真町に工場。鶏肉生産・処理・加工

日本ハム　大阪市
売上高：1兆1761億円
食肉業界首位。プロ野球・北海道日本ハムファイターズ、Jリーグ・セレッソ大阪を運営・支援するなどスポーツ振興にも力を入れる

完全子会社

マルハニチログループ

ニチロ畜産
札幌市西区
売上高：133億円
食肉、食品加工、冷凍食品。名寄市、十勝管内芽室町に工場あり

↑ 完全子会社

マルハニチロ　東京
売上高：8625億円

ノベルズ
十勝管内上士幌町
十勝管内を拠点に、山形県含め現在13牧場。東京、帯広にも事業拠点

トンタス浜中
釧路管内浜中町
三ツ輪商会（釧路市）のグループ企業。北海道ホエイ豚協議会が認定するブランド豚を生産

佐々木畜産
帯広市
「北の逸品　北勝牛」「十勝四季彩牛」

プリマハムグループ

北海道プリマハム
札幌市厚別区
売上高：121億円
食肉、加工食品の販売

↑ 完全子会社

かみふらの工房
上川管内上富良野町
食肉処理・加工

プリマハム　東京
業界3位。伊藤忠商事が親会社

トンデンファーム
江別市
ハム、ソーセージ製造販売、レストラン経営

北海道中央牧場
北広島市
売上高：33億円
エスフーズ（兵庫県）のグループ会社。後志管内赤井川村、胆振管内安平町、留萌管内羽幌町、日高管内えりも町に農場あり

神内ファーム21
空知管内浦臼町
同町内の「道の駅つるぬま」に直売所

スターゼン
東京
売上高：3492億円
食肉加工大手。浜中町農協と肉牛牧場を経営

トップファーム
オホーツク管内佐呂間町
「サロマ和牛」「サロマ黒牛」

食

6 | パン・小麦

小麦の国内産地は北海道が最大。2020年産では合計94万9300トンのうち、66%の62万9900トンを道産小麦が占めている▶道内では、うどんなどに使われる中力系小麦「きたほなみ」の作付けが大半。強力系小麦「春よ恋」や「ゆめちから」など強力系の栽培が進むにつれ、道産小麦をパンや中華麺に使う業者も増えている▶小麦は国内需要量のうち85%程度を海外から輸入しており、米国、カナダ、オーストラリア産が大半を占める。外国産小麦は政府が一括して輸入し、事実上の関税となるマークアップ（輸入差益）を上乗せして製粉会社に売っている▶売り渡し価格は国際相場を基に半年ごとに改定している。マークアップは環太平洋連携協定（TPP）と日米貿易協定によって毎年削減されている。

パン

日糧製パン
札幌市豊平区
売上高：173億円
札幌、釧路、函館に工場。道産原料にこだわり

← **出資** ←

山崎製パン 東京
売上高：1兆147億円
製パン業界国内最大手

敷島製パン
名古屋市
売上高：1539億円
「Pasco」ブランドでおなじみ。江別市内にJA道央（恵庭市）と複合施設

札幌パリ
札幌市白石区
売上高：26億円
パン、洋菓子製造、直営ベーカリーも

← **完全子会社** ←

どんぐり
札幌市白石区
札幌中心に10店。「ちくわパン」は全国的人気

サンジェルマン 横浜市
関東中心にベーカリー、カフェ運営

ボストン
本店：札幌市北区
札幌市内に「ボストンベイク」を展開。タカハシグループの北東商事子会社

↓ **完全子会社** ↓

フジパングループ本社 名古屋市
売上高：2743億円
製パン業界大手

↓ **資本業務提携** ↓

北海道サンジェルマン
札幌市西区
100円ベーカリーなど全道に展開

ロバパン
札幌市白石区
売上高：93億円
札幌、恵庭に工場。道内大手スーパーにベーカリー32店

満寿屋商店
帯広市
十勝産小麦を使用。東京にも進出

キングベーク
函館市
1929年創業。パン製造ほか、ミスタードーナツフランチャイズ事業

製麺

菊水
江別市
売上高：107億円
ラーメン、そば、うどん製造。創業は1949年。伊藤ハム米久HDの子会社

製粉

ニップン
東京
売上高：3295億円
製粉、食品国内大手。小樽工場あり

横山食品 札幌市白石区
売上高：32億円
パン粉製造

西山製麺
札幌市白石区
売上高：33億円
札幌ラーメンを全国に広めた。海外にも進出

江別製粉
江別市
売上高：36億円
小麦粉、ミックス粉など製造

共同倉庫

グループ会社

横山製粉 札幌市白石区
小麦粉製造

カネジン食品
札幌市東区
シンガポールなどに製麺工場

木田製粉
札幌市北区
売上高：33億円
各種小麦粉製造。昭和産業の完全子会社

北海道そば製粉 苫小牧市
日穀製粉（長野県）のグループ企業

三剣製粉所 札幌市中央区
1913年創業のそば製粉会社

藤原製麺
旭川市
売上高：53億円
旭川ラーメンの麺を支える。永谷園の子会社

山本忠信商店
十勝管内音更町
売上高：53億円
道産小麦100%の製粉工場

土開製粉 旭川市
1922年創業のそば製粉会社

注目業界 / 食 / 資源・エネルギー・製造 / 建設・不動産 / 流通・外食 / 運輸・観光 / IT・メディア・教育 / 金融・サービス

食

7｜飲料・食品・調味料

北海道の製造品出荷額は2019年で6兆426億円に上り、そのうち食料品は36.5%の2兆2076億円を占め、首位となっている。全国は322兆1260億円で、21.1%の輸送用機械器具、9.2%の食料品の順となっている▶豊かな一次産品や水資源を生かした食料品産業は道内経済を牽引している。大豆やビートなどの農作物を加工し、みそ、しょうゆ、砂糖といった調味料の生産も盛ん

だ。即席麺業界でシェア1、2位の日清食品、東洋水産が道央圏に製造工場を構えるなど、道内を拠点とする全国大手も多い▶また近年では茶類販売大手のルピシアが本社を東京から後志管内ニセコ町に移すなど、会社自体を道内に移転する例も出てきた▶道は、北海道ブランドの向上を図っていくことを目的として、道産食品独自認証制度「きらりっぷ」の普及に取り組んでいる。

飲料

北海道コカ・コーラボトリング　札幌市清田区
売上高：514億円
北海道を販売地域とした清涼飲料水の製造販売。北海道限定商品も製造。水源となる森林の保全活動も展開
── 連結子会社 ──→ **大日本印刷**　東京
── 出資 ──→ **栗林商会**　室蘭市

サッポロウエシマコーヒー　札幌市厚別区
売上高：159億円
総合食品商社、コーヒー加工販売。「北海道マイルドコーヒー」が有名
── 子会社 ──→ **UCCホールディングス**　神戸市

ポッカサッポロ北海道　札幌市中央区
「リボンナポリン」など道内限定商品を含め販売促進
── 完全子会社 ──→ **ポッカサッポロフード＆ビバレッジ**　名古屋市　売上高：761億円

北海道キリンビバレッジ　札幌市中央区
── 子会社 ──→ **キリンホールディングス**　東京　売上高：1兆8495億円

日本アスパラガス　後志管内岩内町
清涼飲料水の相手先ブランド生産（OEM）

大塚食品　大阪市
釧路工場：釧路市音別町
「オロナミンC」などを製造する拠点工場の一つ

小原　渡島管内七飯町
「コアップガラナ」など北海道産炭酸飲料で知られる清涼飲料水メーカー

雪印メグミルク　東京　登記上の本店：札幌市東区
「ソフトカツゲン」を道内限定で販売

農協系

鷹栖町農業振興公社　上川管内鷹栖町
トマトジュース「オオカミの桃」が有名

びらとり農協　日高管内平取町
トマトジュース「ニシパの恋人」が人気

エア・ウォーター　大阪市
── 完全子会社 ──→ **ゴールドパック**　東京　恵庭市に工場を持つ

黒松内銘水　後志管内黒松内町
「水彩の森」

ミネラルウォーター

北海道ミネラルウォーター
後志管内京極町
「京極の名水」

ワッズ　渡島管内七飯町
「夢水氣」

ロジネットジャパン
札幌市中央区
「北海道大雪山ゆきのみず」

茶類

── 子会社 ──→ **土倉**　札幌市白石区　お茶の製造販売
伊藤園　東京

宇治園　札幌市中央区　緑茶・海苔製造販売

ルピシア　後志管内ニセコ町　世界のお茶・茶器雑貨等の輸入、製造、販売

26

調味料

和弘食品 小樽市
売上高：99億円
業務用調味料の専門メーカー。ラーメンスープ、めんつゆ製造販売、各種天然エキスの製造販売。上場企業

日清オイリオグループ 東京 ──出資──→ 和弘食品

北海道アイ 札幌市中央区
鍋スープ、玉ねぎソースなど

久原本家グループ 福岡県
売上高：274億円 ──子会社──→ 北海道アイ

ベル食品 札幌市西区
売上高：56億円
ジンギスカン、焼肉のたれ製造

ソラチ 芦別市
豚丼、焼肉のたれ

南華園 札幌市豊平区
ラーメンたれ、各種スープを製造・販売

金印わさび 名古屋市
1968年、網走市に工場設立。地元栽培の山わさびを商品に加工

みそ・しょうゆ

福山醸造 札幌市東区
「トモエ醤油」「トモエ味噌」で知られるみそ、しょうゆ、加工食品メーカー。創業は1891年（明治24年）

キッコーマン 千葉県 ──子会社──→ 北海道キッコーマン

北海道キッコーマン 千歳市
キッコーマン千歳工場として1987年に操業、2005年に分社化。しょうゆや濃縮つゆ「めんみ」など製造

岩田醸造 札幌市中央区
「紅一点」で知られる味噌製造販売、酒類・加工食品卸売。創業は1892年（明治25年）

道南食糧工業 函館市
創業1942年。ブランド名「キッコーカワイチ」。醤油・味噌などの製造販売

日本醤油工業 旭川市
創業1944年 ブランド名「キッコーニホン」

歯舞漁協 根室市
「はぼまい昆布しょうゆ」でおなじみ

食品卸

日本アクセス北海道 札幌市東区
売上高：945億円
アイスクリームや豆腐などの冷蔵・冷凍食品に強み。旧・杉野雪印アクセス

スハラ食品 札幌市中央区
売上高：179億円
食品・酒類総合卸

メディパルフーズ 札幌市中央区
食品原材料、副資材、加工食品、食品添加物等卸売業

大槻食材 函館市
売上高：105億円
業務用食品卸。業務用食品専門店の運営

砂糖

日本甜菜製糖 東京
売上高：547億円
「スズラン印」ブランド。十勝管内芽室町、オホーツク管内美幌町、士別市に製糖工場

北海道糖業 札幌市中央区
「ほのぼの印」ブランド。北見市、伊達市、十勝管内本別町に製糖工場。DM三井製糖HDの子会社

トワニ 札幌市白石区
業務用食品卸

クワハラ食糧 札幌市北区
米、酒類卸

丸勝 帯広市
豆類・飼料卸

食創 帯広市
米穀・飼料・食料品の卸売

日本アクセス 東京
伊藤忠商事 東京 ──完全子会社──→ 日本アクセス
日本アクセス ──完全子会社──→ 日本アクセス北海道

伊藤忠食品 大阪市
伊藤忠商事 ──子会社──→ 伊藤忠食品
伊藤忠食品 ──子会社──→ スハラ食品

メディパルホールディングス 東京
──完全子会社──→ メディパルフーズ

マルハニチログループ

マルハニチロ 東京
売上高：8625億円
水産最大手。子会社のマルハニチロ北日本が釧路市、富良野市、渡島管内森町に、広洋水産は釧路管内白糠町にそれぞれ水産缶詰などの工場。ニチロ畜産は札幌市、十勝管内芽室町、名寄市に食肉加工などの工場

→ **完全子会社**

マルハニチロ北日本 釧路市

広洋水産 釧路管内白糠町

ニチロ畜産 札幌市西区

日配品

オシキリ食品 江別市
納豆、こんにゃく製造販売

菊田食品 江別市
豆腐、油揚、こんにゃくなどの製造販売

マルカワ食品 札幌市清田区
豆腐、納豆、こんにゃく製造

北日本フード 札幌市西区
漬物・惣菜の販売

福居製餡所 旭川市
ようかんなど小豆加工品

クレードル食品 オホーツク管内美幌町
農畜産物・水産物の加工食品製造、販売

珍味・かまぼこ

オルソン 札幌市厚別区
鮭加工品、魚介類の珍味製造

竹田食品 函館市
鮭とばみそ、甘えび塩辛、北海たこわさび

かま栄 小樽市
道内11店舗を展開する、かまぼこメーカー

冷凍食品

サンマルコ食品 札幌市厚別区
冷凍コロッケ、春巻などの商品で知られる冷凍食品製造道内大手

モリタン 紋別市
業務用コロッケ、水産冷凍食品製造

クレードル興農 札幌市中央区
ホワイトアスパラ缶詰など製造販売

本州大手資本

東洋水産 東京
売上高：4175億円
即席麺国内2位。「マルちゃん」ブランド。小樽市に「やきそば弁当」などの工場

サトウ食品 新潟市
売上高：469億円
「サトウのごはん」。岩見沢市にパック米飯、包装餅工場

フジッコ 神戸市
売上高：642億円
刻み昆布の「ふじっ子」、加工煮豆の「おまめさん」。千歳市に北海道工場

王子サーモン 東京
スモークサーモンの老舗。苫小牧市に本店と工場

わらべや日洋ホールディングス 東京
売上高：1943億円
セブン-イレブン向けに弁当・サンドイッチ・惣菜等を製造。札幌と釧路管内白糠町に工場

ピックルスコーポレーション札幌 札幌市白石区
大手コンビニ向けにあさづけ・キムチ・惣菜の製造

日清食品ホールディングス 東京、大阪市
売上高：5061億円
インスタント食品国内大手。千歳工場

ニチレイフーズ 東京
売上高：2254億円
冷凍食品大手。森工場

ライラック・フーズ 胆振管内白老町
セブンイレブンが主要取引先

一正蒲鉾 新潟市
売上高：346億円
水産練製品の製造販売およびまいたけの生産販売。小樽市に北海道工場

味の素食品北海道 オホーツク管内訓子府町
コーンスープの素材やコンソメなどの生産。訓子府、三笠市、十勝管内芽室町に工場

ヤマザキ 静岡市
大手コンビニ向けに煮豆・惣菜・フレッシュサラダ・グラタン・カットフルーツ製造。旭川工場

ケンコーマヨネーズ 東京
売上高：685億円
サラダ・総菜をはじめ、タマゴ加工品、マヨネーズ・ドレッシング類の開発・製造

→ **子会社**

ダイエットクック白老 胆振管内白老町

食

8 | 水産物流通・加工

主力魚種スルメイカの記録的不漁が続く道南では、ハワイ沖など北太平洋で捕れるアカイカが加工品の代替原料として注目され、函館港での水揚げ量が急増している▶海水温の上昇に伴い、近年ではブリなど温暖な海を好む魚が増加。ブリを使った新商品の開発に乗り出す業者も出ている▶サンマの不漁が続く釧路など道東では、サバやマイワシの漁獲量が増加している。イワシの多くが飼料・肥料用のミールに加工。釧路管内で工場の新設の動きが相次ぐ一方、刺身や蒲焼き、ショウガ煮など食用としての活用を図る業者も増えている▶素材開発の動きは大手企業でも進んでおり、マルハニチロでは初めてホッケの缶詰の販売を開始。マルハニチロ北日本釧路工場で生産を始めた。

マルサ笹谷商店
釧路市
水産物・水産加工品の製造・販売。日本水産（東京）が出資し資本参加する。マイワシの水揚げ好調を背景にミール（肥料、飼料）の製造が拡大

三印三浦水産
函館市
水産物・水産加工品の製造・販売、輸出入。イカの加工品が主力商材。札幌、東京、大阪に支店を持つ

道水
函館市
水産物製造・加工販売、水産物輸出入。海外や高知県でマグロ養殖事業も展開

グループ会社

タカノトレーディング　函館市
水産物輸出入

道水サービス　北斗市
冷凍倉庫荷役・加工

道水中谷水産　高知県
本マグロ養殖事業

ホッカン
札幌市白石区
のり、乾物の仕入れ・加工・卸

一鱗共同水産
札幌市中央区
水産物流通業者

くまだ
旭川市
売上高：46億円
水産物・漬物・乾物の卸売業

井原水産
留萌市
カズノコ、タラコ、スジコ、ニシン関連製品加工

日の出本田水産
札幌市西区

成尚
函館市
売上高：42億円
水産物・冷凍食品・加工卸

北連物産
釧路管内浜中町
昆布、生鮮品、農産物の販売

古清商店
函館市

星野水産
札幌市中央区

マタツ水産
渡島管内長万部町

小林商店
根室市

2020年 道内水産加工業売上高（上位20社）

順位	前年	会社名	所在地	売上高	前年比
1	3	マルサ笹谷商店	釧路市	20,984	6.4
2	1	三印三浦水産	函館市	20,445	▲ 9.3
3	2	道水	函館市	18,224	▲ 18.2
4	5	北海道日水	札幌市	10,952	▲ 2.5
5	4	マルハニチロ北日本	釧路市	10,540	▲ 11.2
6	9	エビス商会	函館市	10,272	13.0
7	7	東和食品	白糠町	9,821	▲ 6.7
8	10	丸中しれとこ食品	斜里町	8,482	2.8
9	6	イチヤママル長谷川水産	八雲町	8,331	▲ 22.2
10	17	マルカイチ水産	紋別市	8,156	30.5
11	8	北勝水産	佐呂間町	7,624	▲ 20.9
12	11	道南冷蔵	北斗市	6,998	▲ 10.2
13	14	佐藤水産	札幌市	6,801	▲ 4.2
14	12	広洋水産	白糠町	6,162	▲ 20.1
15	13	丸イ佐藤海産	別海町	6,039	▲ 20.0
16	16	小川商店	洞爺湖町	6,001	▲ 5.1
17	―	マルナカ相互商事	湧別町	5,600	36.6
18	15	丸二永光水産	枝幸町	5,325	▲ 18.1
19	18	ワイエスフーズ	森町	5,249	▲ 14.8
20	20	ぎょれん総合食品	小樽市	4,775	▲ 8.8

※売上高の単位は百万円。前年比の単位は％。▲はマイナス。マルナカ相互商事は前年は集計対象から外れたため、前年の順位なし
※帝国データバンク釧路支店が2021年6月16日に発表したデータ

9 | 青果・水産物卸

生鮮食料品などの流通の要となる「卸売市場」には中央卸売市場（都道府県や人口20万人以上の都市などが国の許可を得て開設）、地方卸売市場（自治体や民間業者が都道府県知事の許可を得て開設）の2種類がある▶道内の地方卸売市場は人口減や市場外取引の増加で苦戦しており、士別や深川など過去10年で7市場が廃止。

2020年には室蘭市公設地方卸売市場の青果部門で唯一の卸売業者が自己破産した▶一方、札幌市中央卸売市場は、24年度に市場内で海外輸出手続きを一括で行う「ワンストップセンター」の設立を計画▶有望な東アジア市場を対象に、水産品と青果品の輸出事業を始めるなど、海外展開を目指している。

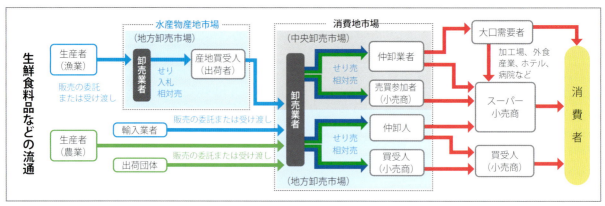

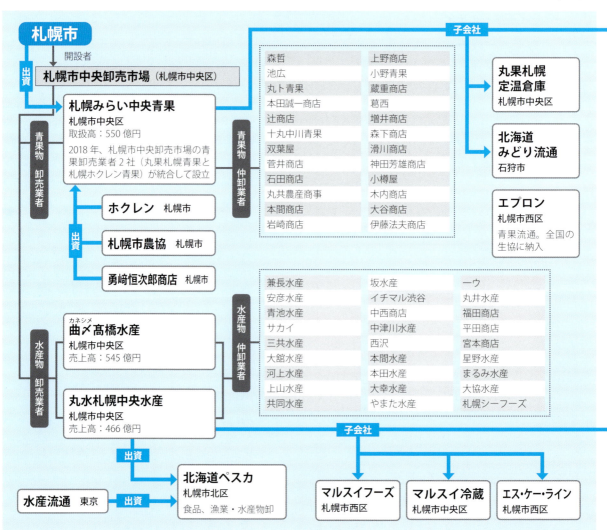

主な地方卸売市場（消費地市場）

人口規模の多い地域の消費地市場を掲載した。地方卸売市場には、公設と民営があり、公設は地方自治体が開設し、承認を得た卸売業者と仲買人が売買（せりや相対売り）で売買を行う。民営の多くは、卸売業者が開設しており、開設者の承認を得た仲買人との間で売買（同）が行われる

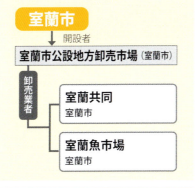
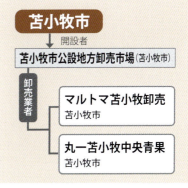
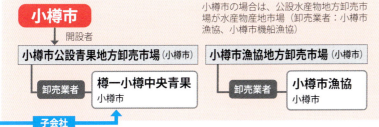
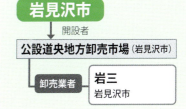
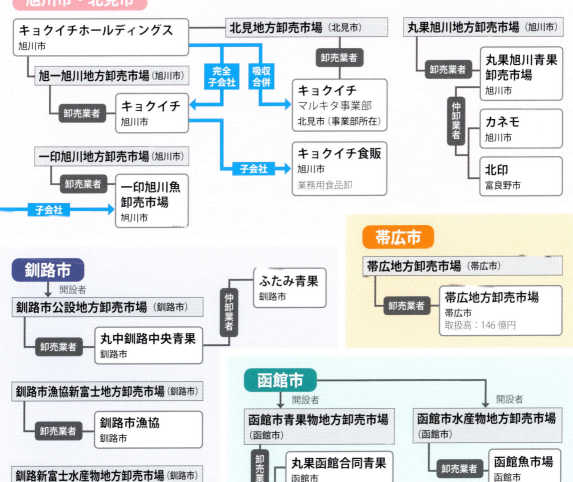

食 10 | 菓子

新型コロナウイルスの流行は道内菓子業界を直撃した。北海道土産「白い恋人」が人気の石屋製菓は、コロナ禍で2020年4月の売上高が前年同月比9割減まで落ち込んだ▶新千歳空港などで店舗を構えるその他の菓子メーカーも売り上げを大きく落とし、事業方針の見直しを余儀なくされた▶石屋製菓は中国の越境EC（電子商取引）サイトでの販売を始めたほか、中国と米国で実店舗を開設する。菓子製造販売のきのとやは、新たなグループ体制に移行した。製造部門・販路開拓を担う「Kコンフェクト」と、販売部門と店舗運営を行う新「きのとや」に分離。新ブランドの展開を模索する▶ロイズは石狩管内当別町のふと美工場で見学やチョコレート作り体験のスペースなど、集客強化のための増強工事を実施。22年4月、JR学園都市線の新駅「ロイズタウン」が誕生し、アクセスが向上する。

ロイズコンフェクト「ROYCE'」
札幌市北区
売上高：225億円
●生チョコレート
直営店：石狩管内当別の工場直売店、札幌8店、新千歳空港2店、江別1店

石屋製菓「ISHIYA」
札幌市西区
売上高：180億円
●白い恋人、美冬（みふゆ）
直営店：札幌エリアに「ISHIYA SHOP」6店、「イシヤカフェ」を札幌と北広島に各1店、白い恋人パーク（西区）に「ショップ・ピカデリー」ほか東京5店、大阪1店
関連：石屋商事

↓ 完全子会社

サザエ食品「サザエ」
札幌市中央区
●十勝おはぎ、十勝大名おやき
道内64店
関連：十勝製餡（十勝管内池田町）
道外の「サザエ」は、姉妹会社のサザエ食品（兵庫県）

きのとや
札幌市東区
●札幌農学校、生ケーキ
札幌、新千歳空港に計11店
関連：Kコンフェクト

六花亭製菓「六花亭」
帯広市
売上高：190億円
●マルセイバターサンド、大平原
帯広地区16店、札幌・近郊地区19店、釧路地区4店、函館地区4店、旭川・富良野地区5店
美術館、音楽ホールなども運営
関連：六花亭、ふきのとう、六花荘農園ほか

柳月
十勝管内音更町
本店：帯広市
●三方六、あんバタサン
札幌地区16店、十勝地区12店、釧路地区7店、苫小牧地区2店、旭川地区3店、千歳・中標津・北見・室蘭各地区1店
レストラン「トスカチーナ」も経営

千秋庵製菓「札幌 千秋庵」
札幌市中央区
●山親爺、ノースマン
札幌24店、新千歳空港、旭川・小樽・北広島・室蘭・登別・岩見沢・静内に計9店

岩塚製菓
新潟県
米菓各種。千歳工場あり

三八「三八菓舗」「札幌菓子處 菓か舎」
札幌市中央区
●札幌タイムズスクエア
札幌5店、東京1店

ケイシイシイ「小樽洋菓子舗 LeTAO」「GLACIEL」「Now on Cheese♪」「Good Morning Table」
千歳市
小樽洋菓子舗ルタオ 本店：小樽市
●ドゥーブルフロマージュ、ロイヤルモンターニュ
ルタオ：小樽市内6店、千歳・新千歳空港計3店、札幌1店

↑ 子会社

寿スピリッツ 鳥取県

もりもと「morimoto」
千歳市
●生ケーキ、ハスカップジュエリー、太陽いっぱいの真っ赤なゼリー
千歳・恵庭・苫小牧・室蘭8店、札幌15店、小樽・江別・旭川・滝川・函館各1店
グループ会社：北のアトリエ、菓子司新谷（ふらのの雪どけチーズケーキ）

ホリ「HORI」
砂川市
●夕張メロンピュアゼリー

↑ 完全子会社

ホリホールディングス 砂川市

↓ 完全子会社

北菓楼
砂川市
●北海道開拓おかき、バウムクーヘン
直営：砂川2店、札幌2店、小樽1店、新千歳空港1店

わかさいも本舗「わかさいも」
胆振管内洞爺湖町
●わかさいも
洞爺湖・留寿都・伊達・室蘭・登別に計8店、札幌・新千歳空港に各1店

花畑牧場
十勝管内中札内村
●生キャラメル
中札内・小樽・新千歳各1店。ラクレット：中札内・新千歳各1店

山口油屋福太郎
福岡市
辛子めんたいこ製造
●ほがじゃ
オホーツク管内小清水町に工場あり

ペシェ・ミニヨン「函館洋菓子スナッフルス」「ペシェ・ミニヨン」
函館市
売上高：15億円
●チーズオムレット
函館エリア6店、札幌エリア2店、新千歳空港1店、東京エリア1店、カフェ・ペシェ・ミニヨン、サンドイッチ「グルマンカンタ」経営

YOSHIMI
札幌市中央区
●札幌スープカリーせんべい「カリカリまだある？」、しろくまドルチェ
飲食店を全国展開するYOSHIMIのリテール部門

壺屋総本店「壺屋」
旭川市
●壺もなか、き花
旭川に独立店舗「なヽ花窓館」「き花の杜」、このほか大型店・生協などで販売

梅屋「菓子処 梅屋」
旭川市
●梅屋名物しゅうくりぃむ
旭川本店のほか、旭川、札幌、北見などの百貨店・大型スーパーなどに9店

↑ 子会社

FDSホールディングス 札幌市

一久「もち処一久 大福堂」
旭川市
●大福、串だんご
札幌9店、旭川2店、函館・旭川空港各1店

ロバ菓子司「ロテル・ド・北倶楽部」「ザ・さんくろうど」「ヴィバ・ロバ」
旭川市
●蔵生（ザ・さんくろうど）、ロテル・ド・北倶楽部
旭川市内に計5店

三星
苫小牧市
売上高：16億円
●よいとまけ、ゆのみのんの
苫小牧15店・札幌・北広島・石狩8店・登別・白老・静内に各1店

ショコラティエ マサール
札幌市中央区
●チョコレート菓子
札幌3店、新千歳空港2店

ろまん亭
札幌市南区
●チョコモンブラン
札幌7店、帯広1店

ビー・リガーレ「benbeya」
札幌市手稲区
● 生ケーキ、クッキー
本店、丸井今井札幌店

ナシオ
札幌市西区
売上高：543億円
創業100年以上の歴史を持つ北海道の菓子専門卸売

道南食品
函館市
● 北海道サイコロキャラメル

↓ 子会社

↑ 子会社

アイセ・リアリティー 東京
「草太郎本舗」
室蘭が発祥
● よもぎまんじゅう草太郎

ノースカラーズ
札幌市西区
「純国産ポテトチップス」「純国産北海道かりんとう」などの製造販売

明治ホールディングス 東京
売上高：1兆1917億円

カルビー
東京
売上高：2667億円
● じゃがポックル
北海道工場（千歳市）

北海道フーズ
十勝管内士幌町
士幌町農協子会社。メーカーなどへのOEM専業でポテトチップスなど製造

みれい菓
札幌市西区
● 札幌カタラーナ

↓ 完全子会社

カルビーポテト
帯広市
食品製造販売事業

JAふらの
富良野市
ポテトチップス製造工場「シレラ富良野」を上川管内南富良野町で稼働。湖池屋に納入

北海道コクボ
胆振管内安平町
● 「大地の歓」ブランド、北海道ミルクレープ、北海道エクレア

個性あふれる地域のお菓子

ほんま
札幌市豊平区
「月寒あんぱん本舗　ほんま」
● 月寒あんぱん、寒月

わらく堂
札幌市白石区「スイートオーケストラ」
● おもっちーず

島川製菓
札幌市白石区
● ミルクカステーラ

坂栄養食品
札幌市中央区「坂ビスケット」
● しおA字フライ

池田食品
札幌市白石区
豆菓子各種
● 雪ボーロ、雪苺

札幌駅立売商会
札幌市東区
● 柳もち

菓匠 小樽新倉屋
小樽市
● 花園だんご、小樽の女

あまとう
小樽市
● マロンコロン

五勝手屋本舗
檜山管内江差町
● 五勝手屋丸缶羊かん

長生堂寺嶋菓子舗
宗谷管内利尻富士町
● ドーナツ

深川油脂工業
深川市
● くまちゃんポテトチップス、くまちゃんポップコーン

高橋製菓
旭川市
● ビタミンカステーラ

共成製菓
旭川市
● 旭豆

米倉商店
十勝管内池田町
● バナナ饅頭

十勝大福本舗
十勝管内幕別町
● 和菓子

クランベリー
帯広市
● スイートポテト

八木菓子舗「元祖三石羊羹」
日高管内新ひだか町三石
● 元祖三石羊羹

谷田製菓
空知管内栗山町
● 日本一きびだんご

函館千秋庵総本家
函館市
● 元祖山親爺、函館ふぃなんしぇ

はこだて柳屋
函館市
● いかようかん、ロマネスク函館

清月
北見市
● 赤いサイロ、バウムラスク

菓子處 大丸
北見市
● ほっちゃれ

端谷菓子店
根室市
● オランダせんべい

北海まりも製菓
釧路市阿寒町
● まりもようかん

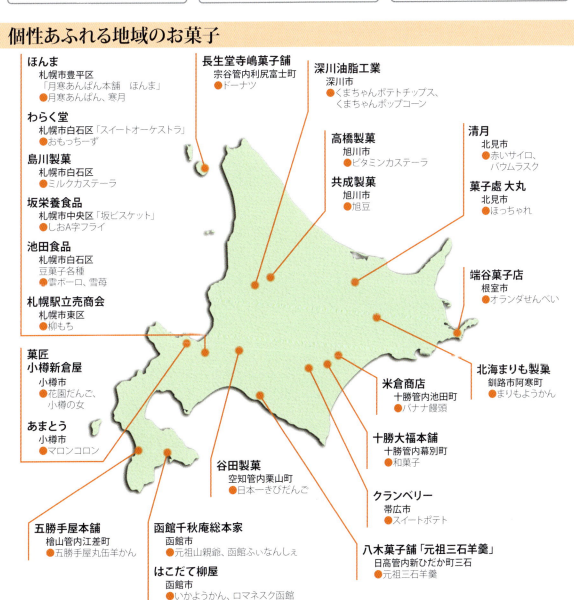

食

11 | 酒類

日本初の官営ビール工場でサッポロビールの前身となる開拓使麦酒醸造所が1876年(明治9年)、札幌に設立。道内でのビール産業の歴史が始まった▶現在は国内4大メーカー中、サッポロ、キリン、アサヒの3社が道内に工場を構え、サントリーも加えた4社は例年8月、札幌の大通公園で国内最大規模のビアガーデンを開催している▶日本酒業界は長く低迷していたが上川大雪酒造が2016年、道内の酒造会社としては戦後初めて新設。上川管内上川町に「緑丘蔵」、20年春に帯広畜産大の構内に「碧雲蔵」を設けるなど、新たな流れを生み出した。上川管内東川町と渡島管内七飯町にも別の会社が酒蔵を新設した▶北海道ワインと十勝管内池田町が牽引してきたワイン業界では、後志や空知でワイナリーが増加。フランスの老舗ワイナリーも函館に進出することで話題を呼んだ。

ビール・ウイスキー

キリンホールディングス
東京
売上収益：1兆8495億円
「一番搾り」など。ワインの「メルシャン」や医薬品事業にも力。千歳市にビール工場

サッポロホールディングス
東京
売上収益：4347億円
道内No.1シェア。「黒ラベル」など。不動産事業など幅広く展開。恵庭市にビール工場

→ **完全子会社** →

ポッカサッポロフード&ビバレッジ
名古屋市
売上高：761億円
レモン事業や飲料、スープなど。2011年にサッポロHDの傘下入り

アサヒグループホールディングス
東京
売上収益：2兆277億円
「スーパードライ」などを製造する総合飲料メーカー。海外ビール会社の買収に積極的。札幌市に工場

完全子会社

ニッカウヰスキー
東京
売上高：485億円
1934年、後志管内余市町に「大日本果汁」として誕生。余市に蒸留所。高級ウイスキー「竹鶴」「余市」など

サントリーホールディングス
大阪市
売上収益：2兆3676億円
「プレミアムモルツ」。ウイスキー国内最大手

堅展実業
東京
2016年釧路管内厚岸町にウイスキー蒸留所を稼働。主力は食品店材料輸入販売

八海醸造
新潟県
後志管内ニセコ町でウイスキーを製造。日本酒「八海山」で知られる

道内の主なクラフトビール・ジン		運営主体
札 幌 市	薄野地麦酒	薄野地麦酒=加森観光グループ
	開拓使麦酒	札幌開拓使麦酒醸造所=サッポロビールグループ
	月と太陽BREWING	月と太陽BREWING
	澄川麦酒	澄川麦酒醸造所
江 別 市	ノースアイランドビール	SOCブルーイング=SOC(札幌・IT)グループ
千 歳 市	北海道ビール ピリカワッカ	北海道興農社
小 樽 市	小樽ビール	アレフ(札幌市)
	小樽麦酒	北海道麦酒醸造
	おたるワイナリービール	北海道ワイン
登 別 市	鬼伝説	わかさいも本舗(胆振管内洞爺湖町)
旭 川 市	大雪地ビール	大雪地ビール
滝 川 市	滝川クラフトビール	滝川クラフトビール工房(大雪地ビール)
檜山管内乙部町	乙部追分ブリューイング	アドバンス(長野県・健康食品)
函 館 市	はこだてビール	マルカツ興産=はこだてマルカツグループ
渡島管内七飯町	大沼ビール	ブロイハウス大沼
帯 広 市	帯広ビール	ランチョ・エルパソ(レストラン)
北 見 市	オホーツクビール	オホーツクビール
網 走 市	網走ビール	網走ビール=タカハシグループ
札 幌 市	クラフトジン「9148」	北海道自由ウヰスキー
後志管内積丹町	火の帆	積丹スピリット

卸

国分北海道
札幌市中央区
売上高：868億円
1949年設立の北酒連が前身。2007年国分グループ入り。

← **出資** ← **三井物産** 東京

子会社

国分グループ本社
東京
売上高：1兆8479億円
国内に288の物流拠点。海外54カ国に輸出

北海道酒類販売
札幌市北区
売上高：682億円
酒類・食品総合卸。全道に拠点を構え、小売店の販売促進も支援

出資

日本酒類販売
東京
売上高：5200億円
1949年創業。酒類・食品の総合卸

ワタショウ
札幌市中央区
業務用酒類食品卸。プライベートブランドのワインや焼酎も販売

いまい
札幌市豊平区
酒卸「フクちゃん」など展開

わしづ
札幌市中央区
札幌市内を中心に道内で酒・飲料を配達

リカーズかめはた
札幌市豊平区
札幌・ススキノを中心に酒類を業務卸

ワイン

北海道ワイン
小樽市
国産ブドウだけで造る日本ワイン製造量日本一のメーカー。空知管内浦臼町に自社ワイナリー

はこだてわいん
渡島管内七飯町
「北海道100」シリーズなど

富岡ワイナリー
檜山管内乙部町で「乙部醸造ワイン」など

池田町ブドウ・ブドウ酒研究所
十勝管内池田町の直営。「十勝ワイン」。道産ワインのさきがけとして1963年に事業開始

富良野市ぶどう果樹研究所
富良野市の直営で1972年誕生。「ふらのワイン」

北海道中央葡萄酒
千歳市
1988年中央葡萄酒（山梨県）の第2ワイナリーとして製造開始。2011年分社化。「北ワイン」など

余市ワイナリー
1974年から「余市ワイン」製造

← 運営・生産（北海道ワイン）

← 運営・生産（日本清酒→余市ワイナリー）

日本酒

日本清酒
札幌市中央区
1872年創業の老舗で札幌唯一の酒蔵。日本酒「千歳鶴」の他「寿みそ」など製造

髙砂酒造
旭川市
1975年発売の「国士無双」で淡麗辛口ブームに火をつけた

男山
旭川市
1977年日本酒として世界初となるモンドセレクション金賞を受賞

国稀酒造
留萌管内増毛町
暑寒別岳を源流とする仕込水により柔らかな口当たりが実現

「大雪乃蔵」「北の誉」

子会社（日本清酒→髙砂酒造）

小林酒造
空知管内栗山町
「北の錦」。全量道産米を使用

田中酒造
小樽市
「宝川」。四季醸造を行い、見学者を積極的に受け入れる

金滴酒造
空知管内新十津川町
ピンネシリ山系の水と道産の酒造好適米を使用

福司酒造
釧路市
「福を招く」願いで命名。道産素材を使ったリキュールも開発

三千櫻酒造
上川管内東川町
岐阜県中津川市から2020年に移転した公設民営の酒蔵

碓氷勝三郎商店
根室市
「北の勝」。限定販売の生酒は毎年人気

二世古酒造
後志管内倶知安町
ニセコアンヌプリ山系の雪清水と羊蹄山からの噴出し湧水を使用

上川大雪酒造
上川管内上川町
2017年に醸造開始。「緑丘蔵」「碧雲蔵」「函館五稜乃蔵」の酒蔵を持つ

箱館醸蔵
渡島管内七飯町
道南で35年ぶりに誕生した酒蔵

焼酎

合同酒精
東京
売上高：515億円
釧路管内白糠町のシソを使った焼酎「鍛高譚」などが人気。旭川、苫小牧に工場

札幌酒精工業
札幌市西区
焼酎「サッポロソフト」など。檜山管内厚沢部町に本格焼酎工場

生産（合同酒精→「大雪乃蔵」「北の誉」）

完全子会社（オエノンホールディングス→合同酒精）

オエノンホールディングス
東京
売上高：777億円
酒類・医薬品事業など展開

清里焼酎醸造所
オホーツク管内清里町が直営。1979年、日本初のジャガイモ焼酎を販売

道内の主なワイナリー

石狩	ばんけい峠のワイナリー（札幌市）
	さっぽろ藤野ワイナリー（同）
	八剣山ワイナリー（同）
	さっぽろワイン（同）
空知	宝水ワイナリー（岩見沢市）
	10Rワイナリー（同）
	栗澤ワインズ（同）
	山崎ワイナリー（三笠市）
	TAKIZAWAワイナリー（同）
	マオイ自由の丘ワイナリー（空知管内長沼町）
後志	オサワイナリー（小樽市）
	ドメーヌタカヒコ（後志管内余市町）
	リタファーム＆ワイナリー（同）
	オチガビワイナリー（同）
	平川ワイナリー（同）
	ドメーヌアツシスズキ（同）
	登醸造（同）
	ドメーヌモン（同）
	ワイナリー夢の森（同）
	モンガク谷ワイナリー（同）
	キャメルファームワイナリー（同）
	DOMAINE YUI（同）
	Lan Seqqua（同）
	NIKI Hillsワイナリー（後志管内仁木町）
	ヴィニャ デ オロ ボデガ（同）
	ベリーベリーファーム＆ワイナリー仁木（同）
	ル・レーヴ・ワイナリー（同）
	ニセコワイナリー（後志管内ニセコ町）
	松原農園（後志管内蘭越町）
その他地域	農楽蔵（函館市）
	ド・モンティーユ＆北海道（同）
	奥尻ワイナリー（檜山管内奥尻町）
	月浦ワイン醸造所（胆振管内洞爺湖町）
	ノースカントリー（富良野市）
	Domaine Raisonワイナリー（上川管内中富良野町）
	多田ワイナリー（上川管内上富良野町）
	森臥ワイナリー（名寄市）
	Infeeld winery（北見市）
	ボスアグリワイナリー（同）
	相澤ワイナリー（帯広市）
	めむろワイナリー（十勝管内芽室町）

注目業界

食

資源・エネルギー・製造

建設・不動産

流通・外食

運輸・観光

IT・メディア・教育

金融・サービス

TOP interview

適正な乳価、酪農の長期安定のために

よつ葉乳業
社長 **有田 真**さん

> ありた・まこと　よつ葉乳業代表取締役社長。岩手大学卒業後、1981年に北海道農協乳業（現、よつ葉乳業）に入社し、2000年に大阪支店長、2010年に取締役営業本部長。2015年から現職となる。自社を「農民会社」と位置づけ、将来を見据えた若手酪農家の支援にも積極的に取り組む。

北海道のおいしさを、まっすぐ。
よつ葉

北海道を代表する乳業メーカーであるよつ葉乳業。北海道産の質の高い原料乳を使った商品を提供し、全国の消費者から高い支持を受けています。同社は酪農生産者によって設立された経緯を持ち、コロナ禍で業務用の需要が減る中でも生乳処理を積極的に引き受けるなど、酪農生産者の側に立った経営を行うことでも知られています。酪農民資本としての同社の独自性から生み出される強みや、魅力的な商品を生み出す競争力の源泉は何なのか。有田真社長に詳しくお聞きしました。

聞き手：西村望恵（北海学園大学3年）
　　　　宮川綾菜（北海学園大学3年）
　　　　加藤　敦（北海道新聞社）
　　　　佐藤大輔（北海学園大学教授）
〈2021年7月8日取材〉

※写真撮影時以外はマスク着用等の感染症対策を行っています。

共同購入などを通じて全国的な知名度を持つ「よつ葉バター」

"手頃だけど高級"
を目指す

——酪農生産者と消費者の架け橋を標榜されていますね。

　（酪農生産者と消費者）両者の架け橋としての役割は難しいものではなく、意外に簡単なのではないかと思っています。酪農生産者のために何をしなければならないかを考えると、やはりそれはお客様に製品を買っていただくことです。生乳がたくさん生産されても買っていただけなければ、何にもならない。そう考えると、お客様の方を向いて一生懸命いいものをつくって買っていただくということを、いかに真剣にやるかが酪農生産者にとっても意味のあることです。結果として、それが酪農生産者へのフィードバックにもなります。よつ葉乳業は酪農生産者が出資した会社ということもあり、我々と酪農生産者はお互いに協働できる立場だと考えています。一方で、お客様の声に耳を傾ける形にしていくことが我々の使命だとも思っているんです。

——貴社が目指すマーケットでの位置づけとはどのようなものでしょうか。

　当社が目指しているのは、"手頃だけど高級"です。つまり、中身としては非常に素晴らしいけど買いやすい、ということですね。食べ物を製造する企業としておいしさというものを追求し、安全安心であることが絶対条件だと考えています。加えて、よつ葉乳業の商品は「買いやすい、手に取ってしまう」と思ってもらえることを目指しています。

「原料も良い
作り手の人間も良い」

——最近では「ほうじ茶オレ」など新商品の投入にも積極的です。商品の開発においては競合他社との差別化をどのように意識されているでしょうか。

　私たちの強みは、良い原料乳を持っているということです。当社は酪農家の会社ですので、生産者と直接いろいろな話ができるんですが、その中でも特に良い原料をつくってほしいという話はしますね。細菌数[*1]や体細胞数[*2]といった品質の基準でみても当社は差別化できていると思いますし、牛に与える飼料などでも差別化を図っています。

　製品をつくるときに一番大事にしていることは、「素材のおいしさを最大限に生かす」ということです。単純に、原料のおいしさを製品に出していきたいという発想です。当社では、ヨーグルトなど多様な製品をつくっていますが、それらに添加物をできるだけ使わないように何回も試作して、商品化に至っています。きちんと形にならないとか、うまくいかないとか、つくり手としては非常に難しい部分もありますが、「原料も良い、つくり手の人間も良い、つくり方もなるべく添加物を使わない」ことが当社の強みです。できるだけ原料・素材を生かすという取り組みが、おいしいものが作れている理由なんじゃないかと思います。

*1 牛乳の衛生的乳質を示す指標。数値が低いほど高品質を意味する。
*2 生乳に含まれる体細胞数のこと。乳牛の健康状態をはかる指標のひとつ。

十勝の生乳を十勝の工場でパック詰めして作られる「特選よつ葉牛乳」

TOP interview

——高品質な商品を提供するために、実際にどのような工夫をされているのでしょうか。

当社は生産者が作った会社なので、当然北海道の乳をふんだんに使ってビジネスをするというのは基本ですね。一方で、消費者の方々からのご要望というのもあります。牧草以外に大豆かすやとうもろこしなども飼料として牛に与えているわけですが、飼料の中には遺伝子組み換えの作物も含まれています。一部の消費者には「遺伝子組み換えをしていない飼料を食べさせた牛から搾った牛乳を飲みたい」というニーズがあるんです。そういうニーズに合わせて、NON-GMO（遺伝子組み換え作物ではない）の餌を与えた牛から搾った牛乳を提供しています。

よつ葉の良さを理解してくれるファンを増やす

——道外への発信についてはどのようにお考えでしょうか。

1972年に初めて道外で牛乳を販売しました。しかし、その当時はこちらからどんどんスーパーやデパートに進出して売るわけにいかなかったんです。道外の酪農家もたくさんいましたから、北海道から大量に持ってきて売られると困るという時代だったんです。しかし、当社の牛乳をデパートなどで買っていただいたお客様からは、非常に素晴らしいという評価もいただいていました。「是非こういう牛乳を飲みたい」というお客様の中には、自らグループをつくり、共同購入を始めていただいた方々もおられました。

このように非常に根強いファンもいるので、そういう機会を生かそうと催事などを通じて少しずつ当社の商品を道外に広げていきました。共同購入グループのお客様も自ら進んで当社の商品を広めてくれました。そのおかげで、「よつ葉牛乳」と「よつ葉バター」の認知度は都府県でも結構高いんです。今後も、おいしくて安全安心な牛乳・乳製品をきちんと提供していくことで、ファンを広げていきたいと考えています。

——よつ葉の良さを理解してもらえる人を増やしていきたい、ということですね。

そうですね、広範囲に展開していくというのはなかなか難しいと思っています。知っている人、口コミのようなところからよつ葉の価値というのを知っていただいて、そこに商品を投入していくという形ですね。

乳業メーカーとしてやるべきこと

——メーカーとしてコストダウンが重要である一方で、酪農生産者の手取りも増やさなければならないという一見相反する課題があるようにも思います。

酪農生産者が長期的に安定した酪農経営ができるようにしたいと考えています。酪農生産者の経営が安定しているということは、乳価[*3]が適正であるということの現れです。ですから、乳価を安くしてもらうという発想は持ちません。一方で、コストの面で考えるとまずひとつは働き手一人一人の生産性をどう上げるかが課題になります。そのために、仕事の中身をどう簡素化できるか、どう効率的にしていけるかがポイントとなります。仕事の流れの中で色々な問題が出てくるかもしれないわけで、一人一人が自分で考えるようにならなければなりません。その中で仕事のスピードアップが図れるのではないかと考えています。もうひとつは全体の生産性、つまり人手をかけないでどうやるかということです。機械化、ロボット化によって作業する人を減らし、できるだけお金をかけないように生産をすることが必要です。コストを下げるためにはそういうことも求められていると思います。

＊3 牛乳・乳製品の原料となる生乳の価格のこと。

——乳製品を扱うからこその想いやこだわりにはどのようなものがあるでしょうか。

まずは食品メーカーとして"安全安心"を大事にして

十勝主管工場の牛乳製造ライン

「シゴト」の魅力

　よつ葉乳業のコーポレートスローガンは「北海道のおいしさを、まっすぐ。」です。これには「北海道のおいしく安全な乳製品をお届けしたい」という思いが込められているそうですが、そのために同社は自らが北海道の酪農生産者と全国の消費者との架け橋であることを強調しています。ただ、相反する立場にも思える酪農生産者と消費者のどちらの立場にも向き合っていくことは非常に難しいものだと思います。実際にインタビューの中でこの点も質問しましたが、意外にも有田社長はこれをあまり難しい問題だとは考えていないようでした。酪農生産者のためにすべきこと、消費者のためにすべきことが明確にされており、よつ葉乳業として大切にしていることが組織全体でしっかりと共有されているからなのではないかと感じました。

　また、同社がマーケットで目指す立ち位置として、"手頃だけど高級" というコンセプトが挙げられていたのはとても印象的でした。これは、「中身は非常に素晴らしいけど買いやすい」ということを意味しているそうです。安全安心を絶対条件に、できるだけ原料・素材を生かしていたり、いわば正攻法できちんと製品づくりをしていこうという同社の姿勢が端的に読み取れるキーワードのように思いました。

（西村）

インタビュー後、有田社長と

いかなければなりません。また私たちは生産者の会社であり、「適正乳価の形成、酪農経営の長期安定」を社是として掲げています。一方で、お客様にはおいしさを提供し、健康で幸せになっていただきたい。そのために一生懸命製品づくりをし、食品として価値のあるものをきちんと提供していくことが大切だと考えています。

　加えて、SDGsなどのことも考えながら、社会に貢献していくという想いも持っています。企業が存続することとは、社会の中で生かされていくということです。それをないがしろにして生きていくことは絶対にできないはずです。ですから、我々は生かされているということを意識し、消費者や地域社会とどう向き合っていけばいいか。そういうことを絶えず頭に置きながら、仕事を進めていくことが求められていると思います。

いま必要なのは"行動力"ある人

―― 貴社で求める人材像とはどのようなものでしょうか。

　当社はどちらかというと真面目できちんとしている、保守的な人間が多いのかなと思います。ただ、多様な人間がいないと会社は活性化しないので、いろいろな人間にいてほしいと思いますね。私が最も期待するのは、行動力のある人です。考えているだけではだめで、行動していくということ。そういう人が今は当社にとって必要だと考えています。当社の事業範囲はまだまだ狭いと思うんです。もっといろんな事をやってもいいと思うし、これからやっていかなければいけない。そういう状況で、率先して新しいことを「おもしろい、やりたい」といってくれる人材がほしいですね。

牛乳、バター以外にも多様な商品を展開する

TOP interview

〈組織文化診断〉

【解説】よつ葉乳業の組織文化特性のグラフ（下図）を見ると、現状の組織文化への評価では官僚文化の値が顕著に高く、一方で理想とする組織文化への評価ではイノベーション文化の値が高く出ている点が特徴的です。官僚文化の値が高いことは、安定性と統制、および組織内部に注目する傾向や調和への志向が高いことを示唆しますが、理想としてはその値が低くなっており、むしろ逆側の柔軟性や独立性、および組織外部に注目する傾向や差別化への志向が強く出ていることは興味深い点です。生産者（酪農家）がつくった会社でありながら、マーケットで受け入れられる商品をつくっていかなければならない同社の出自を反映しているともいえる結果かもしれません。（佐藤）

――現状の組織を官僚文化的、いわば安定性や統制を重視する傾向があると評価されているようです。

有田「それは生産者ありきの会社だからかもしれません。例えば、脱脂粉乳やバターのようなベーシックな製品はニーズが大きく変わることがあまりありません。だからこそ、きちんと正しく作るということが求められるところがあると思います」

――家族文化を示す指標も高い値を示していますが、社内の雰囲気から見ても家族的な雰囲気はあるでしょうか。

「私はそう思いますね。昔のよつ葉は、誰も入ろうと思わなかったような小さな会社でした。地元出身の社員も多いのが特徴ですが、これを私は決して悪いことではないと思っているんです。どこまで考えを共有できるか、どこまで一緒に合理的に考えていくことができるかが大事だと思うからです。これらのことが現在の家族的な雰囲気に繋がっているのだと感じています」

＊会社内で共有される価値観や行動志向性を分析するために、組織文化診断ツール（Cameron and Quinn, 2011）を用い、6項目24問に渡るアンケート2種を有田社長へ実施。

よつ葉乳業株式会社
https://www.yotsuba.co.jp/
本社：（登記）北海道河東郡音更町新通20丁目3番地／
　　　（実務）札幌市中央区北4条西1丁目1番地

- 事業内容：牛乳及び乳製品の製造・販売
- 設立：1967年
- 売上高：988億円（2020年度）
- 資本金：31億円
- 従業員数：840名

（2021年3月31日現在）

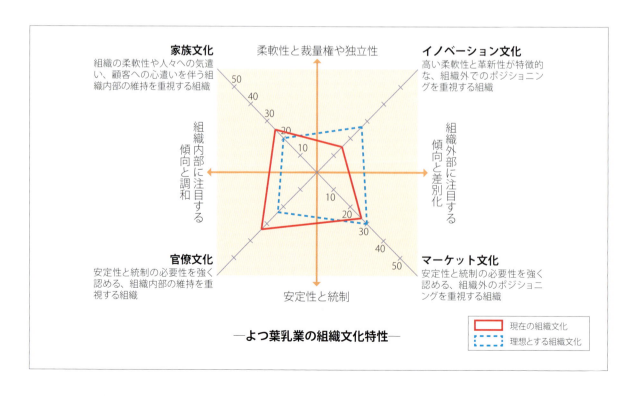

―よつ葉乳業の組織文化特性―

情報で差をつけよう！

就活に、仕事に役立つ情報が満載！

どうしん電子版
会員登録のススメ

北海道新聞を月決め購読中の方は、追加料金はかかりません。購読者以外も無料で申込み可能！
地域の話題やお役立ち情報を北海道目線でまとめてお届けします。

- 上司の話についていける
- 私のまちのニュースがある
- 子育て、イベント情報…私生活にも
- 取引先の人事がわかる

そのほかにも！
- 道内ニュースがメールで届く「ニュースレター」がうれしい！
- 読者会員は全部、無料会員は月10本の会員限定記事が読める！

お問い合わせ
どうしん電子版サポートセンター
E-mail：dd-support@hokkaido-np.co.jp
TEL：0120-889-104（平日10:00～16:00／土日祝日・年末年始は休み）

登録はこちら

資源・エネルギー・製造

12 | 電力・ガス

2011年の東日本大震災により発生した東京電力福島第1原子力発電所事故で、安全対策が厳格化されたことに伴い、北海道電力の泊原発1～3号機は停止している。原子力規制委員会は泊原発が新規性基準に適合しているか審査を続けており、判断が注目される▶また18年の胆振東部地震では国内初となる全域停電（ブラックアウト）が全道一円で発生し、その教訓から電源分散化へ向けた動きも加速する▶政府は地球温暖化対策として50年に温室効果ガスの排出量を「実質ゼロ」にすると表明。太陽光などの再生可能エネルギーの普及定着が課題となる。道内では檜山沖や石狩湾などで大型洋上風力の開発計画が相次ぐ▶16年に家庭向け電力小売りが全面自由化され、北海道ガスをはじめとする新電力事業者が道内市場に参入。17年には都市ガス小売りも自由化され、北電といちたかガスワンが新規参入している。

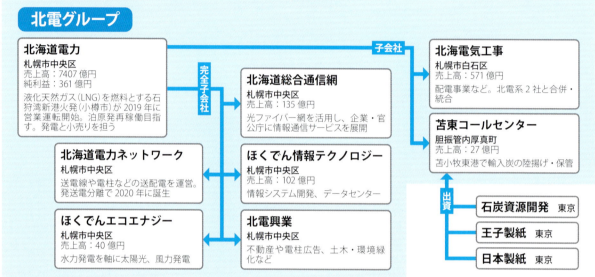

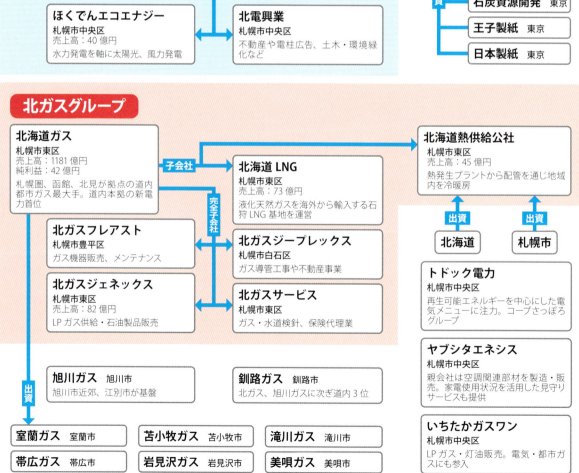

石炭

釧路コールマイン
釧路市
売上高：48億円
国内唯一の坑内掘り炭鉱。2002年に閉山した太平洋炭鉱の事業を継承

北菱産業埠頭
札幌市北区
売上高：89億円
美唄市で露天採掘。三菱マテリアル子会社

空知炭礦
歌志内市
歌志内市で露天採掘

釧路火力発電所
2020年12月に稼働開始。釧路コールマインの石炭を使用

（釧路コールマイン → 釧路火力発電所：運転）

メガソーラー

※カッコ内は主な主資企業名

苫東安平ソーラーパーク
（SBエナジー、三井物産）

苫東安平ソーラーパーク2
（SBエナジー、三菱UFJリース）

北海道八雲ソーラーパーク
（SBエナジー、三菱UFJリース）

釧路メガソーラー
（スマートソーラー、リサ・パートナーズ）

すずらん釧路町太陽光発電所
（東急不動産、三菱UFJリース、日本グリーン電力開発）

苫小牧ソーラーエナジー
（シャープ、オリックス）

風力発電

電源開発 東京
稚内市、留萌管内苫前町、檜山管内島牧村などに発電所を所有。大間原発（青森県）を建設中

ジェイウインド 東京
檜山管内瀬棚町に発電所を所有。2030年に大規模洋上風力発電を同町に建設予定

（電源開発 → ジェイウインド：子会社）

コスモエコパワー 東京
石狩市、稚内市、留萌市、根室市、小樽市で発電所を所有

日本風力開発 東京
日高管内えりも町で発電計画中

ユーラスエナジーホールディングス 東京
稚内市、伊達市、檜山管内江差町、宗谷管内浜頓別町、留萌管内遠別町などに発電所を所有

市民風力発電
札幌市中央区
一般市民からの出資で石狩市、宗谷管内浜頓別町のほか、青森県、秋田県にも発電所を建設

グリーンパワーインベストメント 東京
石狩湾沖に洋上風力発電施設を建設予定

幌延風力発電
宗谷管内幌延町
町と道外の民間企業が設立した第3セクター。町内のオトンルイ風力発電所を運営

寿都町
1989年に全国の自治体で初めて風力発電施設を建設。売電収入が貴重な町財源に

北拓
旭川市
陸上風力発電メンテナンスで国内最大手

地熱発電

北海道電力
渡島管内森町に地熱発電所を所有。同町に2基目も新設へ

オリックス 東京
函館市南茅部地区で2022年春稼働予定

（北拓 → ホライズン・オーシャン・マネジメント：出資）

ホライズン・オーシャン・マネジメント 東京
洋上風力発電のメンテナンス事業を目的に設立。三井物産が51%出資

出光興産 東京
後志管内赤井川村に建設計画あり

INPEX（旧・国際石油開発帝石） 東京
出光興産と後志管内赤井川村で掘削調査

バイオマス発電

北海道バイオマスエネルギー
上川管内下川町
三井物産と北電の出資会社。木質バイオマス発電施設を稼働。石狩管内当別町に同様施設を建設中

日本製紙 東京
洋紙生産の後継事業として苫小牧市勇払地区にバイオマス発電所を建設中

苫小牧バイオマス発電
苫小牧市
総合木材業のイワクラが三井物産、住友林業、北海道ガスと共同出資し設立

資源・エネルギー・製造

13 | 紙・パルプ

製紙産業は明治以降の北海道の発展を支えてきた道内経済の柱だ。道によると、道内の紙パルプ業で働く人は2017年で計約6千人、出荷額は約3900億円で工業全体の6％を占める▶業界2位の日本製紙は21年8月で、釧路工場での紙生産を終了した。生産能力は年間約22万トンで、日本製紙の新聞・印刷用紙の約6％を担っていた。釧路工場と関連会社には約500人が勤務し、このうち発電業務や跡地管理を担う新会社に移る人員を除く8割超の社員が、他地域への配置転換や退社を余儀なくされた。同社は20年にも苫小牧市勇払の北海道工場勇払事業所でも紙の生産から撤退している▶一方、業界首位の王子製紙は苫小牧市に世界最大級の新聞用紙製造工場を構える。ただ需要の低迷から新聞用の抄紙機1台を停止し、段ボール原紙用などに改造。新聞用紙の生産量をピーク時の年100万トンから70万トンに縮小した。

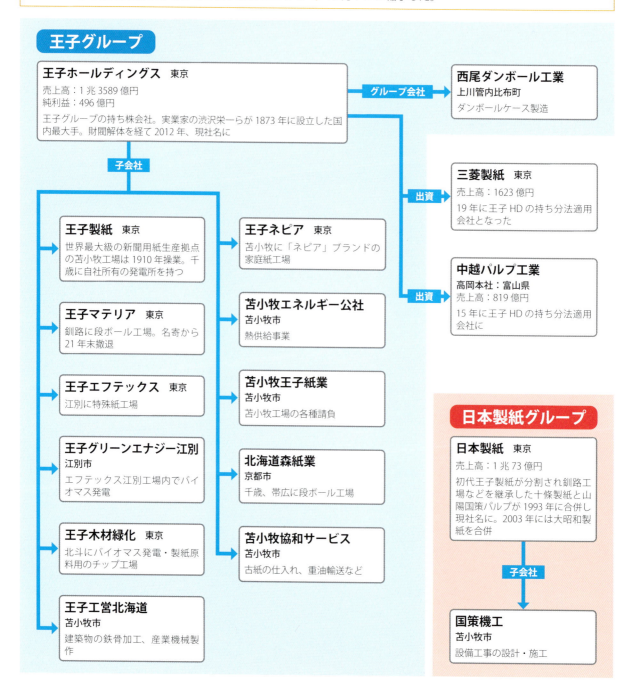

レンゴーグループ

レンゴー　大阪市
売上高：6807億円
板紙・段ボール最大手。恵庭、旭川に工場

↓ 子会社

共和紙業
小樽市
箱、紙器生産。稚内、釧路にも工場

トーモクグループ

トーモク　東京
売上高：1756億円
旧北海製罐グループの段ボール製品加工大手。輸入住宅のスウェーデンハウス親会社

↓ 子会社

ワコー
小樽市
売上高：8億円
段ボールケース製造販売

北越コーポレーション
東京
売上高：2224億円
業界5位。登記上の本店所在地は新潟県

↑ 出資

大王製紙グループ

大王製紙　東京
売上高：5629億円
愛媛県に登記上の本店。筆頭株主の北越コーポと対立関係

↓ 子会社

赤平製紙
赤平市
赤平に家庭紙工場。「エリエール」ブランド

日本紙パルプ商事グループ

日本紙パルプ商事　東京
売上高：4629億円
紙・パルプ業界国内最大手の専門商社

→ 子会社

JPコアレックスホールディングス
静岡県
家庭紙を生産するコアレックスグループの持ち株会社

↓ 子会社　　↓ 子会社

エコパワーJP
釧路市
売上高：12億円
太陽光発電など手掛ける

コアレックス道栄
後志管内倶知安町
倶知安、静岡に工場。家庭紙生産

合同容器
恵庭市
売上高：66億円
段ボール・災害用段ボールベッド製造

綜合パッケージ
札幌市手稲区
包装の企画・生産

三桜アサヅマ商事
札幌市白石区
食品資材やパッケージ企画などのツールの販売

丸升増田本店
札幌市中央区
紙リサイクル

卸商

大丸
札幌市白石区
売上高：543億円
道内最大手の洋紙、紙製品卸

↓ 子会社

大丸藤井セントラル
札幌市中央区
道内最大級の文具・紙専門店

サクマ
札幌市中央区
紙製品の二次卸。国内最大級の紙小売店「ペーパーショップサクマ」運営

北昭興業
胆振管内白老町
紙の専門商社

ほっかいもっかいグループ

北海紙管
札幌市清田区
紙管事業。名寄と本州に工場

もっかいトラスト
札幌市清田区
売上高：138億円
古紙リサイクル

資源・エネルギー・製造

14 | 鉄鋼・金属

鉄鋼の生産方法は、鉄鉱石とコークスを高温下で化学反応させ、鉄鉱石の酸素を取り除き鉄を取り出す「高炉」と鉄スクラップを原料にして電気炉で鉄を生産する「電炉」に大別される▶道内では1909年、日本製鉄の前身が高炉による鉄鋼の生産を開始。最多で4基が稼働していたが、現在は1基のみ▶唯一残った第2高炉は2020年、19年ぶりに改修工事を行い、人工知能(AI)が搭載された最新式として生まれ変わった。バネなどに加工される棒や線状の特殊鋼として自動車産業を支えている▶同じ室蘭では1907年、現在の日本製鋼所が兵器工場を構え、戦後に民需品の製造に転換。電炉も備え、発電所用の大型部材やパイプラインなど多彩な製品を生み出している。同社は20年、大規模な組織改革を行い、室蘭でグループ4社が合併した。JFEグループも札幌に電炉を構えている。

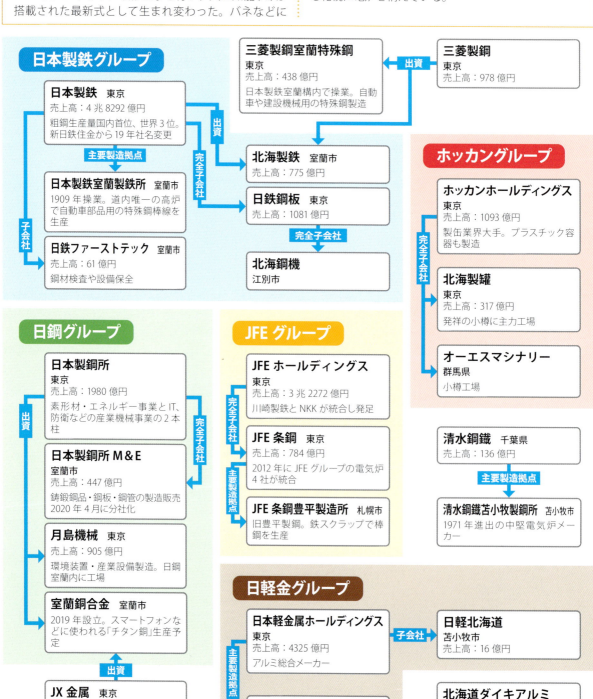

大手商社グループ

ワテックス北海道
北広島市
鉄鋼建材の加工・販売

↑ 完全子会社

エムエム建材 東京
売上高：6208億円

↑ 出資

三井物産スチール 東京
売上高：1114億円

↑ 子会社

三井物産 東京
売上高：8兆102億円

メタルワン北海道
札幌市中央区

↑ 子会社

メタルワン 東京
売上高：1兆6664億円
鉄鋼総合商社

↑ 出資　↑ 出資

三菱商事 東京
売上高：12兆8845億円

双日 東京
売上高：1兆6024億円

住友グループ

北海道住電精密
空知管内奈井江町
売上高：177億円
切削工具用超硬合金刃製造

住友電気工業 大阪市
売上高：2兆9185億円

北海道シャーリング 北広島市
鋼材ロール加工

↑ 出資

住友商事北海道 札幌市中央区

鋼材加工・販売

今井金商
札幌市中央区
売上高：236億円
鉄鋼・建材卸。丸井今井百貨店金物部が分離・独立

鉄建
帯広市
鋼材・建材卸

マルキンサトー
札幌市中央区
コイルカットシート製造

双葉工業社
札幌市東区
鉄鋼製品のめっき加工

玉造
札幌市豊平区
鋼板の切断加工など

阿部鋼材 札幌市西区
鋼板の加工・溶接

ワールド山内
北広島市
金属加工。自動車・航空メーカーにも納入。ゴルフパターも話題に

媚山鉄工
旭川市
売上高：29億円
鉄骨や鋼構造物の設計・製作・組立・架設

藤光鋼材 札幌市中央区
売上高：63億円

北友興業 旭川市
売上高：18億円

阿部商事 苫小牧市

マルモ 北見市

サスオール
札幌市西区
ステンレス、アルミ、チタンの加工品販売・卸

橋梁

横河ブリッジホールディングス
東京
売上高：1360億円

↓ 出資

楢崎製作所
室蘭市
造船業がルーツ。橋梁・船舶上架施設など

札幌高級鋳物
札幌市西区
特殊鋼鋳造品の製造・販売

村瀬鉄工所
函館市
水道管路の継手など、異形管を製造

タカヤナギ
室蘭市
フェリー乗降用のランプウエーや可動式桟橋など

旭イノベックス
札幌市清田区
売上高：125億円
橋梁・水門・鉄骨工事など

表鉄工所
旭川市
橋梁・水門など製造

47

資源・エネルギー・製造

15 | 素材・化学

国内のセメント需要はバブル期1990年度の8628万トンをピークに減少に転じ、2019年度は4097トンで半分以下。生産も1996年度のピークから約6割の水準に縮小している▶最大手の太平洋セメントは北斗市に工場を構える。日本製鉄と業界2位の住友大阪セメントが出資する日鉄セメントは、室蘭が主要製造拠点▶産業ガス大手は旧ほくさん（札幌市）を前身に持つエア・ウォーターが、道内外で幅広い事業を展開。コロナ禍でアルコール除菌剤の生産受託が好調なほか、農業や食品、医療機器などで企業の合併と買収（M&A）を通じ、事業を拡大させてきた▶産業ガス業界首位で三菱ケミカル系の日本酸素ホールディングスも札幌と函館に子会社を設ける。サンアグロやホクレン系のホクサンなどは各地に肥料工場を構える。

化学

エア・ウォーター 大阪市
売上高：8066億円
純利益：273億円
産業ガス、医療用酸素国内大手。加工食品、農業、エネルギーも手掛ける。旧ほくさん（札幌）が母体の一つ

↓完全子会社

エア・ウォーター北海道
札幌市中央区
売上高：648億円
産業ガス、家庭用LPガス、灯油など販売

北海道曹達
苫小牧市
売上高：75億円
AGC子会社。カセイソーダなど製造。新型コロナ拡大により除菌消臭剤がヒット

→出資→ **函館酸素**
函館市
売上高：31億円

極東高分子
小樽市
売上高：66億円
ポリエチレン製品、食品包装用を中心としたラミネート製品、成形品、段ボール製品、紙器製品の製造

完全子会社 **大陽日酸北海道**
札幌市白石区
産業ガスなど製造。札幌、苫小牧などに工場

日本理化学工業
川崎市
文具、事務用品製造。美唄工場などのチョークは国内シェア首位

日本酸素ホールディングス
東京
売上高：8182億円
産業ガス国内首位で三菱ケミカルHD子会社

飼料・農薬

MFフィード
苫小牧市
売上高：70億円
乳牛向けの配合飼料・サプリメントの製造販売が主力事業。主要取引先はホクレンや全農など

ホクサン
北広島市
農薬の製造販売。主要取引先はホクレンや全農

丹波屋 札幌市東区
売上高：555億円
国内トップクラスの取扱量を誇る飼料部門の他、肥料、農産物を卸売り。建材も手掛ける

小柳協同 札幌市西区
農薬・農業用資材・肥料の卸売りなど

北海道フィードワン販売
北海道本社：岩見沢市
飼料販売が主力。家畜の飼育・販売、農畜水産資材の販売なども。北海道と東北北に拠点

住商アグリビジネス 東京
北海道事業本部を十勝管内幕別町に置き、旭川市、北見市、千歳市に支店を構える

中部飼料
名古屋市
売上高：1813億円
配合飼料の総合メーカー。苫小牧、釧路市に工場、帯広市に営業所、胆振管内白老町に牧場

コハタ 旭川市
売上高：130億円
農薬・農業資材をはじめ、施設資材などをJAや取次店へ供給する流通商社

苫小牧飼料
苫小牧市
配合飼料の受託製造加工

完全子会社 **フィード・ワン** 横浜市
売上高：2141億円
飼料メーカー国内大手

完全子会社 **住友商事**

サンアグロ 東京
化成肥料をメインにさまざまな農業関連資材を製造・販売。砂川に工場

↓子会社

北海道日紅 十勝管内芽室町
肥料、農薬、農業資材の販売など

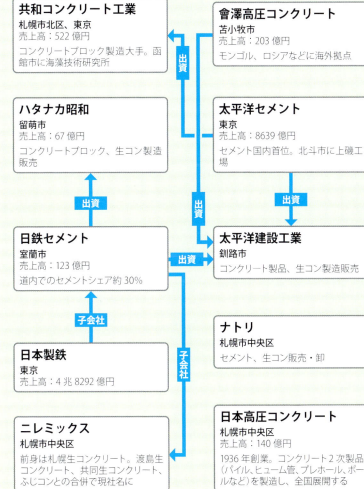

資源・エネルギー・製造

16 | 自動車

大手自動車メーカーの道内進出第1号は1984年のいすゞ自動車。苫小牧東部地域（苫東）にエンジン工場を立地した▶トヨタ自動車は92年、苫小牧西港に自動変速機などを製造するトヨタ自動車北海道を設立。従業員3000人を超す道内最大の製造業に発展。2021年には海外で販売が好調なスポーツタイプ多目的車（SUV）向けの新型CVT（無段変速機）用部品の生産ラインを増設した▶トヨタ系のアイシンやデンソーなども続々と進出。道央圏の地場業者も着実に技術力を付け、大手メーカーに部品を納入している。道によると、道内大手自動車関連企業6社が19年度に道内企業から部品を調達した割合は、過去最高の21.9％となった▶広大な土地と積雪寒冷地という条件を生かし、自動車メーカーやタイヤメーカーなどのテストコースは道内に28カ所あり、都道府県別で最多。

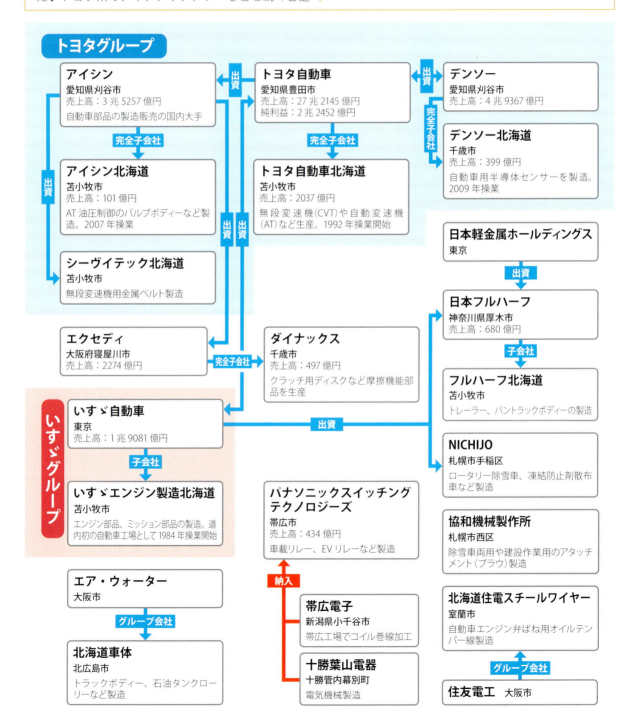

苫小牧

光生アルミ北海道
苫小牧市
アルミホイール製造

三五北海道
苫小牧市
売上高：47億円
歯車用鋼材、オイルパンなど製造

岡谷岩井北海道
苫小牧市
機械設備の保全業務・改造修理

ジェイピーシー
愛知県豊田市
自動車工作機械の周辺装置製造

三和油化工業
愛知県刈谷市
売上高：124億円
潤滑油・加工油、洗浄剤、自動車副資材製造

佐藤商事
東京
鉄鋼・金属専門商社

新東工業
名古屋市
売上高：825億円
鋳造設備製造。苫東に営業所

杉山工業
愛知県豊田市
金型及び鋳造工程設備の設計、製作、メンテナンス

ウメトク
大阪市
金型の表面処理など、特殊鋼材加工・販売

豊通スメルティングテクノロジー
愛知県田原市
アルミニウム合金の製造・販売

明和工業
愛知県高浜市
自動組付機・専用機・鋳造設備・油圧シリンダーの製造・販売

千歳・恵庭

北新金属工業
恵庭市
ナットやセンサー部品など製造

メイトク北海道
胆振管内安平町
名古屋特殊鋼の子会社。部品メーカー向けの金型の生産

FJコンポジット
千歳市
電気自動車などで使うセラミックス絶縁回路基板を製造

不二電子工業
静岡市
車載用インサート成形。千歳に工場

室蘭

第一金属
室蘭市
自動車用クラッチ板製造

西野製作所
室蘭市
機械加工、表面改質処理加工

ムロランスズキ
室蘭市
バネ用オイルテンパー線

むろらん東郷
室蘭市
東郷製作所（愛知県）の関連企業、オートマチックトランスミッション用のばねを製造

大岡技研
愛知県豊田市
各種ギア（歯車）製造

石狩・後志・オホーツク管内

シンセメック
石狩市
加工機械製造

徳重
名古屋市
車軸のジョイントなどに使用されるゴム製品の製造。石狩工場

札幌エレクトロプレイティング工業
札幌市西区
クラッチ板などの表面処理加工

札幌ボデー工業
札幌市西区
車体メーカー。FRP（繊維強化プラスチック）部品に実績

北海バネ
小樽市
自動車用バネ製造

ミクロ札幌
石狩市
腕時計部品メーカーの精密部品技術を自動車部品に応用

池田熱処理工業
札幌市東区
熱処理加工、機械加工

光源舎オートプロダクツ
北広島市
スクールバスなど、幼児専用車製造

倉本鉄工所
北見市
寒冷地仕様の電気自動車の皮膜加工技術

空知・渡島管内

トルク精密工業
赤平市
車両用電装部品製造

佐藤鋳工
空知管内妹背牛町
鋳鉄部品製造

メデック
函館市
車載用半導体センサーの製造・検査装置開発

京浜精密工業
横浜市
変速機用バルブボディなど製造。岩見沢工場

注目業界 / 食 / 資源・エネルギー・製造 / 建設・不動産 / 流通・外食 / 運輸・観光 / IT・メディア・教育 / 金融・サービス

資源・エネルギー・製造

17 | 産業機械・部品

室蘭の製鉄業や苫小牧の製紙業の発展に伴い、道内の機械・部品メーカーは発展してきた。野菜の収穫や洗浄、漁獲に必要な機器を手掛ける個性的な企業も多い▶電子産業では道央圏を中心に半導体関連や液晶部品などデジタルを支える技術が根付いてきた。旧産炭地の芦別市でボールベアリングを生産する北日本精機は、付加価値の高い多品種少量生産で知られ、「EZO（エゾ）ブランド」の製品が世界中の産業用ロボットや医療機器などに使用されている▶近年では自動車産業のほか、小型ロケットや人工衛星など宇宙産業に関連するものづくり産業にも注目が集まる。室蘭工業大学や北見工業大学も地場企業と連携し、製造業の底上げを図っている▶北国の生活に欠かせない不凍給水栓製造の光合金製作所のように、地域に根ざした企業も多い。

造船・産業機械・部品

函館どつく ← 子会社 ← **名村造船所** 大阪市
函館市　函館造船所、室蘭製作所、東京事務所
売上高：188 億円

1896 年（明治 29 年）設立、東北以北で最大の造船メーカー。船舶や艦艇の設計・建造・修繕・改造・点検、橋梁の製作・架設などを行う。函館造船所の「第 1 号乾ドック」は経済産業省の「近代化産業遺産」に認定されている

JR 北海道 札幌市
↓ 子会社

フルテック
札幌市中央区
売上高：116 億円
自動ドアの販売・施工・保守の道内トップ。ステンレスサッシ・駐輪場・分煙機の製造販売

北日本精機
芦別市
ボールベアリング製造国内大手
↓ グループ会社

札幌交通機械
札幌市東区
売上高：66 億円
空調設備新設、鉄道部品検修

北興化工機
札幌市西区
売上高：28 億円
機械加工並びに仕上組立て
苫小牧工場、石狩工場

サッポロプレシジョン
札幌市中央区
ボールベアリング専門商社

寿産業
札幌市中央区
圧延鋼材の製造に欠かせない「ローラーガイド」製造のメーカー。このほか各種特許も

協和機械製作所
札幌市西区
除雪トラック・装置、草刈車、清掃車など特装車

ナラサキ産業
本社：東京
本店：札幌市中央区
売上高：871 億円
産業機械、電気機械、建設機械およびその他機械の販売・賃貸

松本鉄工所
苫小牧市
売上高：35 億円
製紙関連設備、自動車関連設備、札幌ドーム自動開閉式稼働席など

電子部品

京セラ
京都市
売上高：1 兆 5268 億円
北見工場でスマートフォンなど製造

セイコーエプソン 長野県
売上高：9959 億円
千歳事業所で液晶パネル製造

住鉱国富電子
後志管内共和町
住友金属鉱山の 100％子会社。情報通信端末向け基板

電制
江別市
センサー、電力製品、電気式人工咽頭など製造

北海道電機
空知管内奈井江町
電線、ケーブル製造

コアックス
横浜市
十勝管内の池田工場で計測・通信・レーダー・制御等の機器の同軸系線路、接続コネクターを開発

ユニマイクロンジャパン
恵庭市
プリント配線板など製造

東芝ホクト電子
旭川市
売上高：137 億円
電子レンジ中枢部品など製造

北海道電子工業
芦別市
スキャナー類製造

三菱パワー
横浜市
後志管内岩内町に工場

半導体

ミツミ電機 東京
売上高：3380億円
千歳に事業所

アムコー・テクノロジー・ジャパン
横浜市
渡島管内七飯町に工場

SUMCO 東京
千歳に工場。半導体基板のシリコン
ウエハー製造

京都セミコンダクター 京都市
恵庭市、空知管内上砂川町に事業所

スフェラーパワー 京都市
恵庭市、空知管内上砂川町に事業所

NGK オホーツク 網走市
セラミックス用治具。日本ガイシ子会社

函館電子 函館市
金のスタッドバンプ加工

函館エヌ・デー・ケー 函館市
売上高：88億円
水晶振動子・水晶発振器を製造

農業機械販売

ヰセキ北海道
札幌市手稲区
売上高：197億円
農業機械販売

コーンズ・エージー
恵庭市
売上高：154億円
酪農・農業機械輸入販売

エム・エス・ケー農業機械
恵庭市
総取扱高：262億円
農業機械販売。三菱商事子会社

北海道オリオン
札幌市白石区
酪農機器・産業機器販売

ファームエイジ
石狩管内当別町
畜産動物・野生動物をコントロールす
る電気柵システムの開発・販売

日本ニューホランド
札幌市中央区
売上高：281億円
農業機械輸入販売

ホクレン油機サービス
札幌市厚別区

農業機械製造

IHIアグリテック
千歳市
売上高：151億円
農業機械製造。旧スター農機が母体
の一つ

東洋農機
帯広市
農業機械製造

エフ・イー
旭川市
野菜洗浄機

オリオン機械
長野県
売上高：560億円
千歳市にトレーニングセンター

未来のアグリ
札幌市東区
鳥獣害対策製品、酪農製品・資材販
売、施設園芸ハウス。旧・北原電牧

スガノ農機
茨城県
売上高：42億円
上川管内上富良野町発祥。千歳市、
上富良野町、十勝管内芽室町などに
営業所。同社開発の農機具プラウは、
道内農業の転換期を支えた

セイカン
札幌市厚別区
農業用鉄コンテナ

太田精器
空知管内奈井江町
オオカミ型LED獣害撃退装置「モン
スターウルフ」で注目

土谷特殊農機具製作所
帯広市
搾乳、糞尿処理システム。バイオガ
ス発電プラント

オサダ農機
富良野市
ニンジン、ダイコンなど収穫機。大
手農機メーカーへOEM供給

漁船・漁業機械製造

昭和冷凍プラント 釧路市
船舶冷凍冷蔵設備、製氷冷房設備。鮮魚の鮮度
保持効果が高い「窒素水」開発

ニッコー 釧路市
省人省力化機械設備の企画、開発、製造、販売

東和電機製作所
函館市
自動イカ釣り機など漁業機器
の開発、製造、販売

運上船舶工業
釧路管内厚岸町
アルミニウム船舶建造

生活関連機器・部品製造

三好製作所
室蘭市
プラスチック製保冷弁当箱、食器の製造

光合金製作所
小樽市
売上高：21億円
不凍給水栓と関連機器の開発、製造、販売

タニコー
東京
売上高：477億円
業務用厨房機器大手。道内8か所に営
業拠点。岩見沢市に工場を保有

明和工業
新潟市
売上高：62億円
水道関連部品大手。江別市に営業所、
後志管内岩内町に工場を保有

ホクアイ
札幌市西区
住宅の給排気設備のステンレス製品、
ホーロー円筒など生活関連製品の製
造、販売

ホクエイ
札幌市東区
売上高：42億円
灯油タンク、暖房機器など製造販売

注目業界 食 資源・エネルギー・製造 建設・不動産 流通・外食 運輸・観光 IT・メディア・教育 金融・サービス

資源・エネルギー・製造
18 | 石油

精製から販売まで手掛ける石油元売りはENEOSホールディングス、出光興産が国内2強で、コスモエネルギーホールディングスが続く▶このうち道内では苫小牧の出光興産北海道製油所が石油を精製している。室蘭の日本石油精製室蘭製油所（現ENEOS室蘭事業所）も精製を行っていたが、2014年に停止。19年には石油化学製品の生産からも撤退し、現在は灯油などを出荷する物流拠点に転換している▶資源エネルギー庁によると、2019年度末の道内のガソリンスタンド（給油所）の数は1770カ所。農協系の給油所しかないという地方も多く、ピークの1995年度の3050カ所に比べ41％減少。「給油所過疎地」の問題も深刻化しつつある▶灯油はコープさっぽろの販売量が多く、道内の配達価格の指標となっている。

石油精製

出光興産 東京
売上高：4兆5566億円
石油元売り2位。昭和シェル石油と2019年に経営統合

主要拠点

出光興産北海道製油所
苫小牧市
道内唯一の製油所で道内・東北・北陸にエネルギーを供給。1日15万バレルの原油精製能力を持つ

サイサン さいたま市
売上高：790億円

完全子会社

いちたかガスワン
札幌市中央区
LPガス・灯油販売道内大手。家庭向け電力販売も

石油販売

北海道エネルギー
札幌市中央区
売上高：1211億円
約200店を運営するガソリンスタンド道内最大手

↑出資

ENEOSホールディングス
東京
売上高：7兆6580億円
石油元売り首位。旧JXHDと旧東燃ゼネラル石油が経営統合

アイックス
札幌市白石区
売上高：238億円
ガソリンスタンド、灯油販売など。飲食店チェーンも経営

伊藤忠エネクス ホームライフ北海道
札幌市中央区
売上高：201億円
液化石油ガス、石油製品、電力。日商プロパンと経営統合

オカモトホールディングス
帯広市
売上高：1059億円
スポーツクラブ、介護、書店など幅広い事業を国内外で展開
→子会社

コープさっぽろ 札幌市西区
↓完全子会社

エネコープ
札幌市中央区
売上高：101億円
灯油販売道内最大手。生協組合員に配送

北海道エナジティック
札幌市白石区
売上高：274億円
LPガス・灯油販売大手。札幌石炭と北海道石油瓦斯が合併

中和石油
札幌市中央区
売上高：117億円
ガソリンスタンド経営。ホテル事業も展開

オカモト 帯広市
セルフ式ガソリンスタンド、自動車整備事業など

石油製品・ガス販売地場中堅

コニサーオイル 札幌市	アサヒ商会 函館市	栗林石油 室蘭市	西出興業 赤平市
日商礦油 札幌市	茂田石油 旭川市	北燃商事 岩見沢市	ヒシサン 根室市
札幌アポロ 札幌市	イワタニセントラル北海道 札幌市	熱原帯広 帯広市	なかせき商事 稚内本社、旭川本社
札幌ガス 札幌市	前側石油 函館市	北海道カーオイル 札幌市	札幌第一興産 札幌市
エネサンス北海道 札幌市	日東石油 旭川市	ミナミ石油 札幌市	地崎商事 札幌市
北商コーポレーション 札幌市	北海道日通プロパン販売 札幌市	ナラサキ石油 札幌市	

TOP interview

素材作りから性能試験まで高い技術力でニーズに応える

ダイナックス
社長 **伊藤 和弘**さん

いとう・かずひろ　ダイナックス代表取締役社長。北海道美唄市出身。1978年にダイナックスへ入社した後、2000年にDynax America Corporation 工場長、2004年に上海達耐時汽車配件有限公司および達耐時工業（上海）有限公司の董事・総経理などを歴任。2007年にダイナックス取締役となり、2019年から現職。中国赴任時代には現地での事業立て直しに手腕を発揮、入社時は北海道を離れたくなかったそう。

自動車や建設・産業用機械などの主要部品であるクラッチを製造するダイナックス。自動車（AT車）向けクラッチ製造で世界トップクラスのシェアを誇り、北海道を代表するグローバル企業の一つとなっています。北海道の地で成長を遂げることができた理由や、自動車の電動（EV）化が進む中で、経営の今後の展望、従業員の働き方に対する想いなどについて、伊藤和弘社長にお聞きしました。

聞き手：髙橋涼夏（北海学園大学2年）
　　　　境京介（北海学園大学3年）
　　　　西條恵一郎（北海道新聞社）
　　　　佐藤大輔（北海学園大学教授）

〈2021年7月28日取材〉

※写真撮影時以外はマスク着用等の感染症対策を行っています。

55

TOP interview

北海道にある
グローバル企業

——自動車部品メーカーは、車体を組み立てる特定の企業の工場の周りに立地するイメージがあります。貴社は北海道に位置しながら、道内外、国外の様々な企業とも取引をされています。

　実は、顧客となる企業・工場に製品を納入する上で、北海道という立地が問題になることはほとんどありません。国内の出荷は、取引先との間で製品の中継を行うために各地に「デポ」と呼ぶ物流倉庫拠点を設けているため、顧客となる企業・工場の近くに製造拠点を立地する必要がないのです。また、海外ではヨーロッパやアメリカ、中国にも生産工場を置いており、そこから各国の顧客に製品を納入しています。私たちは全世界の顧客に広く対応する"ブランドメーカー"になりたいと考えており、実際に世界中の自動車メーカーに当社の製品を使っていただいています。特定の企業の工場に近いところに製造拠点をおいて限定的な取引をしていると、他の自動車メーカーに敬遠されてしまうかもしれません。むしろ特定の顧客から離れている方が、様々な顧客に対応しやすいともいえるのです。

圧倒的な信頼を得る品質

——メイン事業であるクラッチ製品には、どのような強みがあるのですか。

　クラッチの性能は摩擦材で決まるといえます。当社が他社と違うのは、摩擦材を作る素材の段階からアッセンブリー（組み立て）まで一貫して行う点です。例えば、競合他社は摩擦材の素材となる「紙」の製造を製紙メーカーに依頼しますが、私たちは自社で紙を作ります。この紙にはいろいろな成分、材料、原材料を混ぜるのですが、それを車種や性能、使用など顧客のニーズに合わせて作るんです。作った製品は摩擦特性や耐熱性、耐久性について社内で様々な性能・評価試験を行い、顧客にそのデータを提出します。当社は国内外向けのいろいろな試験機を保有していますが、その数はクラッチ業界で世界一だと思います。

　また、当社のクラッチは国内外問わず高級車で多く使われています。ドイツのあるトップメーカーについていえば、100％がダイナックス製品です。一般に、自動車メーカーはリスク分散のためにいくつかのメーカーの製品を採用するのが通常ですが、そのメーカーは昔から全て当社の製品です。少なくとも、当社の製品が高級車にも採用してもらえる性能・品質を持っているということは確かだと思います。

——そのような技術力の源泉はどこにあるのでしょうか。

　クラッチ製造技術はもともとアメリカから持ってきたものですが、当時アメリカから持ってきた摩擦材を使って日本の自動車メーカーに試作品を納めたところ、品質レベルが適合しませんでした。そこでアメリカの当時の親会社に違う摩擦材の開発をしてくれと頼んだのですが、その親会社は「アメリカの自動車メーカーの製品には適合しているのだから、日本のメーカーの側がおかしい」という話をされたんです。そんなことを日本のメー

クラッチとは

　クラッチは、自動車などのトランスミッション（変速機）に組み込まれる部品。エンジンで生み出された動力はそのまま車輪に伝えられるのではなく、トランスミッションによって適切なトルク（車輪を回転させる力）と回転速度に変速されるが、クラッチはこの時に生じるショックを和らげる役割を果たす。基本的な技術では、鉄製のリングに摩擦材が張り付けられたディスクとプレートとの噛み合わせによって、動力を伝えたり遮断したりする構造になっている。クラッチの性能は乗り心地や燃費に直結するため、重要な自動車部品の一つとなっており、その品質は摩擦材の性能に大きく依拠するといわれている。

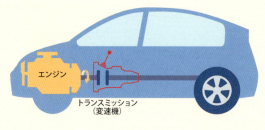

カーに言えるわけがありません。そこで、これ以上アメリカの親会社を頼っても意味がない、国産の摩擦材に踏み切るしかない、ということになったんです。

　最初は研修という名目で、一人の開発者をアメリカの親会社に送って、摩擦材の研究開発に約1年半取り組ませました。それと同時に日本の国産車に適合する摩擦材の開発にも携わらせ、その成果をすぐに持ち帰らせて事業を立ち上げました。当時の摩擦材にはアスベストを含む天然剤が使われていましたが、アスベストが日本で使用禁止になったということもあり、当社は合成繊維をいち早く取り入れて国産の摩擦材開発に成功しました。これがきっかけで日本の自動車メーカーが目を向けてくれるようになったんです。それが今やおよそ100種類以上になり、自動車用のクラッチに限らず建設機械のクレーンなどの旋回部分に使うクラッチも扱うようになりました。

将来に向けた
新規事業にも力点

――電気自動車の台頭でクラッチが必要なくなると言われていますが、今後の市場の動向をどうご覧になりますか。

　電動化に向かってクラッチの需要が減っていくことは間違いないと思います。トランスミッションがあると（車体の重量が増えるなどして）燃費が悪くなるため、トランスミッションそのものが使われなくなると考えられているからです。しかし、トランスミッションを使わないことが必ずしも燃費に大きく寄与するとは限りません。実は、ヨーロッパの自動車メーカーの多くがEV（電気自動車）でもトランスミッションを使います。トランスミッションを使うと重量は増えますが、モーターの負担は軽減されるんですね。超小型の自動車だとトランスミッションはいらないかもしれませんが、中型以上の自動車ではモーターのトルク（車輪を回転させる力）だけで駆動させると逆に燃費が悪くなる。だから、「やはりトランスミッションが必要だ」というのが今の自動車業界の考え方なんです。実際に、今後ヨーロッパ市場や中国市場に向けて新たな（トランスミッション開発の）プロジェクトが立ち上がる予定になっており、当社もクラッチメーカーとして開発段階から協力しています。

――新たにインホイールモータの開発も進めていらっしゃいます。新規事業の今後の展望はいかがでしょうか。

　インホイールモータの開発は、将来の電動化を見据えて約10年前に北海道大学と共同研究をしたのが始まりです。当社が開発したインホイールモータは、タイヤを回すシャフトをモーターで駆動させるのではなく、タイヤのホイールにつながるハブという部分に一個一個モーターを付けて、タイヤを駆動させます。実はモーターのみの販売ではビジネスとして成立が難しいところがあり、モーターを制御するインバーターも同時に開発することにしています。モーターとインバーターをセットで売ることができれば、単一の製品ではなく、一つの機能を売っていくという新しい戦略が見えてきます。

理系も文系も
性別も関係ない

――ダイナックスは技術開発を手がけ、ものを作っていく製造業ということもあり、理系出身者や男性が活躍されているイメージが強くあります。

　確かに、全体の割合では圧倒的に理系が多いですね。ものづくりの会社ですから、製品開発したり、製造技術に関わる仕事は理系の社員が中心になりますが、文系か理系かということにはこだわっていないんです。営業では文系が活躍していますし、ヨーロッパの関係会社には文系の社長もいます。また当社には「未来塾」と呼ぶ教育専門チームがあるのですが、その塾長も文系ですし、女性です。むしろ理系とか文系とかということよりも、その人の考え方が重要ではないかと思います。つまり、

新規事業として開発が進められているインホイールモーター

TOP interview

「シゴト」の魅力

インタビューでは、ダイナックスが国内メーカーからのみならず、海外の自動車メーカーからの信頼も確固たるものにしているという話がとても印象的でした。このような同社の強みは技術力だけに起因するものではなく、製品に対する考えや、世界と戦うプライドなどによっても支えられていることが伊藤社長の話からよく伝わってきました。このように世界レベルで活躍し、評価される企業が北海道にあることは、道民の一人としても誇らしく感じます。

また、クラッチの検査基準や、社員に対する教育や人事制度に関する伊藤社長の言葉からは、人への思いやりを感じました。コロナ禍では同社で製造したマスクを従業員に配ったり、素材を取り寄せて自社で製造したフェイスシールドを千歳市民病院に1000枚寄付するなど、従業員とその家族を守る取り組みも印象的です。グローバルに展開し高い技術力を持つ同社ですが、このような側面もこれから社会に出る学生の立場からは見逃せないと思いました。　　　　　　　　　　　　（境）

インタビュー後、伊藤社長と

既存の自分の考えを変えられるか、変えられないか、です。世の中や時代は変化していて、今も業界では電動化がどんどん進んでいます。そういう時代に対して我々も変わらなければいけない。当社が求めるのは、時代や状況の変化や激動の中に飛び込んでいく人、その中で考え方を変えていける、変化していける人です。そこには理系や文系、性別は関係ありません。

——これから入社してくる若い人たちに対しては、どのようなことを期待しますか。

求めるのは「応用力」です。例えば、学生の頃にはいろいろな方程式を学びますね。しかし、たとえその方程式を解ける知識を持っていても、実社会ではその方程式がそのまま使えるような形で問題が生じてくるわけではありません。生じた問題に対して「あの方程式を使えば解決できる」と考えることができる応用力（知識を現実に適用する力）が必要なんです。このような応用力こそが、その人の将来の伸びしろを決めるのだと思います。ですから、新入社員にもこの応用力の重要性を説いています。

〈組織文化診断〉

【解説】組織文化診断の結果（右図）を見ると、現在と理想のいずれの場合でもイノベーション文化の値が特に高い点が特徴的です。インタビューの中でも変化に対応する力や知識を活用する応用力への言及がありましたが、このような柔軟性が新しいものを生み出すために重視される傾向が組織にあるのかもしれません。一方で、官僚文化とマーケット文化の値が低くなっている点はこれと対照的です。とりわけマーケット文化が低い値となっている点は、顧客や市場の要求に応え続けなければならない同社の環境からみれば意外ともいえる結果です。このことは、単に顧客や市場に対応するというより、積極的に新しい技術を開発していくことでイノベーションを起こし、市場をリードしていこうとする同社の志向を反映しているものとも見ることができるでしょ

工場内で作業を行う女性従業員

う。理想として家族文化寄りの特性へと向かおうとする志向が見られる点も興味深いと言えます。（佐藤）

＊会社内で共有される価値観や行動志向性を分析するために、組織文化診断ツール（Cameron and Quinn, 2011）を用い、6項目24問に渡るアンケート2種を伊藤社長へ実施。

——アンケート結果からは変化や新しさに向かう姿勢が重視される傾向、いわゆる「イノベーション文化」の色合いが強い組織だという認識が見て取れます。

伊藤「北海道のこの地で、世界のトップと対等に開発やビジネスをしているという我々のプライドが表れているのかもしれません。普通のやり方では、多様な顧客と対等の関係を築くことはできないと思います。常に高い意識を持って前に進むことが、ダイナックスという自動車部品メーカーが自動車製造の一角としてやっていく上で必要なことだと考えています」

——若干ですが、理想として家族文化へ向かおうとする傾向も見られます。

「コロナ禍で改めて感じるのは、会社の成長は従業員があってのものだということです。従業員に満足してもらうためには、仕事を通じて自らの能力を発揮することができていることが必要です。昇給や昇格で従業員に応えていく方法もありますが、個別に十分な対応をするのには限界があります。そのため、抜本的な人事制度の見直しも進めています。『仕事を通じて誰かの仕事を楽にしてあげたい』という思いでなければ、従業員が同じ方向を向き、一致団結することはできません。自分中心で物事を考えるのではなく、相手のことを第一に考える組織風土であることが、結果的に会社として従業員を大切することにつながるのだと思います」

株式会社ダイナックス
https://www.dynax-j.com/ja/
本社：北海道千歳市上長都1053番地1

- 乗用車・商用車並びに産業用・建設機械用・船舶用の湿式摩擦材、プレート等、摩擦機能部品の製造販売。
- 設立：1973年6月
- 売上高：497億円（2021年3月期）
- 資本金：5億円
- 従業員数：1,266名

（2021年3月末現在）

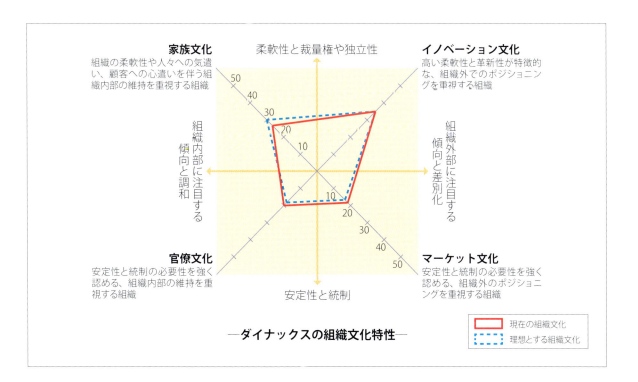

—ダイナックスの組織文化特性—

建設・不動産

19 ｜建設・土木

ゼネコン（総合建設会社）道内地場では岩田地崎建設、伊藤組土建の2社が業界をリードする。全国規模の大林組、鹿島、大成建設、清水建設、竹中工務店はスーパーゼネコンと呼ばれ、道内でも多くの物件を手掛ける▶道がまとめた2018年度の道民経済計算によると、建設業の総生産額は1兆3794億円で、道内総生産19兆6528億円の7.0％。全国比でみると2ポイント弱高く、建設業の占める割合は大きい▶北海道開発の歴史から、北海道開発事業費の一括計上や補助率かさ上げの制度が設けられており、公共事業は他県より盛んとなっている▶札幌では2030年度の北海道新幹線延伸をにらんだ中心部の再開発が進んでおり、商業施設やホテル、オフィスビルなど民間投資も加速している。

ゼネコン（総合建設会社／総合工事業）

岩田地崎グループ

岩田地崎建設
札幌市中央区
売上高：822億円
地崎工業を吸収合併。道内建設業界首位

↓ グループ会社

大同舗道 札幌市中央区

グループ会社 →
地崎道路、板谷土建、岩田住宅商事、ＩＣエージェンシー、アイエンジニアリングスタッフ、アイコーポレーション

伊藤組グループ

伊藤組土建
札幌市中央区
売上高：417億円
建築・土木とも道内トップクラス。太陽光発電にも力を入れる

↓ グループ会社

伊藤組 札幌市中央区
売上高：56億円
不動産事業、ケンタッキー・フライドチキン店舗運営

グループ会社 →
伊藤組農林、札幌国際ビル、ＩＴＫソーラー北海道

登寿ホールディングス

宮坂建設工業
帯広市
売上高：369億円
道東の建設業界最大手。ICTも活用

↓ グループ会社

松本組 函館市

グループ会社 →
平田建設、寿土地建物

王子・丸彦グループ

丸彦渡辺建設
札幌市豊平区
売上高：216億円
王子製紙の前身が十勝管内池田町にパルプ工場を建設するのに合わせ創業

↓ グループ会社

丸彦商事、新王建設、丸彦産業

↓ グループ会社

王子ホールディングス 東京

主要取引先

菱中建設
札幌市中央区
王子製紙苫小牧工場の建設を請け負うため1908年に創業

札建工業
札幌市北区
売上高：78億円

中山組グループ

中山組
札幌市東区
売上高：325億円
滝川市が発祥。ニセコ地区でも多数の物件を手掛ける

↓ グループ会社

三共舗道 札幌市東区

グループ会社 →
三共産業、巴産業、環境エンジニアリング、リブテック

田中組
札幌市中央区
売上高：174億円

山﨑建設工業
札幌市中央区
売上高：71億円

中央バスグループ

泰進建設
札幌市中央区
売上高：69億円

↑ 完全子会社

北海道中央バス 小樽市

岩倉建設
札幌市中央区
売上高：200億円
苫小牧市が発祥。サハリンでも事業展開

道路工業
札幌市中央区
売上高：174億円

北海道軌道施設工業
札幌市東区
売上高：92億円
JR北海道グループ

荒井建設 旭川市 売上高：134億円	**橋本川島コーポレーション** 旭川市 売上高：95億円	**廣野組** 旭川市
盛永組 旭川市 売上高：60億円	**新谷建設** 旭川市	**森川組** 函館市 売上高：73億円
萩原建設工業 帯広市 売上高：167億円	**川田工業** 帯広市 売上高：74億円	**太平洋製作所** 釧路市 太平洋企業グループ
村井建設 釧路市	**宮脇土建** 釧路市	**砂子組** 空知管内奈井江町 売上高：146億円
こぶし建設 岩見沢市 売上高：44億円	**田端本堂カンパニー** 三笠市	**玉川組** 恵庭市
盛興建設 苫小牧市	**堀松建設工業** 留萌市	**藤建設** 稚内市

建設・土木コンサルタント

ドーコン 札幌市中央区 売上高：133億円 建設コンサルタント道内最大手	**日本データーサービス** 札幌市東区 売上高：30億円
	明治コンサルタント 札幌市中央区 売上高：38億円
ズコーシャ 帯広市 売上高：34億円	

港湾土木

富士サルベージ
函館市
港湾土木業。しゅんせつ工事や海難救助も手掛ける

ノース技研
函館市
売上高：3億円

建設資材

イト電商事 オホーツク管内遠軽町 電気工事資材や建材の卸売り
エスケー産業 札幌市白石区 道路舗装用材や土木環境資材など
日星電機 札幌市東区 売上高：43億円 産業用ポンプ卸売りなど
アクアパイプテック 札幌市白石区 売上高：76億円 上下水道資材総合卸、水道特殊工事

レンタル・リース

カナモト 札幌市中央区 売上高：1790億円 建機レンタル大手。中国や東南アジアにも拠点	**共成レンテム** 札幌市中央区 売上高：258億円 建機や農機レンタル、イベントサービスなど展開	**中道リース** 札幌市中央区 売上高：403億円 車両、土木建機分野に強み
北海産業 苫小牧市 売上高：137億円 全道で建機レンタル展開	**↑ 完全子会社** **アクティオホールディングス** 東京	**← 出資** **ノースパシフィック** — 出資 **北洋銀行** — 出資
ナガワ 東京 売上高：293億円 1966年伊達市で創業。ユニットハウス（商品名スーパーハウス）	**芙蓉総合リース** 東京 **片桐機械** 札幌市中央区 建機、産業機器レンタル	**日本仮設** 札幌市西区 売上高：51億円 建設・土木用仮設資材の開発、設計、製造、販売及びレンタル

注目業界

食

資源・エネルギー・製造

建設・不動産

流通・外食

運輸・観光

IT・メディア・教育

金融・サービス

建設・不動産

20 | 住宅・マンション

北海道住宅通信によると、2020年の全道の新設住宅着工戸数は前年比3.9％減の3万1339戸で、3年連続の減少となった。着工戸数が3万2000戸を下回るのは、リーマンショックの影響が続いた10年以来10年ぶり▶全国の新設住宅着工戸数（国交省調べ）も4年連続で減少し、前年比9.9％減の81万5340戸だった▶一方、住宅流通研究所のまとめによると、20年に新規発売さ

れた札幌市内の分譲マンションは、1345戸で前年比0.9％増だったが、繰り越し分を含めた成約については、14.9％減の1201戸と落ち込んだ▶戸建て住宅、マンションとも新型コロナウイルスによる所得の落ち込みや先行きの不安感から数字を落とした。マンションは用地取得費と建設費が高止まりしており、平均面積を抑える2LDKの比率が高まっている。

ハウスメーカー・ビルダー（道内発祥の企業）

※主な企業のみ

ロゴスホールディングス
札幌市中央区
グループの持ち株会社として2021年に発足

子会社 →

ロゴスホーム
帯広市
売上高：112億円
2003年設立。十勝エリアを拠点に新築木造住宅・リフォーム事業などを展開。17年には東北に出店

豊栄建設
札幌市中央区
売上高：81億円
1987年創業。札幌圏を中心に木造戸建住宅を販売する。2021年よりロゴスHDの傘下に入った

ジョンソンホームズ
札幌市西区
1987年設立。札幌圏を中心に木造住宅を販売。リフォーム事業、家具雑貨販売や飲食事業など多角展開

グループ会社

ヤマチコーポレーション
札幌市中央区
売上高：76億円
1958年創業。住宅建材の販売が主力。イベント制作事業、介護FC事業も展開

〈他グループ会社〉山地ユナイテッド・ヤマチマネジメント・アンカー・ヤマチ工芸社・沼田椅子製作所・メトロタイルジャパンなど

土屋ホールディングス
札幌市北区
売上高：287億円
土屋グループの持ち株会社。東証2部、札証に上場

連結子会社

土屋ホーム
札幌市北区
1969年に前身の土屋商事を創業。木造住宅を主力に道内全域、東北、関東、甲信、北陸に展開

連結子会社

土屋ホームトピア
札幌市北区
1982年設立。住宅リフォーム事業・賃貸事業。道内6都市、東北、関東、関西、九州に出店

土屋ホーム不動産
札幌市北区
不動産事業、賃貸事業を展開。2018年より日本グランデとの分譲マンション共同事業を行う

アーキテックプランニング
札幌市北区
売上高：62億円
2003年設立。福岡市にも出店

ecoaハウス
千歳市
2003年設立。神出設計グループ

道内各エリアの主なハウスメーカー・ビルダー

札幌圏	リーベンホーム、藤城建設、匠建コーポレーション、コスモ建設、ホーム企画センター、札証物産
旭川圏	石山工務店、カワムラ、家計画、坂下工務店、ハウジング髙橋、鈴木工務店
函館圏	不動産企画ウィル、辻木材、マツ建工房、ハウジング・コバヤシ、曲小小倉工務店、ビアスワークス
帯広圏	ホーム創建、アイ建築工房、ホーム宅建、篠河建設、北王、星屋
釧路圏	近藤工務店、伊藤建業、総合住研、ウッディークラフト、赤石建設
室蘭/苫小牧圏	大鎮キムラ建設、住研ハウス、渡辺工務店、鈴木住建、住まいのウチイケ、アイビーホーム、建成ホーム
北見・網走圏	アトリエゼロ、広瀬技建、アーバンハウス、アートホーム、髙橋工務店、山岸工務店、アティア

62

ハウスメーカー・ビルダー（道内に本社を置く道外資本のグループ企業）

※主な企業のみ

北海道セキスイハイム
札幌市北区
売上高：253億円

1975年設立。鉄骨ユニット住宅が主力。2009年度より11年連続で道内各種住宅の合計着工数トップ

北海道セキスイハイム工業
岩見沢市

住宅ユニット、部材の製造を行う

北海道セキスイファミエス
札幌市東区
売上高：31億円

リフォーム・増改築事業を道内で展開。セキスイハイム購入顧客へのアフターサービス業務も行う

積水化学工業
大阪市
売上高：1兆565億円

住宅、高機能プラスチック製品製造事業が主力。東証1部上場

ミサワホーム北海道
札幌市白石区
売上高：238億円

1972年設立。木質パネル工法の木造戸建住宅が主力。近年は分譲MS事業にも注力

ミサワホーム
東京
売上高：3910億円

2020年よりプライムライフテクノロジーズ（東京）の傘下

（連結子会社）

三井ホーム北海道
札幌市北区

1999年設立。木造住宅や医院、事業所の建築・販売を行う。函館に営業所を設置

三井ホーム
東京
売上高：1474億円

戸建住宅、リフォーム事業が主力。三井不動産の子会社

（連結子会社）

ハウスメーカー・ビルダー（道内に事業所を置く道外資本の企業）

※主な企業のみ

- 一条工務店
- タマホーム
- 住友林業
- 大和ハウス工業
- 日本ハウスホールディングス
- タクトホーム
- 住友不動産
- アーネストワン
- スウェーデンハウス
- ユニバーサルホーム

2020年（1～12月）　全道・建築確認申請戸数　ベスト20社

戸建注文住宅

順位	企業名	本社	戸数	合計床面積(m²)
1	一条工務店	東京	650	70,529
2	北海道セキスイハイム	札幌	481	55,930
3	ロゴスホーム	帯広	377	43,376
4	土屋ホーム	札幌	358	41,612
5	ミリリホーム北海道	札幌	352	42,262
6	豊栄建設	札幌	287	34,077
7	ジョンソンホームズ	札幌	283	30,902
8	タマホーム	東京	231	25,703
9	アーキテックプランニング	札幌	199	25,583
10	スウェーデンハウス	東京	180	20,299
11	ecoaハウス	千歳	179	21,482
12	日本ハウスホールディングス	東京	163	18,523
13	リーベンホーム	札幌	134	15,249
14	住友林業	東京	105	14,832
15	石山工務店	旭川	93	11,197
16	藤城建設	札幌	92	9,846
17	匠建コーポレーション	札幌	88	10,309
18	ユニバーサルホーム	東京	86	9,579
19	コスモ建設	札幌	84	9,128
20	三井ホーム北海道	札幌	81	11,430
20	カワムラ	旭川	81	8,338

戸建建売住宅

順位	企業名	本社	戸数	合計床面積(m²)
1	北海道セキスイハイム	札幌	160	16,286
2	札証物産	札幌	155	19,549
3	ジョンソンホームズ	札幌	92	9,606
4	曲小小倉工務店	函館	81	8,157
5	アーネストワン	東京	77	7,815
6	タクトホーム	東京	74	7,675
7	ロゴスホーム	帯広	66	7,101
8	コスモ建設	札幌	66	6,731
9	山下不動産建設	札幌	62	7,061
10	グッドフィールド	札幌	53	5,600
11	タナカ	旭川	46	4,500
12	ホーム企画センター	札幌	39	4,285
13	信託ホーム	札幌	33	3,627
14	日本ハウスホールディングス	東京	33	3,363
15	不動産企画ウィル	函館	31	3,171
16	ホーム企画	函館	31	3,152
17	ミサワホーム北海道	札幌	27	2,991
18	大和ハウス工業	大阪	27	2,767
19	タマホーム	東京	26	2,817
20	ジョイフルホーム	旭川	26	2,726

※データは北海道住宅通信社調べ　※企業名太字は道内本社

マンションデベロッパー（道内発祥の企業）

※主な企業のみ

クリーンリバー
札幌市西区

1978 年設立以来、道内 1 万戸を超える分譲供給を行う。分譲 MS のブランド名称は「フィネス」

日本グランデ
札幌市中央区
売上高：43 億円

2003 年設立。「グランファーレ」ブランドで MS 分譲事業を展開。19 年札証アンビシャスに上場

三愛地所
札幌市東区

宅地開発からスタートし、戸建住宅、分譲 MS と事業拡大。分譲 MS は「ル・ケレス」がブランド名称

日動
札幌市中央区

1977 年設立。「ラ・クラッセ」名での分譲 MS 事業が中心。アンビックス（ホテル、施設運営）は関連企業

じょうてつ
札幌市白石区
売上高：85 億円

1915 年に定山渓鉄道の運行事業会社として設立。57 年から東急グループ傘下。「アイム」名の分譲 MS 事業とバス事業が主力

フナコシヤ産商
札幌市中央区

分譲 MS 事業は 1990 年に関連企業のフナコシヤを設立してスタート。「クルーザーバレー」がブランド

北海道旅客鉄道（JR 北海道）
札幌市中央区
売上高：1119 億円

2018 年から分譲 MS 事業に参入。札幌市内に大京、住友不動産との共同事業を実施する

ロジェ
旭川市

旭川市内を中心に分譲 MS 事業を展開。ブランド名は「ロジェ」。関連会社にタカノリアルエステート（不動産関連事業）

2020 年 1 ～ 12 月
札幌市内のデベロッパー別分譲マンション新規発売戸数

順位	企業名	本社所在地	発売戸数	物件数
1	大和ハウス工業	大阪	249	3
2	クリーンリバー	札幌	163	4
3	日本グランデ	札幌	129	4
4	三愛地所	札幌	108	1
5	コスモスイニシア	東京	102	2
6	ミサワホーム北海道	札幌	90	2
7	セントラル総合開発	東京	60	2
8	京阪電鉄不動産	大阪	50	1
9	明和地所	東京	48	3
10	東急不動産	東京	47	1
11	大京	東京	44	3
12	リアント	東京	43	2
13	日動	札幌	32	1
14	土屋ホーム不動産	札幌	27	1
15	パナソニックホームズ	大阪	23	1
15	三菱地所レジデンス	東京	23	2
17	住友不動産	東京	21	2
18	タカラレーベン	東京	19	2
19	フージャースコーポレーション	東京	18	2
20	じょうてつ	札幌	15	1
21	北海道旅客鉄道（JR 北海道）	札幌	14	1
22	フナコシヤ産商	札幌	13	1
23	三井不動産レジデンシャル	東京	8	1

※データは住宅流通研究所「不動産市況 No855」から一部加工
※企業名太字は道内本社

住宅リフォーム／その他

道内に本社登記がある主な企業のみ

アルティザン建築工房
札幌市北区

2011 年設立。既存住宅のリノベーション事業に特化した事業展開を行う

クワザワ
札幌市白石区

住宅リフォームを専門に扱うリニューアル部を設置。札幌市内厚別区に専門ショールームを有する

FUJI ジャパン
札幌市中央区
売上高：14 億円

外壁リフォームの工事受注、外壁材などの企画・販売を行う。2018 年に札証アンビシャスに上場

日昭（Nissho）
札幌市東区
売上高：89 億円

アルミ建材の製造・販売を主軸に住宅リフォーム事業も展開。2018 年に大阪から北海道に本社を移転

西條産業
小樽市

建築資材の販売、住宅建設、リフォームなどを行う

建設・不動産

21 | 不動産・建物管理

2030年度の北海道新幹線札幌延伸をにらみ、札幌駅周辺から大通・ススキノ地区にかけて再開発が進んでいる。▶札幌駅南口の北5西1、西2両街区では、札幌市とJR北海道などがオフィスや商業施設、ホテル、バスターミナルを備えた新ビルを29年にも建設する。▶旧札幌西武跡を含む北4西3街区でも、家電量販店ヨドバシカメラなどが20年代半ばの複合ビル完成を目指す。札幌第一生命ビルディング（北3西4）やイケウチゲート（南1西2）、ススキノラフィラ（南4西4）なども新しい商業ビルに生まれ変わる。▶地元不動産開発のアルファコートは帯広、釧路、北見などの地方都市を中心に再開発案件を受注している。

地場不動産開発

アルファコート
札幌市中央区
売上高：77億円

札幌市内に約12.5万m²土地保有・建物81棟。北海道内一円の再開発事業、官民連携事業及びビル・ホテル・マンション・店舗開発を行う

北海道ジェイ・アール都市開発
札幌市西区
売上高：52億円

鉄道駅及び鉄道沿線のJR北海道社有地を中心に、駅ビルや高架下等の商業施設、駐車場、賃貸住宅及び土地賃貸などの不動産事業を展開

セントラルリーシングシステム
札幌市中央区

岩見沢、函館などで「タウンプラザ」シリーズを代表としたオープンモール型の複合商業施設を開発

テナントビル

藤井ビル
札幌市中央区
売上高：52億円

札幌市内全域にテナントビルを展開

桂和商事
札幌市中央区
売上高：33億円

札幌市内ほか、福岡市にも進出。桂和ビルの名称でおなじみ

ビルメンテナンス

ベルックス
札幌市中央区

1957年創業。道内は札幌以外に13事業所、道外は東京、千葉県銚子市にブランチを持つ

協和総合管理
小樽市

1963年創業。近年はニセコ地域の業務が拡大

ケン・コーポレーション
東京
売上高：198億円

函館市の棒二森屋跡に建設するホテルの開発事業者に決定

日本エスコン
東京、大阪市
売上高：773億円

2023年3月開業を予定するプロ野球北海道日本ハム「北海道ボールパークFビレッジ」の球場命名権を取得するほか、ホテル建設、北広島駅の周辺開発に進出

ハスコム
旭川市
売上高：22億円

賃貸マンションの管理、不動産販売および仲介業務

マッシブサッポロ
札幌市中央区

シェアハウス事業者。民泊運用代行、無人ホテルなど

工業団地

苫東
苫小牧市

苫小牧東部地域の土地造成、分譲、賃貸、管理

石狩開発
石狩市

石狩湾新港地域の土地造成、分譲、賃貸、管理

ニセコ

ニセコリアルエステート
後志管内倶知安町

オーストラリア人が創業。コンドミニアム、土地、建物、戸建て、中古物件、開発用地、アパートなど、ニセコ・倶知安における不動産売買取引及び開発

H2グループ
後志管内倶知安町

ヒラフ地区にて物件開発プロジェクト管理、建設。富良野地域にも進出。オーストラリアと香港の共同資本で設立

仲介

常口アトム
札幌市中央区
売上高：85億円

札幌市内を中心に全道主要都市に出店。1992年設立

ビッグ
札幌市中央区
売上高：43億円

東京、大阪、福岡にも事業所を持つ。1987年設立

三井不動産リアルティ札幌
札幌市中央区
売上高：43億円

個人向け不動産仲介「三井のリハウス」、駐車場などによる資産活用事業「三井のリパーク」を展開

注目業界　食　資源・エネルギー・製造　建設・不動産　流通・外食・　運輸・観光　IT・メディア・教育　金融・サービス

建設・不動産

22 | 木材・建築資材

北海道の森林面積は、北方領土を除く道内の土地面積の70.6％を占める554万ha（2019年）。全国の森林面積に占める割合も22.1％と豊かな森林資源を抱える。道内の木材関連産業の工業出荷額（2017年度）は6018億円▶道によると、全製造品出荷額に占める割合は約9.8％と全国の3.8％に比べて高い。主力の紙パルプ、紙加工品製造業を除いても2077億円▶合板製造道内最大手の丸玉木材は、オホーツク管内で最大規模の売上高を誇り、津別町唯一の医療機関も運営する▶建築資材卸業界でも、大型ホームセンターをグループに持つキムラや、企業の合併・買収（M＆A）による規模拡大に力を入れるクワザワなど個性的な企業が数多く存在する。

建築・住宅資材卸

クワザワグループ

クワザワホールディングス
札幌市白石区
売上高：939億円
1933年に前身企業がタイルレンガ問屋として開業。以降、建築・住宅資材の販売を行う。2020年10月より持株会社制に移行

子会社 →

クワザワ工業
札幌市白石区
1963年設立。各種工事の請負・施工を行う。函館、苫小牧、仙台、東京にブランチあり

クワザワ
札幌市白石区
持株会社制移行に伴い、クワザワリフォームセンターから商号変更。建築資材卸売業務などを継承した

住まいのクワザワ
札幌市白石区
1967年創業。住宅の建築・販売を手掛ける。旭川、北斗にも営業拠点を持つ

キムラグループ

キムラ
札幌市東区
売上高：340億円
1951年に前身企業を設立。住宅用資材の販売を行う卸売事業のほか、不動産事業を展開。グループ会社による多角展開も行う。東証ジャスダックに上場

子会社

ジョイフルエーケー
札幌市東区
売上高：214億円
道内でホームセンター事業を展開

キムラリース
石狩市
2016年分社化。建築足場のレンタル事業が主力。本社以外に道内4営業所を構える

東洋ガラス工業
石狩市
2018年に傘下に加わる。サッシ・ガラス・建具等の施工事業を行う

ヤマチコーポレーション
札幌市中央区
1958年創業。国内建材のほか、輸入建材の販売にも注力。イベント制作事業、介護事業も展開

高橋産業
札幌市白石区
1964年設立。住宅木材、建材、太陽光パネルなど電化商材の卸販売を中心に事業展開。北広島にパネル等の製作工場を置く

DORAL
札幌市中央区
売上高：30億円
タイル、トイレ、キッチンなど水まわり建材卸販売が主力

松井
札幌市厚別区
住設機器のみならず家庭用品や生活家電も取り扱う

東栄
函館市
住宅設備機器および家庭金物、日用品の卸商社

ニヘイ
札幌市西区
売上高：62億円
旧・二瓶木材の建材商事部門の営業譲渡。2006年より住友林業の100％子会社化。木材や建材・住設機器の販売が主力事業

不動木材
札幌市白石区
1963年設立。住宅木材、建材、住設機器の卸販売を主に行う。支店は恵庭に所在。関連会社に不動産関連業のFDホールディングス

北都建材
札幌市東区
建築資材、住宅設備機器の卸販売事業を主力に、工事部門による内外装、建築、リフォーム工事を受注する

富士化学工業
札幌市豊平区
断熱材などの建材を取り扱う

電設資材

エミヤホールディングス
札幌市白石区
電気機器や照明器具を中心とした電設資材などを販売

石垣電材
札幌市中央区
売上高：152億円
電設資材の卸売。パナソニック子会社

パナソニックリビング北海道・東北
宮城県名取市
売上高：144億円
札幌支店、道東支店（帯広市）のほか、旭川、函館、釧路に営業所

木材建材製造

道東・道北

丸玉木材
オホーツク管内津別町

1902年創業。合板、加工合板、住宅部材などの製造事業で道内大手。札幌、大阪に支店、津別、茨城、京都に工場を設置。関連に町内唯一の医療機関である津別病院など

昭和木材
旭川市

1913年創業。製材・集成材・合板・内装材・家具など、木材に関するあらゆる製品を製造。住宅の建築も手掛ける

サトウ
帯広市

カラマツを用いた住宅建材、資材、パレット、カーポートなどエクステリア商品の製造販売が主力。帯広と十勝管内足寄町に工場を設置

札鶴ベニヤ
オホーツク管内清里町

道産シナノキを使った合板や、複合床材の製造販売が主力。本社のほか釧路管内白糠町に2工場。札幌のほか道外5カ所に営業拠点を置く。関連会社に清里林産工業

ノムラ
旭川市

1952年設立。プレカット、2×4パネルの製造販売から一般建築資材の販売、山林事業、不動産仲介、学習塾経営など幅広く展開

ニッタクス
東京

1919年、十勝管内幕別町でルーツ企業が創業。本社移転後も同町で工場を操業。特殊合板や積層強化木が主力でパークゴルフ用品も製造

道南

テーオーフォレスト
函館市

テーオーホールディングス(函館市)の傘下。住宅資材など木製品の製造販売と住宅施工が主力事業。2019年にフローリング関連事業を新会社に承継。大建工業(大阪市)が50%の株式取得を行った

佐藤木材工業
北斗市　　本店：函館市

ルーツ企業は1935年に開業。製材事業から発展し、現在は2×4パネル製造やプレカット加工事業が主力。工場は道内2カ所、東北2カ所を有する

道央

池内ベニヤ
日高管内新ひだか町

1913年オホーツク管内遠軽町で創立。42年に現在地に本社移転。合板やフローリングの製造販売を行う。国外にも製造拠点を持つ

松原産業
空知管内栗山町

床材など木製品の製造販売が主力事業。工場は栗山町内に3つの工場、本社以外は札幌、仙台、東京、大阪に営業拠点を置く

空知単板工業
赤平市

フロアー用単板など木製住宅資材の製造販売を行う。工場は赤平と砂川。関連会社は空知ウッドテープ、米国にソラチ・アメリカを設置

新宮商行
東京　　本店：小樽市

1906年、韓国で創業。道産材の枕木買い付けを開始、19年に木材集積地であった小樽に拠点を移した。以降、木製住宅建材や資材などの輸入・製造販売、機械製品の販売など事業を拡大する

東北木材
旭川市　　本社機能：小樽市銭函
売上高：41億円

1966年設立。針葉樹製品の輸入や販売事業、プレカット事業が主力。苫小牧に工場を有する

北海道プレカットセンター
苫小牧市

プレカット材の製造販売、建築資材の売買。三井物産林業が社名変更した「物林」のグループ企業

イワクラグループ

イワクラ
苫小牧市

1913年開業。山林事業、緑化造園事業、建材関連事業のほか、住宅関連や建設資材仕入れ販売など、幅広い領域において事業を展開。東京、大阪など道外にも支店を設置

イワクラホーム
札幌市豊平区

1970年の創業。一般住宅・マンションの設計施工、販売などを行う。札幌を拠点に旭川、苫小牧、室蘭に支店展開

岩倉建材
札幌市豊平区

イワクラのグループ会社。建築資材の卸売事業を中心に展開。拠点は石狩、旭川、苫小牧、釧路に設置。関連会社はイワクラプレカットシステム、丸惣創建

建材製造

米沢煉瓦
江別市

れんがの製造及び販売。製品は道庁赤れんが庁舎前「札幌市北3条広場」で使用

AGC グラスプロダクツ
東京

建築用板ガラス製造大手。恵庭市に工場を設置する

ベールドノール
美唄市

1986年創業。彫刻ガラスの製造加工。日本板硝子(東京)のグループ会社

エクセルシャノン
東京

樹脂サッシ製造・販売大手。空知管内栗山町で工場操業

ヤブシタ
札幌市中央区

空調室外機用の防音・防雪対応商品などを製造。建築設計、工事などを行うグループ会社を持つヤブシタHDの中核企業

注目業界

食

資源・エネルギー・製造

建設・不動産

流通・外食

運輸・観光

IT・メディア・教育

金融・サービス

TOP interview

100の事業を成功させ 100人の経営者を育てる

ヤマチユナイテッド
（ヤマチコーポレーション、ジョンソンホームズ、アンカー）

代表 **山地 章夫**さん

やまち・あきお　ヤマチユナイテッド代表。1955年生まれ、札幌市出身。明治大学経営学部在学中に北米を放浪する。卒業後、大手経営コンサルタント会社勤務を経て、ヤマチユナイテッドへ入社。建材の輸入事業、住宅会社をはじめ、120以上の新規事業を立ち上げ、現在50事業で年商200億円のグループ経営を行っている。

Companies with a united vision

北海道に本社をおき、住宅販売を中心に多様な事業を展開するヤマチユナイテッド。1958年、建材卸事業からスタートし、現在では住宅、飲食、介護、イベントなど50以上の事業を推進している多角化企業です。山地章夫代表は「100の事業、100の経営者を育てる」ことで世の中を変えていくという思いから、「THE 100 VISION」というグループビジョンを掲げ、積極的に多角化を進めています。主力である住宅事業の特徴や道内でビジネスを進める意義などについてお聞きしました。

聞き手：西村望恵（北海学園大学3年）
　　　　宮川綾菜（北海学園大学3年）
　　　　瓦木毅彦（北海道新聞社）
　　　　佐藤大輔（北海学園大学教授）

〈2021年4月15日取材〉

※写真撮影時以外はマスク着用等の感染症対策を行っています。

社内での委員会風景

——ジョンソンホームズで大切にされているキーワードの1つに「自分らしく生きる」があります。

「自分らしく生きるには家が重要。家は住んでからの暮らしをどんどん良くしていくための道具にすぎません。ジョンソンホームズのミッションは『いつまでも続く自分らしい幸せな暮らしを提供します』です。住宅を建てる事だけでは満足せず、住んだ人が幸せになる家づくりを提供したい。そのため、家を引き渡した後、3カ月ごとに特段用事がなくても足を運びます。『家の調子はどうですか』とか、『暮らしていて困っていることはないですか』と。『もういいです』と言われない限り、この訪問は一生続きます。暮らしを楽しんでもらうイベントを月に何度も開催したり、毎年、オーナーの方々を招待し、オーナー感謝祭というお祭りも開いています。直近では4千人余りのご来場をいただきました。建てるのがゴールではなく、住んでからの幸せ、お客さまそれぞれの暮らしを楽しんでもらうためのトータルライフスタイルを提供するのが私たちのビジネスだと考えています」

——事業を複数展開することになったきっかけを教えてください。

「1982年に、父が経営していた建築資材の卸問屋に入社しました。しかし当時は、流通にさまざまな変革が起こり、『問屋不要論』が叫ばれている頃で、既存事業に不安も感じ、新規事業を模索し始めたのです。その第一歩として、アメリカでよく見られる大型の家に関する床材や窓やキッチンなどを丸ごと一棟分輸入するというビジネスに巡り合いました。今ではよく耳にするツーバイフォー工法ですが、規格も国内とは違いますし、建設ノウハウも少ない事から一般の工務店にとっては扱いにくい。最初は全く売れませんでした。しかし、ツーバイフォー建築を経験してきた社員を採用することができたこともあり、販売に苦戦している輸入建材を使って自社で住宅を建てればノウハウが蓄積できると考えたのです。そうすれば、輸入建材も売れ、相乗効果も出るだろうと。このアイデアから『ジョンソンホームズ』が誕生し、事業を複数展開するきっかけとなったのです」

ライフスタイル
そのものを楽しむ

——「トータルライフスタイル」という考え方を意識し始めたのはいつ頃ですか。

「大学在学中に経験した、北米放浪の旅が原点ですね。大型戸建住宅のアメリカンハウスや、そこで暮らす人々の豊かなライフスタイルに大きな憧れを持ちました。どこへ行っても映画で見たような世界が広がっている。衝撃でしたね。素晴らしすぎて、頭が混乱しました。彼らは家に誇りを持っており、家具、インテリアのコーディネートにものすごくこだわる。『インテリアがすてきね』と褒められるのは『頭がいいね』と言われているのと一緒だと言います。実際に7家族ぐらいのお宅に泊めてもらったかな。それぞれの家に特徴があって、趣味や暮らしを楽しんでいて、『日本人が来た』と言って近所の人を集めてバーベキューもしてくれました。その時に家を含めたライフスタイルそのものを楽しむ大切さを実感しました」

住む家族に
幸せになってほしい

——顧客のトータルライフスタイルを実現するためのこだわりが、他社との差別化につながっているように思います。特に工夫していることはありますか。

「テイスト別の住宅販売とインテリアショップの展開です。ライフスタイルごとにブランドを別会社のように分けている点は重要で、会社は一つだけれど、それぞれが独立しているので個性がすごく出る。例えばアメカジ工務店。アメリカンカジュアルが好きな方向けのブランドです。営業は四駆のジープに乗り、オープンハウスに

69

TOP interview

は大型バイクのハーレーを飾って『家からガレージにある愛車を見られるようにしたい』という希望に喜びに応える。人気インテリアショップのインゾーネの世界観をそのまま取り入れた住宅ブランドもある。それぞれのブランドが持つ価値観はもちろんのこと、趣味やファッション、ライフスタイルが合う社員がお客さまを担当すれば、家ができたときに何かイメージと違うな、とはならないし、本当に自分の夢を実現してくれたな、ってなると思うんですよね。家づくりは過程も大切。建てている途中の土間に子供たちと手形を置いて付けたり、柱にサインをいれたりもします。マイホームというのは一生に一度のライフスタイルイベント。手間はかかるけれど、楽しさを優先するスタイルは、長いお付き合いをしたいから。住む家族に幸せになってほしいというミッションを大切にしているからです」

――ヤマチユナイテッドが今後挑戦していきたいことはありますか。

「グループビジョンである『THE 100 VISION』の実現です。これは、100の事業を成功させる、100人の経営者を育てる、100年以上続く良い会社を創るというような100にちなんだ目標です。多くの新規事業を起こし、失敗もしたけれど、挑戦する精神は常に持ち続けています。創業の卸売業から始まり、住宅事業、インテリアショップ、レストラン、家具製造、イベント企画や会場設営施工、通所介護、コンサルティング事業など、今では50を超える。いわゆる総合商社みたいなものです。さまざまな事業に挑戦してきたからこそ、蓄積されているノウハウも多い。実際に今まで参入していなかった異業種への進出以外にも、事業部間の連携により立ち上げた事業も多くあります。創造できるビジネスは無限大です」

――挑戦する上で、大切なことは何だと思いますか。

「変化に柔軟であることですかね。例えば、昨今の新型コロナウイルスの影響を色濃く受けたイベント事業部では、ピンチをチャンスに変える思考で、新たに『オンライン配信事業』を立ち上げました。実はこの事業は社員発案なんです。企画から会場設営・運営までワンストップで対応できる技術と資材の保有が強みで、仕事の大半が大型屋外イベントのトータルプロデュースでした。しかし、コロナ禍により、市場のニーズはオンラインへと切り替わった。社員はそのニーズに応えるべく、意見を出し合い、オンライン配信事業のスピード立ち上げに成功しました。元々音響設備や配信ノウハウを持っていたので、今ある技術を別の方向で使うという画期的なアイデアでした。対面で実施していたキックオフ（経営計画発表会）を動画配信したり、採用シーンでの単独企業説明会をライブ配信したりと活用の幅を広げています」

From 北海道、For 北海道

――北海道でビジネスをやる意味とは何でしょうか。

「道内で創業した会社だからこそ、北海道に貢献したい。北海道は清涼な気候と豊かな自然環境に囲まれており、潤沢な資源に恵まれた土地です。大自然とアウトドアスポーツで遊び、温泉やリゾートステイを楽しみ、道産食材の料理やワインを味わうなど、ライフリッチな環

「inZONE with ACTUS」のショップ

ジョンソンホームズが運営する複合商業施設「ジョンソンストア」

境にあふれています。便利で充実した日常を過ごすことで、効率重視の考え方からライフスタイル重視へと意識が変わり、北海道はその最適地となるでしょう。仕事もプライベートも充実できる、そんな可能性を秘めた土地だからこそ、今までにないビジネスをどんどん創造していきたい。今後も From 北海道　For 北海道であり続けたいと考えています」

「北海道の家づくりを全国に発信するため、ジョンソンパートナーズという住宅のフランチャイズ本部を創りました。各地の工務店さんに材料や建て方、ブランドデザイン一式を販売している。僕らが支店を出すんじゃなくて、各地の工務店さんに同じコンセプトで家を建ててもらう。それが地元では差別化になる。素材やデザインも一緒に、北海道のスタイルを全国に発信しているんです。意義がある事業だと思っています」

住宅施工現場の様子

「すごいな、ちょっとやってみないか」

――こういう人に入ってきてほしいという人材像はありますか。

「成長志向の高い人が多いので、活躍したいとか、競い合いたいとか、そういう志向の人は合っていると思います。特にうちで活躍している社員の共通点としては、レスポンスが早いこと。前のめりに手を挙げ、チャンスをものにできる人です。決められたことだけをコツコツ毎日こなすような働き方が好きな人は戸惑っちゃうかな。受け身よりも主体性や積極性を求める社風。若手でも積極的に意見を言うと、先輩や上司が『すごいな。ちょっとやってみないか』という感じでどんどん任せる。そういうのが好きな人は、活き活きする。経営のコツは『仕組みを作って、任せること』だと思っています。任せ方にもポイントがあって『いいからやれ』と任せるのではない。裁量権を持たせる、自発的に自分で考えることが大事だと思うんです。実際に社員に任せる事で会社が大きくなったと感じています。社内には社員専用のラウンジもあって、いつでもミーティングできるスペースがあります。コーヒーを飲みながら、各部署さまざまなミーティングをそこで行っている。『こうしたらいいのではないか？』『これならもっと喜んでくれるよね』とか日々さまざまな意見を出し合っています。そこから生まれるアイデアこそ宝であり、価値があると思っています」

「シゴト」の魅力

家で楽しんで生活してもらう、ただ家を売って終わりにしない、ということにこだわりと工夫があることを感じました。この思いがあるからこそ、ヤマチユナイテッドが建材や住宅事業だけでなく、レストラン、イベント、介護事業へと多角化を進めているのだということが理解できました。また、仕事で活躍できる人の条件として「その会社や社風が好きで、自分が仲間の一員になりたいと思っていること」を挙げていた点は興味深かったです。　　　　　　　　（宮川）

インタビューを行った「ジョンソンストア」にて

TOP interview

〈組織文化診断〉

【解説】アンケート結果から、同社の組織文化がイノベーション志向であることが顕著に読み取れます。また、家族文化的な色合いも強いと言えますが、理想としてはその分をもっとマーケット文化寄りに振り向けていきたいという意図を見ることもできます。安定性や統制よりも柔軟性や独立性を重視し、どちらかというと顧客や競合などの組織外部に意識が向けられる傾向の強い組織風土だと言えるかもしれません。（佐藤）

——「組織文化診断」ツールによればイノベーション文化の値が高いようですが、もっとマーケット志向、顧客志向の組織文化でいいという志向性も読み取ることもできます。

山地「会社は今のままでいたら絶対衰退すると思うんですよ。社会も変わっていくんだから、僕らも変わらなければ。そこがやっぱり遅れていきがちなので、常にマーケットはどう変化しているのかなという意識を持つことが大切」

——一方で、家族文化も比較的高い値でした。

「親子関係で言うと、放任な親かな。『おまえの好きなことやれ』と。でも『絶対こういうことをするなよ、危ないから』とか、おきてがあって、その中だったら好きにやれという。でもちゃんと『見守っているよ』みたいに。突き放すところは突き放す。だから、自分で成長しなさいっていうタイプの親子関係」

＊会社内で共有される価値観や行動志向性を分析するために、組織文化診断ツール（Cameron and Quinn, 2011）を用い、6項目24問に渡るアンケート2種を山地代表へ実施。

ヤマチユナイテッド
グループHP　https://y-united.co.jp/
採用HP　https://y-united.co.jp/recruit/
本社：札幌市中央区北1条西10丁目1番17号北1条山地ビルディング

- 事業内容：住宅事業を中心とするグループ企業。建材の輸出入、家具製造販売のほか、インテリアショップや飲食事業も手掛ける。
- 設立：1958年3月
- グループ総資本金：3億6800万円
- グループ年間総売り上げ：200億円（2020年度）
- 従業員数：720名

（2021年3月現在）

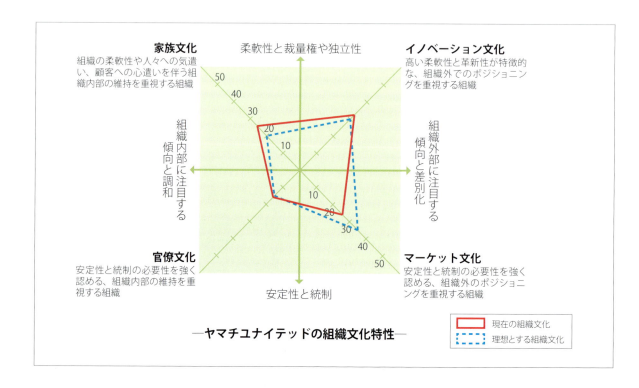

—ヤマチユナイテッドの組織文化特性—

道内初の求人マッチングサービス

「いいかも!」と思ってた会社からスカウトが来た!

最短1時間で企業からスカウトが届く!

- 北海道に特化 道内企業が続々導入中!
- 正社員求人 8割以上
- かんたん登録 所要時間1分

ジョブアンテナ北海道
Job Antenna by 北海道新聞社

就職活動はスマホでも!
今すぐジョブアンテナを始めよう!

ご利用の流れ ※登録・ご利用すべて無料

いいかも!👍からはじまる就職活動

STEP.1 会員登録
まずは会員登録!
1分程で簡単に登録可能です。
住所、電話番号などの情報は一切不要です。

STEP.2 プロフィールを入力
あなたのこれまでの経験、スキル、これからやりたいことなど、企業にアピールしたいことを積極的に入力しましょう!

STEP.3 スカウトが届く
あなたのプロフィールを見て興味を持った企業から、なまらいいかも!(スカウトメッセージ)が届きます。
いいかも!を送りあって、気になる企業と繋がろう!

DoshinInteractive
道新インタラクティブ株式会社
〒060-0042 札幌市中央区大通西3丁目6番地 北海道新聞社大通館
TEL 011-210-5418(平日9:00〜18:00)

北海道の求人マッチングサービス
ジョブアンテナ北海道 検索

流通・外食

23 | スーパー・コンビニ

コロナ禍の2020年、道内のスーパーとコンビニは明暗が分かれた。北海道経済産業局によると、巣ごもり需要を取り込んだ道内スーパーの年間売上高は8260億4800万円で、前年比2.2%増。コンビニは前年比2.9%減の5656億8900万円で、07年以来13年ぶりに前年を下回った。売り上げ規模の大きいオフィス街や繁華街、観光地にある店舗の不振が影響した▶道内スーパーはアークス、イオン北海道、コープさっぽろの3大グループがしのぎを削り、仕入れや物流網で他のスーパーを圧倒。北雄ラッキーやダイイチなどの地場中堅も独自の品ぞろえで顧客をつかむ。地方ではホクレン系の小型スーパーも地元に根を張る▶コンビニはセブン-イレブン、ローソン、ファミリーマートの全国チェーンに、地元資本のセイコーマートが地域密着型の戦略で対抗する。

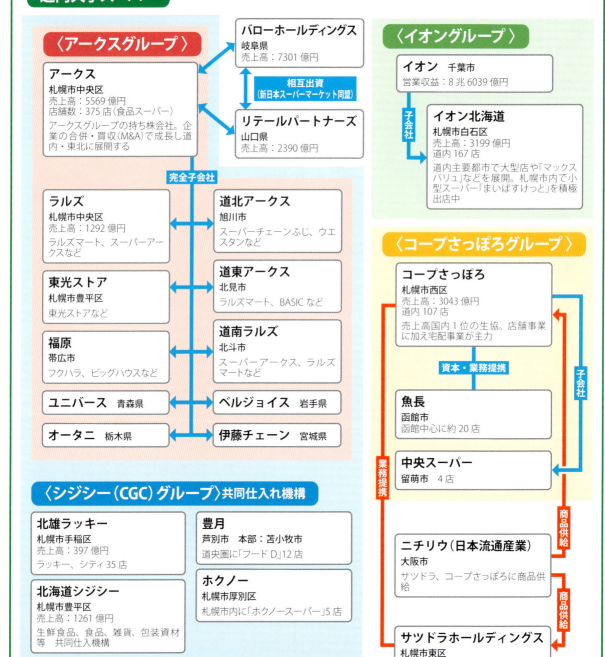

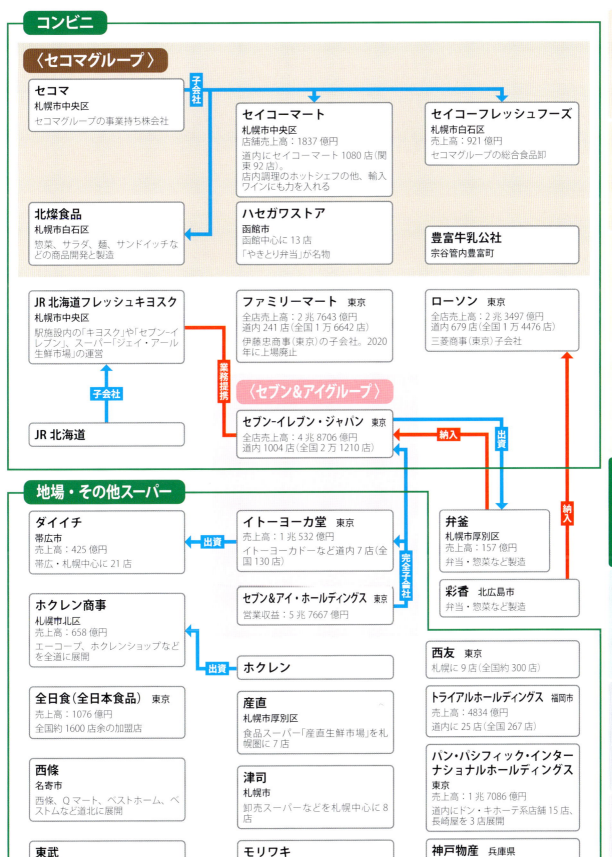

24 ドラッグストア・化粧品・薬局

流通・外食

ドラッグストア市場は年々拡大している。日本チェーンドラッグストア協会によると、2020年度の市場規模は前年度比4.6%増の8兆363億円で、初めて8兆円を超えた。日用品や食品にも力を入れ、スーパーやコンビニからも顧客を取り込んでいる▶中でも旭川発祥のツルハホールディングス（HD）は、売上高で同じイオン系のウエルシアHDに次ぐ全国2位に成長。「南進政策」を続け、道外の中堅ドラッグストアを傘下に収めた▶道内2番手サツドラHDは、ITを駆使し、他分野にも積極的に進出する。調剤薬局はアインHDが企業の合併・買収（M＆A）を繰り返し、業界最大手に成長した▶化粧品の製造・販売も盛んで、北の達人コーポレーションは化粧品や健康食品の通信販売で高収益企業に成長。スキンケアに強いハーバーも道内に拠点工場を構えている。

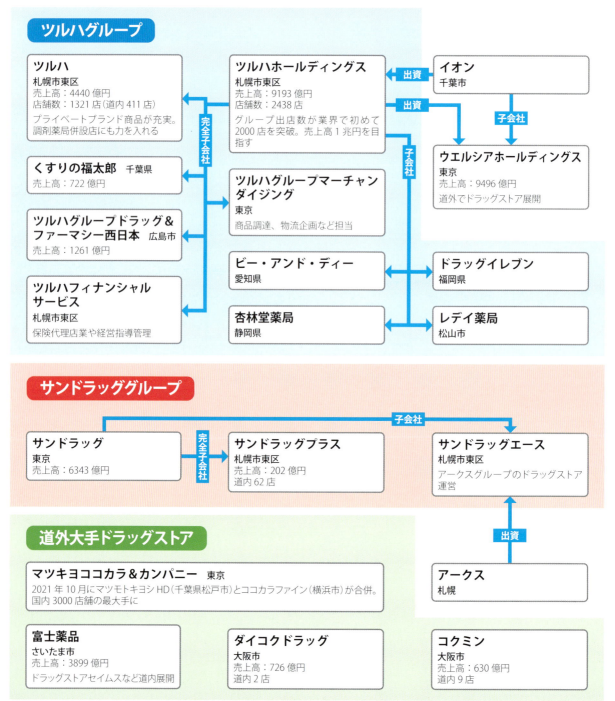

サツドラグループ

サツドラホールディングス
札幌市東区
売上高：832億円
2016年の持ち株会社化を機にロゴ等を一新。AIや教育関連など多角化目指す

— 完全子会社 →

サッポロドラッグストアー
札幌市東区
売上高：826億円
店舗数：188店
共通ポイントサービスなど展開。食品、日用品にも力

— 完全子会社 →

creare（クレアーレ）
札幌市東区
医療品・化粧品などの製造・販売

台湾札幌薬粧
台湾
台湾でのドラッグストア事業

R×R Innovation Initiative
札幌市東区
企業向けのインターネットを利用した各種提供サービス

子会社

GRIT WORKS
（グリット　ワークス）
札幌市東区
POSシステム開発事業

— 完全子会社 →

シーラクンス
札幌市東区
教育・語学事業

子会社

リージョナルマーケティング
札幌市東区
共通ポイントカード運営、QRコード決済

出資

エゾデン　札幌市東区

出資

AWL（アウル）
東京
AIシステム開発

出資

ブルーチップ
東京
ポイントカードシステム運営

出資

コンサドーレ　札幌市西区

出資

リージョナルマーケティング琉球
沖縄県
沖縄でのマーケティング支援

北海道MD機構
札幌市西区
各種商品仕入

出資

コープさっぽろ　札幌市西区

化粧品

北の達人コ　ポレ　ション
札幌市中央区
売上高：92億円
化粧品・健康食品の「北の快適工房」シリーズをネット通販

シロ
東京
店舗数：27店（道内2店）
化粧品「SHIRO」を企画、販売。ローレル（砂川市）から社名変更し、東京に移転。イギリスに3店

— 完全子会社 →

ハーバー
苫小牧市
無添加化粧品を製造・販売

ハーバー研究所
東京
売上高：143億円
全国の百貨店や直営店、通信販売で基礎化粧品を展開する

DHC
東京
売上高：972億円
化粧品・健康食品大手。2007年から空知管内長沼町に玄米加工工場を稼働

北見ハッカ通商
北見市
特産品であるハッカ由来の「ハッカ油」「ミントクリーム」などを生産

ナチュラルサイエンス
東京
低刺激スキンケア化粧品。胆振管内白老町に工場。札幌に子会社のナチュラルアイランド

注目業界
食
資源・エネルギー・製造
建設・不動産
流通・外食
運輸・観光
IT・メディア・教育
金融・サービス

調剤薬局

アイングループ

アインホールディングス
札幌市白石区
売上高：2973 億円
店舗数：1134 店（調剤薬局 1065 店、コスメ・ドラッグストア 69 店）
アイン薬局を主とした調剤薬局を全国展開。国内最大手

アインファーマシーズ
札幌市白石区
売上高：2137 億円
調剤薬局の運営に加え、化粧品などを展開するアインズ＆トルペを全国都市部に出店

葵調剤
仙台市

コム・メディカル
新潟市

アイン信州
長野市

完全子会社

出資

メディウェル
札幌市中央区
医療コンサル、人材紹介・派遣

あさひ調剤
さいたま市

出資

ダイチク
新潟市

西日本ファーマシー
高松市

ホールセールスターズ
東京
ジェネリック医薬品の卸売り

アユーララボラトリーズ
東京
化粧品「AYURA」を製造。資生堂から買収

セブン＆アイ・ホールディングス
東京

札臨グループ

札幌臨床検査センター
札幌市中央区
売上高：175 億円
臨床・病理検査に加え調剤薬局「ノルデン」「ウェルネス」を道央・道北・道南地区に展開

完全子会社

帯広臨床検査センター
帯広市

アクテック
札幌市豊平区
医療機器卸・保守

メディシスグループ

メディカルシステムネットワーク
札幌市中央区
売上高：1042 億円
店舗数：419 店（道内 121 店）
薬局向け医薬情報を仲介。調剤薬局も全国展開

なの花 北海道
札幌市中央区
メディシスグループの調剤薬局を運営。他に東北・東日本など地域 4 子会社

完全子会社

出資

フェルゼンファーマ
札幌市中央区
ジェネリック医薬品製造

トータル・メディカルサービス
福岡県
売上高：119 億円
調剤薬局

北海道医薬総合研究所
札幌市中央区
医薬品関連データ解析・書籍出版

永冨調剤薬局
大分市
売上高：39 億円

日本調剤
東京
売上高：2789 億円
全国 2 位の調剤薬局。発祥は札幌

ナカジマ薬局
札幌市中央区
売上高：123 億円
店舗数：60 店

子会社

北海道ジェネリック
札幌市中央区
売上高：25 億円

25 医療関連商品卸・製造

流通・外食

医薬品卸はメディパルホールディングス（HD）、アルフレッサHD、スズケン、東邦HDの4大グループへの集約が進む▶道内では独立系のほくやく・竹山HDとモロオが存在感を示す。医療機器卸のムトウも全国各地の同業を買収し、勢力を拡大する▶マスクなどの不織布製品を製造する日本メディカルプロダクツは上川管内東川町の主力工場のほか、マレーシアに工場を構えるなど、東南アジアにも展開▶医療用特殊針の設計・製造を行うユニシス（東京）は北広島市内の既存工場の隣接地に、人工呼吸器で体内に空気を取り入れる際に加湿やろ過などを行う消耗部品「人工鼻」の製造工場を新設する計画で、2022年4月稼働の予定だ。

ほくやく竹山グループ

ほくやく・竹山ホールディングス　札幌市中央区
売上高：2394億円
医薬品卸のほくやくと医療機器卸の竹山が2006年に経営統合

完全子会社：
- **パルス**　札幌市中央区　調剤薬局
- **アドウイック**　札幌市中央区　ITサービス、ソフトウェア開発
- **マルベリー**　札幌市中央区　福祉用具レンタル、介護施設・保育園運営
- **ほくやく**　札幌市中央区　売上高：1699億円　バレオとホシ伊藤が合併し誕生。医薬品取扱道内首位
- **竹山**　札幌市中央区　売上高：588億円　医療・理化学機器の総合商社。道内、首都圏に展開

モロオグループ

モロオ　札幌市中央区
売上高：1107億円
1917年創業の医薬品卸老舗

子会社：
- **クリオネ**　札幌市中央区　調剤薬局

ムトウ　札幌市北区
売上高：1774億円
医療機器卸国内大手、全国に営業所を構え、米国、タイにも拠点

日本メディカルプロダクツ　旭川市
売上高：73億円
マスクや手術着などの不織布製品製造大手

セロテック　札幌市豊平区
売上高：12億円
臨床検査薬の研究・製造

浜理PFST　大阪市
チトセ浜理薬品を2021年に吸収合併、千歳工場として製造拠点化

ネオメディックス　札幌市白石区
循環器内科などの治療材料卸

完全子会社：
- **SMC**　札幌市白石区　医療機器卸、医療業務サポート
- **シップヘルスケアホールディングス**　大阪府　医療機器、設備販売大手

夕張ツムラ　夕張市　漢方薬の原料生薬生産
完全子会社：**ツムラ**　東京

ユニシス　東京
売上高：23億円
医療用針の製造販売。北広島市に工場。隣接地に22年、人工呼吸器用の「人工鼻」新工場稼動

スズケン　名古屋市
売上高：2兆1282億円
医薬品卸大手。1998年秋山愛生舘（札幌市）と合併

MPアグロ　北広島市
動物医薬品卸大手。丸善薬品など3社が2010年経営統合

メディパルホールディングス　東京
売上高：3兆2111億円
医薬品卸大手

マック　札幌市中央区
売上高：161億円
医療機器卸

グループ会社：**セコム**　東京　警備業首位

北海道歯科産業　札幌市白石区
売上高：48億円
歯科用医療機器・歯科材料の販売

ヤクハン製薬　北広島市
殺菌消毒剤を生産
完全子会社：**日医工**　富山市

流通・外食

26｜外食

新型コロナウイルスの流行で最も影響を受けた業界の一つが外食産業だ。緊急事態宣言や営業時間短縮要請により、休業や時短を余儀なくされ、夜営業を主体とする居酒屋やレストランなどが大幅な落ち込みを記録。ワタミやジョイフルなど全国チェーンが道内から撤退したほか、地場チェーンの居酒屋も、自己破産を申請した▶財務省の法人企業統計によると、2020年4

～6月期の飲食・サービス業の売上高は前年同期比30％減と大きく落ち込んだ。現金の流出により、10～12月期の利益剰余金（内部留保）は、同63％減少した▶一方、コロナ禍で宅配サービス業の隆盛となり、老舗の出前館に加え、ウォルトやウーバーイーツ、フードパンダ、ToDoXi（トドクシー）などが新規参入。これらのサービスや通信販売に商機を見出す業者も多い。

レストラン・居酒屋

アレフ
札幌市白石区
売上高：332億円
ハンバーグレストラン「びっくりドンキー」など。びっくりドンキーは道内に41店、道外298店

（グループ会社）

みつる
札幌市中央区
うなぎ専門店「かど屋」など運営

ビッグボーイジャパン　東京
札幌発祥の「ヴィクトリア・ステーション」を運営。ビッグボーイ226店、ヴィクトリアステーションは道内に32店舗

伸和ホールディングス
札幌市西区
「炭火居酒屋　炎」などを道内で36店以上、ロシアのウラジオストクにも進出。持ち帰り店も多数運営

新星苑　東京
「サッポロビール園」「ビヤステーション恵比寿」を運営

イーストン
札幌市北区
売上高：21億円
イタリア料理「クッチーナ」、居酒屋「いただきコッコちゃん」など、道内に23店

とんでんホールディングス
恵庭市
売上高：176億円
ファミリーレストラン「とんでん」は道内14店、道外82店。「つきさむ温泉」経営

札幌開発
札幌市中央区
売上高：31億円
「串鳥」を道内で31店運営。道外8店

キューズダイニング
東京
居酒屋「魚吉」、「北海道ビール園」などを道内で13店運営

梨湖フーズ
札幌市豊平区
焼肉「徳寿」など道内に18店

フジタコーポレーション
苫小牧市
売上高：41億円
自社ブランド「かつてん」のほか、「ミスタードーナツ」「モスバーガー」「はなまるうどん」「牛角」などFC多数運営

どうきゅう
札幌市豊平区
道内にスパゲティの「チロリン村」直営1店、とんかつの「玉藤」直営11店（ほか海外1）、FC事業で「牛角」1店など

アイックスフーズ
札幌市白石区
居酒屋「とりの介」「山の猿」などを道内で50店以上運営

エーピーアール
札幌市中央区
札幌で居酒屋やバーなどの飲食店を札幌27店舗。バンコクにも出店

ライフコーポレーション
北見市
焼肉「味覚園」などを運営。道内に18店

喫茶・軽食

宮越商事/ミヤコシヤサンズ
札幌市中央区
「宮越屋珈琲」を道内に14店、道外に7店

アトリエ・モリヒコ
札幌市白石区
カフェ「モリヒコ」など道内に14店

遊鶴
札幌市豊平区
「ごまそば 遊鶴」を道内で10店直営

テンフォー
函館市
「ピザ　テン.フォー」を運営するフランチャイズ・チェーン本部

テンフードサービス
札幌市東区
道内の直営として、ぎょうざの「みよしの」25店、そば処「信州庵」6店

風月
札幌市豊平区
道内でお好み焼・焼そば「風月」を札幌中心に15店

80

ご当地グルメ

藤森商会
帯広市
売上高：14億円
帯広に「お食事のふじもり」1店、「カレーショップ インデアン」は帯広を中心に道東で12店

五島軒
函館市
売上高：11億円
老舗洋食店。道内で12店(直営、提携、テナントショップ、直営工場含む)

ラッキーピエログループ
函館市
ハンバーガー店「ラッキーピエロ」函館を中心に道南で17店

いかめし阿部商店
渡島管内森町
いかめしが有名。森駅などで販売

かにめし本舗かなや
渡島管内長万部町
「かなや本店」など道内に5店直営

マツオ
滝川市
「松尾ジンギスカン」を道内に9店、道外に5店。子会社にて餃子館やめん羊牧場の運営。スイーツ商品の販売

一平本店
室蘭市
「やきとりの一平」を道内に7店

エスパシオ
札幌市中央区
「元祖美唄やきとり福よし」を美唄本店など道内に7店

ぱんちょう
帯広市
1933年創業。豚丼を十勝名物に

ラーメン

さんぱち
札幌市豊平区
「ラーメンさんぱち」をFC事業で道内展開

時計台観光
札幌市中央区
ラーメン店「味の時計台」を道内で25店、道外5店、台湾1店展開

丸千代山岡家
札幌市東区
売上高：142億円
「ラーメン山岡家」など道内に50店以上、道外に100店以上

一幻フードカンパニー
札幌市中央区
ラーメン店「えびそば一幻」を道内で2店、道外3店ほか台湾、香港に進出

アブ・アウト
札幌市中央区　本店：旭川市
「らーめん山頭火」を道内6店、道外7店。米国、カナダ、フィリピンなど海外店舗多数

オーシャン
旭川市
ラーメン店「梅光軒」を道内で7店、道外2店、海外に7店

すみれ
札幌市豊平区
札幌にラーメン店「すみれ」を3店、道外に1店

RENFOODS(レン・フーズ)
札幌市豊平区
札幌にラーメン店「さっぽろ純連」を2店

麺厨房あじさい
函館市
函館を中心にラーメン店「麺厨房あじさい」を道内に6店、道外に1店

白樺山荘
札幌市南区
道内6店、道外1店

PLUS2(プラスツー)
札幌市西区
「麺や虎鉄」を道内18店展開

開高
帯広市
「豚丼ラーメン」を道内5店ほか、シンガポールに2店を展開

回転ずし

サンショク産業
札幌市西区
回転ずし「和楽」を道内に4店

三ッ星レストランシステム
釧路市
売上高：63億円
回転ずし「なごやか亭」を道内16店。とんかつ「かつ善」を運営

はなまる
根室市
売上高：38億円
回転ずし「根室花まる」など道内15店、道外8店

エイチケイアール
函館市
回転ずし「函太郎」など、道内に16店

子会社

RDCホールディングス　埼玉県

北一食品
北見市
売上高：92億円
回転ずし「トリトン」道内13店、道外2店

HIRホールディングス
札幌市中央区
「とっぴー」は道内に6店

ときわ
釧路市
「回転寿司まつりや」は道内に9店

流通・外食
27 専門店・専門メーカー

空知には「日本のエルメス」と呼ばれるソメスサドル、「タンニンなめし」の革製品で知られるいたがきの２大革製品メーカーに加えて、スーツケース大手エース子会社エースラゲージ主力の赤平工場が存在する。いずれも旧産炭地振興として、自治体や経済界が誘致した▶小樽には観光スポットとして賑わう北一硝子のほか、ゴム長靴製造を祖業としたダテハキ、ミツウマの靴メーカーが地元に親しまれるなど、各地に地域色豊かなメーカーが点在する▶2020年の道内の新車販売台数は、新型コロナウイルスによる営業自粛などで、9年ぶりに20万台を下回る18万7217台と低迷した。最大手のトヨタ自動車は20年から4つある販売系列で全車種併売が開始。函館トヨタ自動車とネッツトヨタ道南が経営統合するなど道内でも影響が広がっている。

かばん・靴

ソメスサドル
砂川市
国内唯一の馬具メーカー。かばん・革小物製造販売も

ダテハキ
札幌市東区
防寒ブーツなど製造販売

エースラゲージ
大阪市
赤平にスーツケース工場

いたがき
赤平市
かばん・革小物製造販売。札幌のほか東京、京都に直営店

ミツウマ
小樽市
ゴム長靴など製造販売

第一ゴム
小樽市
ゴム長靴など製造販売

衣料

ハミューレ
札幌市東区
売上高：86億円
仕事用品店「プロノ」を道内外に展開

特殊衣料
札幌市西区
保護帽、福祉用具製造販売

北海道三喜
札幌市白石区
「ファッション市場サンキ」

アルファベットパステル
札幌市中央区
売上高：26億円
婦人服ブランドを多数展開

ジーベック
広島県福山市
売上高：150億円
道内で作業服チェーン「ジーベック」を展開

三喜 千葉県
売上高：730億円

コープさっぽろ
札幌市西区

バーニッシュカンパニー
札幌市中央区
カジュアルウエア、雑貨類販売、国内29店舗

はるやまチェーン
札幌市豊平区
紳士服チェーンを道内中心に展開

携帯電話販売

ドコモCS北海道
札幌市中央区
売上高：183億円
ドコモショップやコールセンター運営、ネットワーク保守など

エムデジ
小樽市
売上高：117億円
携帯電話ショップとフィットネス店運営

NKインターナショナル
札幌、帯広に本社
売上高：52億円
携帯電話ショップ運営。ホームページ企画、制作

眼鏡・時計・雑貨

富士メガネ
札幌市中央区
道内外65店を展開するメガネと補聴器の専門店

ムラタ
札幌市厚別区
「メガネのプリンス」

ルック・ヒライ
札幌市中央区
「メガネサロンルック」。居酒屋「瑠玖」なども経営

ほしの
札幌市白石区
「アクセサリーPePe」

シチズン時計マニュファクチャリング
埼玉県
夕張市に時計用歯車工場

北一硝子
小樽市
1901年創業。石油ランプで人気を集めた後、オリジナルのガラス製品製造販売で小樽観光を支える

ドクターアイズ
札幌市中央区
ドクターアイズを全国展開するメガネチェーン

アウトドア

秀岳荘
札幌市白石区
登山・アウトドア用品専門店

スポーツハウス
札幌市中央区
札幌スポーツ館など展開

ナニワ
札幌市白石区
売上高：90億円
アウトドア・スポーツ用品の開発や輸入、販売

アイビック
札幌市東区
釣具・アウトドア用品卸や小売。グループに食品製造会社も

フジワラ
北斗市
釣具製造、釣り・漁業用オモリ製造

グループ会社

フィッシュランド
札幌市中央区
釣具、アウトドア用品専門店。エリザベス宝石（宝石、貴金属、時計、バッグ等の販売）、ダイヤバンク（金地金、貴金属、宝石等のリサイクル買取事業）なども事業展開

自動車販売

札幌トヨタ自動車
札幌市中央区
売上高：435億円

札幌トヨペット
札幌市豊平区
売上高：372億円

トヨタカローラ札幌
札幌市豊平区
売上高：369億円

北海道日野自動車
札幌市東区
売上高：346億円

北海道マツダ販売
札幌市中央区
売上高：303億円

北海道いすゞ自動車
札幌市白石区

ホンダ四輪販売北海道
札幌市中央区
売上高：265億円

ダイハツ北海道販売
札幌市北区
売上高：238億円

札幌日産自動車
札幌市中央区
売上高：191億円

ネッツトヨタ札幌
札幌市東区
売上高：239億円

北海道スバル
札幌市西区
売上高：212億円

函館トヨタ自動車
函館市
売上高：79億円

旭川トヨタ自動車
旭川市
売上高：152億円

北海道日産自動車
札幌市東区
売上高：121億円

ティーバイティーホールディングス
札幌市中央区
中古車買い取り販売

北海道ブブ
札幌市東区
売上高：420億円
輸入車販売

注目業界 / 食 / 資源・エネルギー・製造 / 建設・不動産 / 流通・外食 / 運輸・観光 / IT・メディア・教育 / 金融・サービス

流通・外食
28 百貨店・商業施設

かつて小売りの王様と呼ばれた百貨店は、ネット通販や専門店、郊外型の大型店により苦戦を余儀なくされている▶外国人客の「爆買い」により、一時息を吹き返したが、新型コロナウイルスが直撃。2020年の道内百貨店の売上高（北海道経済産業局調べ）は、前年比29.5％減の1392億3400万円になった▶丸井今井はかつて、旭川や小樽、室蘭、苫小牧など道内主要都市に出店していたが、08年のリーマンショックの影響などで経営破綻し、三越伊勢丹ホールディングスが経営を引き継いだ。現在、百貨店があるのは札幌、函館、帯広の3市のみ▶道央圏の商業地図は、大丸、ステラプレイス、東急のある「札幌駅」と丸井今井、三越、パルコなどの「大通」、イオンなどのショッピングセンターやアウトレットモールの「郊外」の3極構図となっている。

三越伊勢丹グループ

三越伊勢丹ホールディングス
東京
売上高：8160億円

↓完全子会社

札幌丸井三越 札幌市中央区
売上高：435億円
1872年創業の丸井今井の札幌本店と1932年出店の札幌三越を運営。2011年に経営統合

函館丸井今井
函館市
売上高：59億円
丸井今井函館店を運営

J.フロントグループ

J.フロント リテイリング
東京
売上高：3190億円

↓完全子会社

大丸松坂屋百貨店
大丸札幌店：札幌市中央区
札幌駅南口のJRタワー中核施設として2003年大丸札幌店がオープン

パルコ
東京
東京・池袋、渋谷に次ぎ1975年札幌に出店。若者に人気のファッションビル

東急グループ

東急百貨店
さっぽろ店：札幌市中央区
1973年に札幌進出。生活雑貨の東急ハンズも入居

東急不動産 東京
ススキノラフィラ跡に竹中工務店など4社と複合商業ビルを建設中。23年開業予定

↓複合ビル共同開発

アインファーマシーズ
札幌市白石区
商業ビル ル・トロワ（札幌市）

丸ヨ池内
札幌市中央区
札幌にファッションビルIKEUCHI「ZONE」。新「GATE」は2022年秋開業予定

藤丸
帯広市
1900年創業、30年開店の地域に根ざした百貨店

ピヴォ
札幌市中央区
ファッションビル ピヴォ（札幌市）ダイビル（大阪市）が買収。一体の再開発を計画

4丁目プラザ
札幌市中央区
ファッションビル4丁目プラザ（札幌）は22年に営業終了。跡地利用検討中

三菱地所プロパティマネジメント
東京
複合商業施設 マルヤマクラス（札幌市）

ジョーンズ ラング ラサール日本法人 東京
千歳アウトレットモール・レラ、ラゾ札幌

イオングループ

イオン 千葉市

↓子会社

イオン北海道
札幌市白石区
売上高：3199億円
道内各地にイオンモールなど大型店

小樽ベイシティ開発
小樽市
ウイングベイ小樽を運営

札幌市
↓出資

札幌副都心開発公社
札幌市厚別区
売上高：34億円
サンピアザ、デュオ

↓出資

札幌都市開発公社
札幌市中央区
売上高：16億円
さっぽろ地下街ポールタウン、オーロラタウン

JR北海道グループ

JR北海道 札幌市中央区

↓出資

札幌駅総合開発
札幌市中央区
売上高：162億円
札幌駅エリアの商業施設ステラプレイス、エスタ、パセオ、アピアを運営。JR北海道グループの稼ぎ頭

サッポロホールディングス
東京

↓完全子会社

サッポロ不動産開発
東京
「サッポロファクトリー」（札幌市）運営。アウトドアブランドが充実

三井不動産商業マネジメント
東京
売上高：320億円
三井アウトレットパーク札幌北広島（北広島市）、赤れんがテラス（札幌市中央区）

流通・外食

29 | 家具・ホームセンター

家具・インテリア製造販売のニトリは、国外に製造拠点を分散し、緻密な流通網を築くことで、低価格と高品質を実現。国内有数の小売専門店に成長した▶ホーマックは全国各地の同業他社とスクラムを組み、DCMホールディングスを設立。ホームセンター業界首位の座を勝ち取った▶これら小売企業の成長ぶりは、ドラッグストアのツルハなどと共に「流通の北海道現象」と呼ばれる▶DCMとニトリは2020年、埼玉のホームセンター島忠をめぐり買収合戦に臨み、3割高い公開買い付け価格を提示したニトリが勝利。子会社化した。

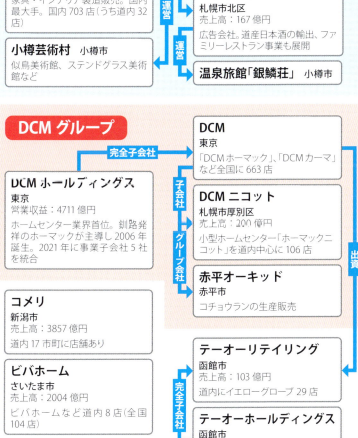

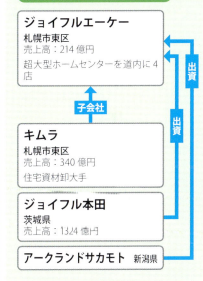

道内の主な家具メーカー
（かっこ内は本社所在地か主要工場）

北海工芸（上川管内東川町）
北の住まい設計社（同）
大雪木工（同）
プレステージジャパン（同）
匠工芸（旭川市）
山岡木材工業（同）
コサイン（同）
アルフレックスジャパン（同）
イチムラ（江別市）
飛騨産業（三笠市）
沼田椅子製作所（石狩市）
山上木工（オホーツク管内津別町）

TOP interview

北海道に住み続けられる"条件"を作る

コープさっぽろ
理事長 **大見 英明**さん

おおみ・ひであき　生活協同組合コープさっぽろ理事長。愛知県生まれ。北海道大学卒。1982年に名称変更前の生活協同組合市民生協に入協し、98年リニューアル本部長、2002年常勤理事、07年理事長。日本トレーサビリティ協会代表、食品表示検定協会副代表も務める。

スーパーマーケットとしての小売店舗事業だけでなく、宅配やエネルギー事業も展開するコープさっぽろ。最近では単身高齢者らを対象とした生活支援サービスにも参入しました。一般企業でも公的な機関でもない生活協同組合として、多様な事業を展開する意図とは何なのか。また、地域に根付いた事業者として、北海道が抱える課題にどう向き合っていくのか。2007年からトップを務める大見英明理事長に詳しく聞きました。

聞き手：白幡来幸（北海学園大学2年）
　　　　髙橋涼夏（北海学園大学2年）
　　　　瓦木毅彦（北海道新聞社）
　　　　佐藤大輔（北海学園大学教授）

〈2021年4月28日取材〉

※写真撮影時以外はマスク着用等の感染症対策を行っています。

――コープさっぽろは「食のインフラの提供」を事業として掲げられていますが、これはどういうことでしょうか。

「北海道ではどんどん小さい小売店が淘汰（とうた）されて、上位への集中化が進んできました。人口が減って採算が合わなくなって店を閉めてしまうということが実際に起こってきたのです。こういう問題を解決するために、30年前くらいから宅配事業を始めました。この利便性を強化し、今ではお客さんは毎週2万品目の商品が発注できるようになりました。2万品目というのは、大型スーパーマーケットとドラッグストアが取り扱う品目を合わせた90％くらいにあたります。これが宅配で毎週1回届くという仕組みを構築してきたわけです。江別にある物流センターは、ロボットも走るような最先端のものになっています。

現在、北海道には179の市町村がありますが、札幌から離れたエリアの人口は2040年に向かって加速度的に落ちていくことになっています。行政単位として維持できなくなる市町村が増加することが予想される状況になってきているのです。最初に小売商店がなくなって、その次に病院がなくなる。さらに公共交通機関が衰退していくでしょう。この三つだけでも地域は加速度的に衰退してしまう。そこで、われわれは自宅に直接届けるビジネスを『食のプラットフォーム』と呼んで力を入れることにしています。へき地に1軒だけで住んでいる人でも数多くの品目の中から選んだ商品が毎週1回は届くわけです。これだとほぼ困らないですよね。道内のどこにいようが生活には困らないというインフラを作っていくことが、今の人口減少や過疎化という状況で生協が果たすべき社会的役割だと思っています」

食の安全・安心を極める

――食の安全や安心への対策を聞かせてください。

「例えば、大手製パン会社の商品に含まれていた臭素酸カリウムという成分をわれわれの要望で抜いてもらったことがあります。あるナショナルブランドの清涼飲料水からは、添加物の香料を抜いてもらいました。また、食パンで使われるマーガリンに含まれる不飽和脂肪酸が人体に影響を与える可能性があることがある時期、話題

になりました。厚生労働省は、日本では摂取量は少ないとして問題にしていませんでしたが、われわれは不飽和脂肪酸の含まれるマーガリンを使わないパンが作れないかを考えました。その結果、日本で初めてオリーブオイルを使ったパンが誕生したのです。食品の含有成分が10年とか20年にわたって蓄積した時に、それが原因で慢性的に何か発症するかもしれない。だから、リスクがあるものについてはいったん取り扱わないということにしています。専門委員会を作ってチェックをしているので、食の安全をどう担保するかということについては、これからも考えていくと思います」

北海道を代表する
新たな料理をつくる

――プライベートブランドには北海道の原料を厳選した商品も多く、ウェブサイトのイベント情報では生産者の情報を細かく掲載されるなどもしています。地域とのつながりにはどのようなこだわりがあるのでしょうか。

「われわれがベンチマーキング（手本）としていたイギリスの小売業大手テスコでは、店頭で『エブリリトルヘルプ』という料理雑誌を無料配布していました。120万部発行しているそうです。テスコのトップがイギリスの食をもっとおいしくしようと考えて、イタリアンとフレンチのフードコーディネーターと一緒にプロジェクトを始めたんです。それをたまたま視察に行ったときに手に取って、面白いなと感じました。帰国する飛行機の中で、北海道って食材が豊かだけど、食材を軸にした有名な料理がないなと思いました。例えば、北海道を代表する料理にラーメンやジンギスカン、スープカレーがありますよね。でも、ラーメンの小麦粉はアメリカ産が90％、ジンギスカンはオーストラリア産が90％です。スープカレーにいたっては具材以外の香辛料が全部外国のもの。意外と北海道では素材原料を中心とする料理の進化がない。これだけ農業が盛んで、非常に優れた生産者がいても、それらをもとに有名になった料理がないのです。北海道は食文化としてはまだ発展途上だと思いました。そこで、コープさっぽろでも『Cho-co-tto（ちょこっと）』という道産食材に焦点をあてた情報誌を無料配布することにしました。毎月60万部です。さらに、

TOP interview

15年前から消費者目線で農業生産者を支援する『コープさっぽろ農業賞』というのを始めました」

「事前視察に行くと農地で作っている生産物も確かにいいのだけど、そこで見る北海道の景観がまたすばらしい。そこで、素材を軸にしながら、料理のレベルをシェフと一緒に上げていく発想で『畑でレストラン』を始めました。農業賞を受賞した農業生産者のところで、取れたてのものを料理してフルコースで出すというプログラムです。畑の真ん中では料理ができない、というのでキッチンカーも作りました。実は、レストランのシェフも本当にその素材の取れたての味っていうのを知らなくてびっくりするんです。『使おうと思っていたスパイスは全然必要ない』などと言います。このイベントのチケットは1週間ぐらいで売り切れます。これからは外国人向けのツアーのメニューという可能性も出てきますよね」

物流部門（北海道ロジサービス）での仕分け・配送作業

——コープさっぽろには、味付けだけでなく、ある程度調理済みになっているなど、細部まで工夫した商品が数多くあります。このような商品を開発するのには、どういう意図があるんでしょうか。

「今は料理を作るということが、昔のように親から子に十分には継承されていません。日本的な食というのは一汁一菜で、なおかつそれにいくつかおかずがあるものだけど、そもそも今はご飯を食べないこともある。食事が菓子パンだけだったりもする。こういった日本的な食の崩壊というのは、大変な問題だと思うんです。今全道で3分の1は1人世帯（編集注：道内の単独世帯は平成27年国勢調査時点で37.3%）になっていますが、一人で暮らし始めると調理するのが面倒くさいですよね。そこで利便性に配慮した商品開発もやることにしました。安全・安心で品質が担保されていて、なおかつそれが調理時間を短くするものなら幸せな話ですよね」

——生協の役割、コープさっぽろの役割をどう考えていますか。

「生活協同組合の発祥はイギリスの工業都市、マンチェスターの郊外が発祥です。労働者が組織をつくって、経営者から搾取されないような売店をつくろうとした。みなさん信じられないかもしれないけど、北海道も昔はナショナルブランドの商品は1割高かった。なんで道内だけ高いんだ、ということになって、コープさっぽろが55年前に事業開拓と同時に正価で販売したことで、北海道の消費者からどんどん支持を集めていった。公的な機関と民間機関があって、生協はその中間に位置している。小売業という立場からいえば、生産メーカーがあって消費者があって、その中間です。だから、人と人をつなぐ、人と食をつなぐというのが役割だと思います。消費者のニーズを実現し、課題を解決することも求められている。日本の成分無調整牛乳の原点は、組合員さんの声を受けてコープとよつ葉乳業さんが作った商品。それが人気を集め全国的に広がっていった。今はITや人工知能の進化で生活のありようが変わっていっている。新しい課題をしっかり捕まえて、人と未来をつなぐというのも役割だと思います」

コープさっぽろは
自立した組織

——大見理事長が就任されてから、移動販売事業や動物園のホッキョクグマ支援のように新たな事業やプロジェクトが増えてきた印象があります。このように積極的な挑戦を続けることができる理由は何ですか。

「われわれが自立した組織だからです。生協は組合員さんから負託を受けて事業を運営しているので、組合員が支持してくれる限りはOKなんです。『畑でレストラン』も、生産者にとって自分の収穫物がこんなにおいしくなるんだという励みになるし、食べてくれる消費者も、『生協でこんなことができるんだ』となり、ひとつのイベントとして価値を持つ。その延長線上で商品をつくるみたいな話も出てくる。現地に行くといろいろ気付

「シゴト」の魅力

　コープさっぽろの多様な事業内容や、相互扶助という発想に基づく戦略など、インタビューでお聞きした内容は私たちが知らなかったことばかりでした。生協として組合員の生活を守ることを使命としながらも、次々に新しい事業を生み出してきた経緯を知ることができました。道民からの強い信頼を勝ち取りながらも、スーパーマーケット事業のみにとどまろうとしない挑戦的な姿勢は、保守的なイメージのある生協としては意外なものです。海外視察で得たヒントを実際のビジネスに落とし込み成功させるなど、その洞察力の高さと実現力こそが、これまで挑戦を成功させ続けてきた同組合の強みなのではないかと思いました。

　また、コープさっぽろのような挑戦的な組織で活躍するために、就職を控えた学生に何が求められるのかも考えさせられました。自ら課題を見出し、根拠に基づいてアイデアを形にしていく姿勢。現状に満足せず、さらによくするための提案ができる創造的な発想こそが求められているのだと感じました。　　（白幡）

本部応接室にて大見理事長と

きます。酪農家を訪問した際に、牛のエサとしてちょっと傷の入っただけのニンジンが山積みになっている。そこで、規格外の野菜を300円で大袋に入れて『ぶこつ野菜』とネーミングして売ったらどうかと。もったいないし、料理には関係ない。結果、今では8億〜9億円売る商品企画になりました。人と人がつながることを通して、ひとつの取り組みをやるんですが、その中で新しい発見とか気づきがどんどん出てきてそれが膨らんでくるわけです」

——コープさっぽろの強みは、やはり宅配など、道内に住んでいるたくさんの人に直接アプローチできるということになるでしょうか。

　「車を持ち買い物ができる方は、お店を利用していただく。車に乗れなくなったら、宅配を利用していただく。宅配はクレジットカード決済なので、カードを作れないお年寄りなどを対象に、100台近い移動販売車も走らせています。病院から退院したばかりで自分で料理ができないという方には、夕食のお弁当の宅配もやっています。自宅までちゃんとお届けできるというのは、他の競争相手はあまりやっていません。高齢化社会が加速すると、病院がパンクし、在宅医療という流れが進みます。すると、将来的には宅配の担当者がテスターを持って、医師とオンラインでつなぐことができるようになるかもしれない。家庭にリアルなモノを運んでいて、人がつながるということは、いずれ価値を生むと思います」

——コープさっぽろではどのような人材が求められるでしょうか。

　「われわれの組織は、組合員さんと接しながら新しいアプローチを作っていくことが大事で、それが組織の発展の原動力にもなる。だから、現実を見ながら自分で考える力が必要です。いろんなことに対して、事実に基づいてちゃんと考えられるかどうか。まずいと思ったらまずいと言えて、それに対してこうしたらいいんじゃないですかと提案できることです。自ら問題解決を図る能力がないと、うちの組織では残っていけないかもしれません」

——働く場としてのコープさっぽろはどのような職場だと表現できそうでしょうか。

　「一言でいうのは難しいのですが、大前提は『社会貢献』をする組織なんだということです。出資者である地域の組合員さんが186万人いて、そういう人たちに対する社会貢献を第一義的に考えていかなければいけません。一方で、競争の中で勝っていくためには生産性の問題も大事なので、それに関する指標の比較検証なども必要です。そういった意味である程度の（分析）能力が求められる職場かもしれませんね」

89

TOP interview

〈組織文化診断〉

【解説】インタビュー内でもあったように、組織の雰囲気を「一言で表すのが難しい」ことを反映した分析結果となっています。現状では四つの軸すべてがおよそ同じ値を示し、安定性や柔軟性、組織内部・外部への注目などについて均衡した状況になっています。一方で、理想としての値にはイノベーション文化への傾倒が顕著にみられ、新しいことに挑戦し続け、社会的な課題解決に積極的に取り組んでいきたいとする姿勢を反映しているように見えます。顧客や競合などといった組織外部に目を向けながら、柔軟性をもって仕事に取り組むことにポジティブな人に向いている組織文化だと言えるかもしれません。

＊会社内で共有される価値観や行動志向性を分析するために、組織文化診断ツール（Cameron and Quinn, 2011）を用い、6項目24問に渡るアンケート2種を大見理事長へ実施。

生活協同組合コープさっぽろ
本社：札幌市西区発寒11条5丁目10番1号

- 道内全域に107店舗を展開。店舗事業と「トドック」の宅配事業が主力。
- 設立：1965年設立
- 事業高（売上高）：2806億9869万円（2019年度）
- 資本金：698億2711万円
- 職員数：正規職員（2351人）契約職員（2211名）パート・アルバイト職員（10673人）

（※2020年3月20日現在）

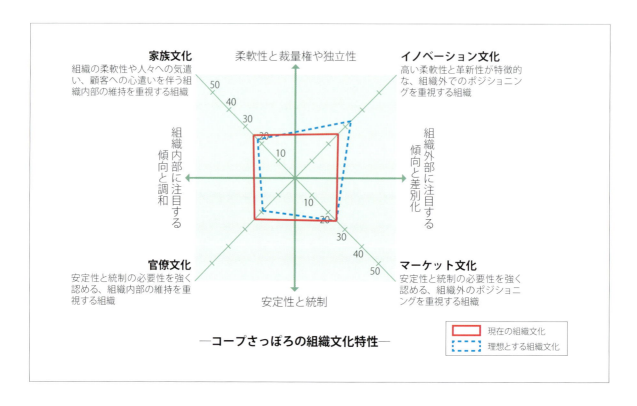

—コープさっぽろの組織文化特性—

DOSHIN JOB HUNTING COURSE

内定はゴールではない。スタートだ！

北海道で働きたい就活生を応援します！

どうしん就活講座

誰でも参加OK！
- 「新聞の読み方」を知り、社会人視点を持つ
- 「問い仮説メソッド」で仕事観を養う

無料講座

希望者限定
エントリーシート添削、模擬面接などで1人1人の就活を丁寧にサポート

新聞で、社会人力を養おう！

志望動機がハッキリ明確になった！

模擬面接の経験が本番で役立った！

ESのコツが分かり、通過できた！

北海道新聞社

講座の詳細はこちらから！

PC・スマホから
どうしん就活講座 検索
https://shukatsu.hokkaido-np.co.jp/

運輸・観光

30 | 鉄道・バス

経営再建中のJR北海道は、2016年に「単独では維持困難」とする10路線13区間を定めた▶廃止・バス転換を求めた5区間のうち、日高線の鵡川―様似間など3区間の廃止が決まった。地元負担を前提に存続を目指す8区間については、年120億円の赤字負担に関する枠組みの議論が続いている▶また新型コロナウイルス流行による乗客減で、JR北海道の経営難は深刻化。同社の全株式は今も独立行政法人が持ち実質国有状態にあることから、政府は21～23年度の3カ年、1300億円の財政支援を実施する。30年度の北海道新幹線札幌延伸へ向け、トンネルなどの工事は本格化している▶一方、道内に計画されている高速道路1825キロのうち、65%の1183キロが完成するなど整備が進んできたことから、都市間高速バスの共同運行も増えている。

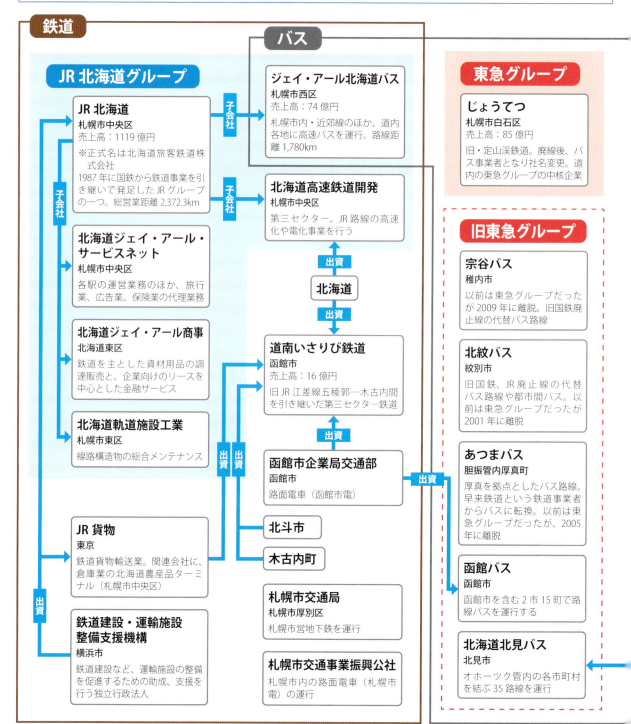

中央バスグループ

北海道中央バス
小樽市
売上高：286億円

乗合バス事業を中心に、建設、清掃・警備、不動産、観光・旅行、飲食、介護福祉、公衆浴場も運営。運行220路線。免許路線5,203km

子会社

空知中央バス
滝川市

空知管内の乗合バス事業。深川、岩見沢に営業所。免許路線145km

札幌第一観光バス
札幌市豊平区

貸切バス、定期観光バスを運行

ニセコバス
後志管内ニセコ町

後志管内の各市町村を結ぶ路線バスを運行

砂川ハイウェイオアシス観光
砂川市

道央道に隣接する砂川ハイウェイオアシス館を運営

北都交通
札幌市中央区

札幌市内から新千歳空港および丘珠空港への空港連絡バス、道内各都市への高速バスの運行

子会社

旧名古屋鉄道グループ

根室交通
根室市

根室交通はかつて名古屋鉄道（名古屋市）を核とする名鉄グループ傘下だったが、1992年に離脱。北都交通グループ傘下となった。

網走バス
網走市

網走バスは同じく名鉄グループだったが、2012年に株式がタカハシ（網走市）へ売却され、地元資本のバス会社となった

子会社

タカハシ
網走市

十勝バス
帯広市

とかち帯広空港への連絡バス、札幌市や旭川市への都市間バス、貸切バスの運行

千歳相互観光バス
千歳市

千歳市内の路線バス、恵庭のコミュニティーバスなどを運行

道北バス
旭川市

旭川市内線や郊外線、北見、帯広、釧路などへの都市間バス、定期観光バスを運行

旭川電気軌道
旭川市
売上高：16億円

かつて旭川市内を中心に電気軌道（鉄道）事業を行っていたが、廃線後、バス事業に

富良野市

出資

ふらのバス
富良野市

富良野市内や旭川空港・旭川駅を結ぶ路線バスの運行のほか、貸切バスの運行

沿岸バス
留萌管内羽幌町

路線バス、札幌と留萌管内天塩町を結ぶ高速バスなど運行

北海道拓殖バス
十勝管内音更町

とかち帯広空港への連絡バスのほか、札幌市、旭川市、釧路空港への都市間バスを運行

くしろバス
釧路市

釧路市近郊の路線バスのほか、札幌市、根室市への都市間バスを運行

阿寒バス
釧路市

釧路管内の路線バスのほか、道東地域を周遊する定期観光バスを運行

道南バス
室蘭市
売上高：31億円

室蘭を中心に、胆振、日高、後志を主要事業地域とするバス会社

夕張鉄道
夕張市

「夕鉄バス」。夕張、江別市でバス事業を展開

子会社

札幌観光バス
札幌市清田区

北海道全域に貸切観光バス事業を展開

東京バスグループ

北海道バス
札幌市清田区

特急ニュースター号を、札幌―釧路、札幌―帯広で運行。北海道観光バス、札幌バスと共に、東京バス（東京）グループ傘下

北海道観光バス
函館市

函館市を中心に道南地区で観光バスを運行

札幌バス
札幌市清田区

北海道全域に貸切バス事業を展開

運輸・観光

31 | 航空

2020年1月に始まった道内7空港一括民営化は、北海道エアポート(HAP)が21年3月、先行した新千歳と旭川を除く5空港の滑走路などの運営業務を始めたことで、空港ビルと空港本体の「上下一体運営」への移行が完了した▶21年度の旅客目標は7空港で計1665万人。新型コロナウイルス禍による航空需要低迷が当面続くとみて、中期事業計画で掲げていた目標の3213万人から大幅に下方修正した▶20〜24年度の7空港への投資を見直し、空港活性化に充てる分を554億円から192億円に圧縮する。日本航空、全日本空輸の航空2強の決算は軒並み大幅に悪化▶AIRDO(エア・ドゥ)は同じく全日空が出資し、九州・宮崎を拠点とするソラシドエアと22年10月をめどに共同持ち株会社を設立、経営統合することで基本合意した。新型コロナウイルス感染拡大後、国内航空会社が再編するのは初めて。統合によるコスト削減を目指し、生き残りを図る。

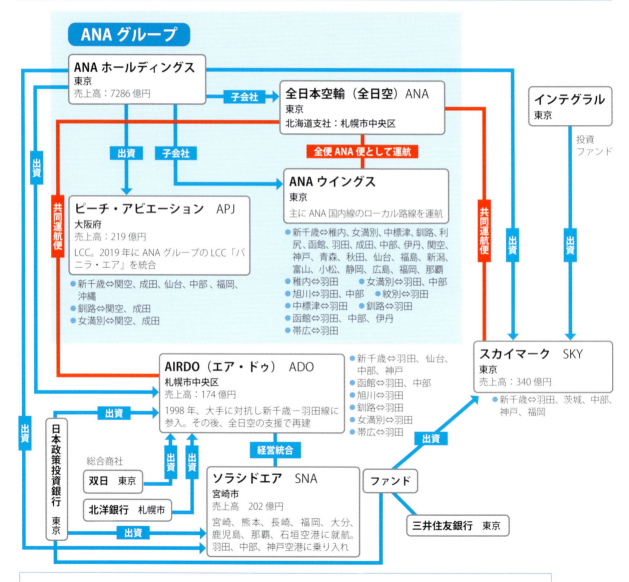

北海道エアポート

千歳市
売上高：320億円

新千歳、稚内、釧路、函館、旭川、帯広、女満別の7空港の運営などを行うために2019年8月、北海道空港(札幌市)を中核に設立された新会社。同年10月、国(国土交通省)、旭川市、帯広市、北海道との間で北海道内7空港特定運営事業等実施契約を締結した。

＜株主＞
北海道空港(札幌市)
三菱地所(東京)
東急(東京)
日本政策投資銀行(東京)
北洋銀行(札幌市)
北海道銀行(札幌市)
北海道電力(札幌市)
サンケイビル(東京)

日本航空(東京)
ANAホールディングス(東京)
三井不動産(東京)
三菱商事(東京)
岩田地崎建設(札幌市)
道新サービスセンター(札幌市)
電通(東京)
大成コンセッション(東京)
損害保険ジャパン(東京)

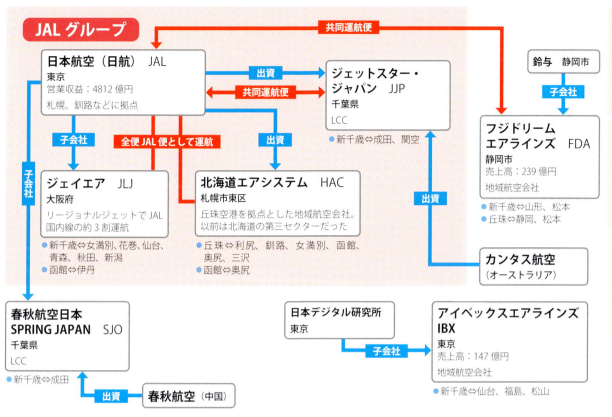
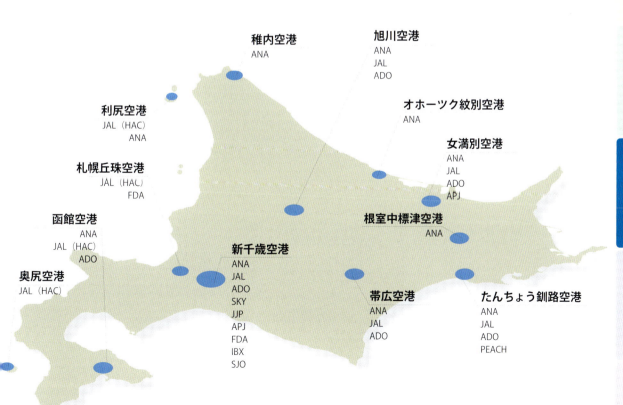

運輸・観光

32 物流・フェリー

貨物輸送の中心を担うトラック業界は、慢性的な運転手不足に加え、労働時間規制が厳格化されたことで、輸送力の低下を余儀なくされている▶道内外を結ぶ内航船・フェリーは、苫小牧港発着が大動脈の航路として発展してきた。苫小牧に押された室蘭港は2008年に一度、定期フェリー航路がなくなったが18年、岩手県宮古市と結ぶフェリー（宮蘭航路）が就航。ただ、貨物輸送が伸び悩み、航路が八戸までに短縮された▶道内と本州を結ぶ青函トンネル区間では、北海道新幹線の高速化に向け、道内農作物輸送の柱である貨物列車の減便や撤退などが浮上しており、注目を集めている▶一方、ネット通販は拡大。国土交通省によると、全国の宅配便の取扱個数は、19年度に43億2300万個となり、過去10年間で約4割増えた。

ロジネットグループ

ロジネットジャパン
札幌市中央区
売上高：651億円
総合的な物流に加えて保管のサービスなど。中央通運（東京）と札幌通運が共同し完全親会社として設立

↓ 完全子会社

札幌通運
札幌市中央区
トラック、鉄道、フェリーを使い陸海空の貨物の輸送

↓ 完全子会社

LNJさくらスマイル
札幌市中央区
札幌市内及び近郊の会社・店舗等の固定ルート集配

日立物流ダイレックス
札幌市西区
売上高：121億円
貨物自動車運送事業など

↑ 完全子会社

日立物流 東京
売上高：6523億円

北海道西濃運輸
札幌市西区
「カンガルー便」に関わる輸送事業

↑ 完全子会社

セイノーホールディングス
岐阜県
売上高：5920億円

エア・ウォーター物流
札幌市豊平区　本店：札幌市中央区
売上高：315億円
貨物自動車運送

↑ 完全子会社

エア・ウォーター
大阪市
売上高：8066億円
産業ガス、エネルギー、農業・食品、物流など多彩な事業を展開

シズナイロゴス
札幌市白石区
サードパーティロジスティクス事業、共同配送、運送。1940年、日高管内静内町で創業

光駿輸送
札幌市清田区
一般貨物自動車運送業

札樽自動車運輸
札幌市中央区
スワロー特急便の名前で北海道を中心として貨物事業を展開

↑ グループ会社

国際興業　東京

札幌定温運輸
札幌市西区
売上高：67億円
貨物自動車運送業など

松岡満運輸
札幌市白石区
売上高：146億円
1949年創業。特別積合わせ運送（路線運送）。関東地区（12店所）東海地区（4店所）近畿・北陸地区（8店所）の24店所から北海道へ

食品物流

共通運送
札幌市白石区
売上高：120億円
食料品の配送から始めたため野菜などの農産物や加工食品の取扱割合が高い

幸楽輸送
札幌市清田区
北海道コカ・コーラボトリング子会社。コカ・コーラ製品の配送が中心

北海道フーズ輸送
札幌市西区
売上高：56億円
青果・食肉・鮮魚・日配食品などの物流業務

ホクレン運輸
札幌市中央区
売上高：189億円
ホクレンの子会社。農畜産物・資材等の貨物輸送業務

ニチレイ・ロジスティクス北海道
札幌市西区
冷蔵倉庫業

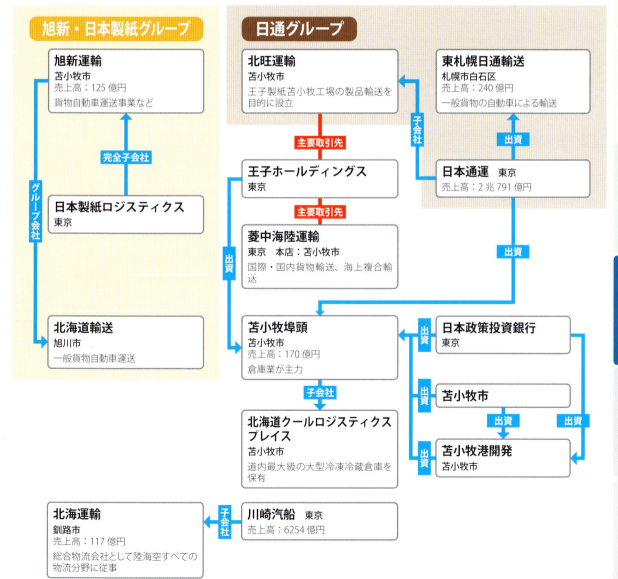

ナラサキグループ

ナラサキ産業
東京　本店：札幌市中央区
売上高：871億円
電機・機械及び建材・燃料の販売と海運関連業務

↓ 出資

ナラサキスタックス
苫小牧市
売上高：147億円
全国規模で輸送業務をサポート。港湾運送事業

新和産業
室蘭市
室蘭の仲町地区内のコンビナート関連輸送・荷役業務

エース
石狩市
売上高：105億円
石狩湾新港地域を本拠地に、北海道内と東北、関東の22ヵ所に営業所を配置

小樽倉庫
小樽市
売上高：75億円
トラック、海上、JRコンテナ輸送。札幌・小樽・苫小牧に常温倉庫、定温倉庫、危険物倉庫、保税蔵置場など各種倉庫を所有

道新ロジスティクス
札幌市中央区
売上高：21億円
貨物利用運送業・商社業

↑ 子会社

北海道ロジサービス
江別市
「コープさっぽろ」のロジスティクス部分を一手に担う

北見通運
北見市
売上高：66億円
オホーツク地域と全国各地を結ぶ総合物流企業

北海道新聞社
札幌市中央区

津軽海峡フェリー　本社：函館市●売上高：102億円●主要株主：ブルーオーシャン（青森市）
青函フェリー　本社：函館市●北日本海運と共栄運輸の共同運航
新日本海フェリー　本社：大阪市、本店：小樽市●売上高：401億円●従業員：455人●主要株主：関光汽船（山口県）、日本郵船（東京）
川崎近海汽船　本社：東京●従業員：陸上136人、海上109人●主要株主：川崎汽船（東京）●売上高：370億円
太平洋フェリー　本社：名古屋市●従業員：290人●主要株主：名古屋鉄道（名古屋市）
商船三井フェリー　本社：東京●売上高：252億円●主要株主：商船三井（東京）●従業員：268人（陸上：93人、海上：175人）
ハートランドフェリー　本社：札幌市中央区
羽幌沿海フェリー　本社：留萌管内羽幌町

運輸・観光

33 | 旅行・観光施設

新型コロナウイルスの流行を受け、業績が急激に悪化した旅行会社は、事業の縮小を余儀なくされている▶最大手のJTBは2021年3月期連結決算で純損益が過去最大となる1051億円の赤字を計上した。グループ従業員7200人削減を柱とする構造改革を進めている。また資本金を1億円に減資し、中小企業の扱いとなることで、税の優遇措置を狙った▶業界2位の近畿日本ツーリストは網走営業所、北見支店、函館営業所の3営業拠点を閉鎖。タカハシグループ（網走）の網走バスが事業を引き継ぐ。HIS、日本旅行なども個人向け対面型店舗を縮小。北海道中央バスは子会社で地場中堅のシィービーツアーズを吸収合併した▶政府は「GO TO トラベル」、道は「どうみん割」という旅行需要の喚起策をそれぞれ打ち出したが、本格的な回復にはなお遠いのが現状だ。

旅行会社

JTB北海道事業部
旅行会社大手。道内20店舗。法人事業がメイン事業

北海道宝島旅行社
札幌市中央区

北海道の観光地づくり、インバウンド対応などにも積極的に取り組む旅行会社。「北海道体験.com」も運営

北海道アクセスネットワーク
札幌市中央区

日帰りバスツアー商品を中心に展開。北都交通（札幌市）のグループ会社

北海道ツアーズ
札幌市中央区

沖縄ツーリストのグループ会社。道外からの北海道ツアー、北海道発ツアーも充実。海外にもグループ企業

札幌ばんけい
札幌市中央区

旅行部門：「わくわくホリデー」

北海道発着商品中心。地域密着の旅行会社。太陽グループ（札幌市）の子会社

道新サービスセンター
札幌市中央区

旅行部門：「道新観光」
売上高：90億円

北海道発着の商品。豪華客船クルーズも。北海道新聞社（札幌市）の子会社

北海道中央バス
小樽市

旅行部門：「シィービーツアーズ」
自社企画のツアー商品を販売

日本旅行北海道
札幌市中央区

旅行会社大手・日本旅行のグループ会社。北海道発着商品を中心に展開

近畿日本ツーリスト北海道
札幌市中央区

旅行会社大手・KNT-CTグループ。北海道発着商品を中心に展開

エイチ・ビー・シー・ビジョン
札幌市中央区

旅行部門：HBCトラベル
売上高：3億円

北海道発着の商品を販売。北海道放送（札幌市）の子会社

テーマパーク・遊園地

登別伊達時代村
登別市

92年4月、江戸時代の街並みを再現して開業

ノーザンホースパーク
苫小牧市

競走馬生産大手のノーザンファームによる馬のテーマパーク

空知リゾートシティ
岩見沢市

北海道グリーンランド（旧三井グリーンランド）を運営

ロープウェー

りんゆう観光
札幌市東区

大雪山層雲峡・黒岳ロープウェイ、札幌藻岩山スキー場を運営

札幌振興公社
札幌市中央区

売上高：20億円

もいわ山ロープウェイ、藻岩山観光自動車道を運営。出資主体は札幌市

函館山ロープウェイ
函館市

1958年創業。函館山ロープウェイ、FMいるかを運営

ワカサリゾート
胆振管内壮瞥町

有珠山ロープウェイ、大雪山旭岳ロープウェイを運営

タワー

五稜郭タワー
函館市

1964年創業。2006年に現在の2代目タワー（107m）が完成

さっぽろテレビ塔
札幌市中央区

1956年創業。塔（147m）の開業は57年。札幌ドーム1階に「ファンズカフェ」を運営

注目業界 / 食 / 資源・エネルギー・製造 / 建設・不動産 / 流通・外食 / 運輸・観光 / IT・メディア・教育 / 金融・サービス

運輸・観光

34 | ホテル・リゾート

道内観光は中国や台湾、韓国などアジアを中心とする外国人観光客の伸びが支えてきた。外国人の延べ宿泊者数が2018年度は360万人と2年前に比べ4割以上増加していた札幌市では、新型コロナを契機にホテルの建設計画の凍結が相次いだ▶北海道新幹線の開業を契機に、ホテル建設が増えていた函館でも見直しが進む。特に外国人客を多く受け入れていた地方の温泉ホテルは大きな打撃を被った▶ただ、ワクチン接種などでコロナ流行が下火になった場合、「3密」を避けられる観光地として道内が再浮上する公算は大きく、体験型観光「アドベンチャーツーリズム」や豊かな食を絡めた観光メニューを策定する動きも出ている▶30年度の北海道新幹線札幌延伸や、札幌冬季五輪誘致の動きもプラス材料だ。

加森グループ

加森観光
札幌市中央区
ルスツリゾート（後志管内留寿都村）、十勝サホロリゾート、ベアマウンテン（十勝管内新得町）、サッポロテイネ（札幌市手稲区）、中山峠スキー場（後志管内喜茂別町）、ニセコグランドホテル（後志管内ニセコ町）、富良野リゾートオリカ（上川管内中富良野町）など

子会社

登別温泉ケーブル 登別市
のぼりべつクマ牧場も運営

北海道マリンパーク 登別市
水族館マリンパークニクス運営

子会社

国際観光バス 札幌市白石区
貸切観光バス事業

支笏湖観光運輸 千歳市
支笏湖観光船を運航

野口グループ

野口観光
登別市
売上高：163億円
登別 石水亭 など

子会社

野口観光マネジメント
登別市
洞爺 湖畔亭（洞爺湖温泉）、層雲峡 朝陽亭（層雲峡温泉）、湯元 啄木亭（湯の川温泉）、緑の風リゾート きたゆざわ（北湯沢）、章月グランドホテル（定山渓温泉）、室蘭プリンスホテル（室蘭市）など

子会社

野口観光ホテルプロフェッショナル学院
苫小牧市
のぐち北湯沢ファーム　伊達市
室蘭ダイハツ販売　室蘭市
北海石油　室蘭市
野口商社　登別市

野口リゾートマネジメント
登別市
神奈川県の箱根、湯河原などでリゾートホテルを展開

鶴雅グループ

鶴雅ホールディングス
釧路市阿寒町
売上高：108億円
グループ持ち株会社

子会社

ホテル山浦
釧路市阿寒町
あかんの森 鶴雅リゾート 花ゆう香（阿寒湖温泉）

子会社

鶴雅観光開発
釧路市阿寒町
しこつ湖鶴雅リゾートスパ 水の謌（支笏湖温泉）、ニセコ昆布温泉鶴雅別荘 杢の抄（後志管内ニセコ町）、函館大沼鶴雅オーベルジュ エプイ（渡島管内七飯町）

子会社

網走北天の丘
網走市
北天の丘 あばしり湖 鶴雅リゾート（網走市）

鶴雅リゾート
釧路市阿寒町
あかん湖 鶴雅ウイングス（阿寒湖温泉）、屈斜路湖鶴雅オーベルジュ SoRa（釧路管内弟子屈町）、定山渓 鶴雅リゾートスパ 森の謌（定山渓温泉）、サロマ湖鶴雅リゾート（北見市）など

子会社

グランマルシェ
お土産オンラインショップ
鶴雅トラベルサービス
旅行会社
Pan de Pan
ベーカリー

100

温泉ホテル（広域展開）

カラカミホテルズアンドリゾート
札幌市中央区
売上高：111億円
ニュー阿寒ホテル（阿寒湖温泉）、洞爺サンパレスリゾート＆スパ（洞爺湖温泉）など

第一寶亭留
札幌市南区
売上高：24億円
定山渓第一寶亭留翠山亭（定山渓温泉）、支笏湖第一寶亭留翠山亭（支笏湖温泉）、フラノ寶亭留（富良野市）など

トーホウリゾート
札幌市中央区
ホテルまほろば（登別温泉）、平成館 しおさい亭（湯の川温泉）など

アンビックス
札幌市中央区
売上高：42億円
小樽朝里クラッセホテル（小樽市）、札幌クラッセホテル（札幌市）、森のゆ ホテル花神楽（上川管内東神楽町）、札幌北広島クラッセホテル（北広島市）など

ぬくもりの宿ふる川
札幌市南区
運河の宿 小樽ふる川（小樽市）、心のリゾート 海の別邸 ふる川（胆振管内白老町虎杖浜）、心の里 定山（定山渓温泉）

萬世閣
胆振管内洞爺湖町
洞爺湖万世閣ホテルレイクサイドテラス（洞爺湖温泉）、登別万世閣（登別温泉）、定山渓万世閣 ホテルミリオーネ（定山渓温泉）など

温泉ホテル（単独地域）

ホテル鹿の湯
札幌市南区定山渓
売上高：21億円
ホテル鹿の湯（定山渓温泉）

北こぶしリゾートグループ
オホーツク管内斜里町
北こぶし知床ホテル＆リゾートなど

第一滝本館
登別市
第一滝本館（登別温泉）

第一ホテル
十勝管内音更町
十勝川温泉第一ホテル 豊洲亭・豆陽亭、十勝川温泉 三余庵

ジャスマックプラザ
札幌市中央区
ジャスマックプラザホテル、すすきの天然温泉 湯香郷、日本料理 花遊膳を運営

登別グランドホテル
登別市
主なホテル・リゾート：登別グランドホテル（登別温泉）

滝乃家
登別市
道内では最初の人工的な露天風呂を造営

JR北海道
札幌市中央区

十勝毎日新聞社
帯広市

明治海運
神戸市

王子ホールディングス
東京

マルセンクリーニング
釧路市

完全子会社 ／ グループ会社 ／ 完全子会社 ／ 完全子会社 ／ 子会社

シティホテル

JR北海道ホテルズ
札幌市中央区
売上高：81億円
シティホテルを2ホテル、宿泊特化型ホテル「JRイン」を7ホテル運営
シティホテル：JRタワーホテル日航札幌、ホテル日航ノースランド帯広

ザ・ウィンザー・ホテルズインターナショナル
胆振管内洞爺湖町
売上高：39億円
ザ・ウィンザーホテル洞爺リゾート＆スパの運営

札幌国際観光
札幌市中央区
センチュリーロイヤルホテル（札幌市）、センチュリーマリーナ函館（函館市）、釧路センチュリーキャッスルホテル（釧路市）

勝毎ホールディングス
帯広市
北海道ホテル（帯広市）運営

ホテルニュー王子
苫小牧市
グランドホテルニュー王子を運営。苫小牧市と津波避難施設の協定も結んでいる

道外・海外資本

グランビスタホテル＆リゾート　東京
売上高：113億円

札幌グランドホテル、札幌パークホテルなどを運営。前身は北海道炭礦汽船の子会社で、現在はサンケイビル子会社

IHG・ANA・ホテルズグループジャパン　東京
インターコンチネンタル ホテルズ グループ（IHG）と全日本空輸株式会社（ANA）の合同会社。ANA クラウンプラザホテルを札幌市、千歳市、釧路市で運営

共立メンテナンス　東京
売上高：1212億円

道内にビジネスホテル「ドーミーイン」を12か所、学生寮を22か所を運営

マイステイズ・ホテル・マネジメント　東京
売上高：744億円

ウィークリーマンションの管理・運営からスタートし、2005年から「マイステイズ」ブランドでホテル事業に参入。道内で札幌、小樽、函館、旭川、名寄にホテルを展開

京王プラザホテル札幌
札幌市中央区

全国展開する京王プラザホテルチェーンとして1982年に開業

ホテルモントレ　大阪市
売上高：372億円

1994年にホテルモントレ札幌、2000年にホテルモントレエーデルホフ札幌を開業

日本ビューホテル　東京
売上高：45億円

東京ドームホテル札幌（1988年開業）の建屋を引き継ぎ、2017年に札幌ビューホテル大通公園を開業

シャトレーゼホールディングス　山梨県
売上高：901億円

2002年からガトーキングダムサッポロ（札幌市北区）を運営

ベルーナ　埼玉県
売上高：2064億円

カタログ通販大手。ホテル業にも進出し、カラカミホテルズから定山渓ビューホテルを買収。札幌にグランベルホテル開業

東急グループ

東急ホテルズ　東京
売上高：275億円

札幌市内に札幌エクセルホテル東急、札幌東急REIホテルを運営

ニセコ東急リゾート
後志管内倶知安町

ニセコグラン・ヒラフスキー場（後志管内倶知安町）を運営

ハイアットホテルズ
世界的ホテルグループ。パークハイアットニセコHANAZONO（後志管内倶知安町）を2020年に開業

スキーリゾート

ニセコで展開

プリンスホテル　東京
売上高：699億円

ホテル業界国内最大手。道内では札幌プリンスホテルのほか、釧路、屈斜路（釧路管内弟子屈町）、新富良野、富良野（富良野市）、函館大沼（渡島管内七飯町）のプリンスホテルを展開

マリオット・インターナショナル
米ホテルチェーン最大手。道内では、東山ニセコビレッジリッツ・カールトン・リザーブ（後志管内倶知安町）のほか、ウェスティンルスツリゾート（後志管内留寿都村）、フォーポイントバイシェラトン函館、キロロトリビュートポートフォリオホテル北海道、シェラトン北海道キロロリゾート（ともに後志管内赤井川村）などを運営

ヒルトン・グループ
世界的ホテルグループ。2008年からヒルトンニセコビレッジ（後志管内倶知安町）を運営

業務委託

キロロリゾートホールディングス
後志管内赤井川村

キロロスノーワールドを運営、タイの不動産の大手が親会社

中央バス観光開発
小樽市

ニセコアンヌプリ国際スキー場を運営

星野リゾート
長野県

リゾナーレトマム（上川管内占冠村）、OMO7旭川を運営

札幌リゾート開発公社
札幌市南区
売上高：9億円

札幌国際スキー場を運営

りんゆう観光
札幌市東区
売上高：4億円

札幌藻岩山スキー場、層雲峡・黒岳スキー場を運営

TOP interview

強みを生かして全国展開
女性目線が活力に

はしもと・ますみ　ロジネットジャパン代表取締役社長。北海道出身。小樽商科大学卒。1996年に経営統合前の札幌通運に入社し、2014年に取締役管理本部副部長。2018年に常務取締役経営企画管理本部長となり、2020年から現職。同じく代表権を持つ木村輝美会長とともに全社的な経営に携わり、さらなる事業基盤の強化にも力を入れる。

ロジネットジャパン
社長　**橋本 潤美**さん

総合物流事業を核に、ミネラルウォーターの製造・販売や旅行事業にも手を広げるロジネットジャパン。物流業にはどうしても男社会のイメージが付きまといますが、同社は早い段階から男女平等の経営を徹底し、現社長も女性です。「ただ物を運ぶこと」だと思われがちな物流事業にあって手広く事業を展開する意図や、物流事業そのものの基本的な価値と魅力、さらには男女平等に代表される人事戦略の狙いなどについて、橋本潤美社長にお聞きしました。

聞き手：白幡来幸（北海学園大学2年）
　　　　髙橋涼夏（北海学園大学2年）
　　　　大塚　保（北海道新聞社）
　　　　佐藤大輔（北海学園大学教授）
〈2021年7月9日取材〉

※写真撮影時以外はマスク着用等の感染症対策を行っています。

103

TOP interview

ライフラインに
付加価値を

──物流事業の魅力とはどのようなものでしょうか。

　物流はライフラインの一つです。例えば「ラストワンマイル」と呼ばれる、皆さんの手元に直接荷物を届ける仕事もありますし、小売店に商品を納めるとか、工場から製品を運んだり、工場に原料を運ぶということも物流の仕事です。生活全般に関わっているということが物流の面白さだと思います。

　当社では、運ぶ途中で荷物を保管したり、より便利に届けられるようにする流通加工にも力を入れています。例えば、倉庫に保管されている商品を必要に応じて箱詰めし、お客様の要望によってはラベルを貼って出荷をします。倉庫で一枚の大きなロールで保管されているカーペットを、注文に応じて、部屋の形に合わせて裁断してホテルやマンションに納めるようなことにも対応しています。このように、どうすればもっと付加価値の高い輸送が提供できるかということを顧客に提案することも仕事の一つです。顧客である企業に事業改善を提案したり、その改革に一緒に取り組むこともありますし、単にA地点からB地点までモノを運ぶだけではないところが物流の面白さなのだと思います。

──グループとして北海道から九州まで全国の輸送ネットワーク網を持ち、高い機動力が強みだとされています。この強みは競合他社に対するどのような優位性につながっているのでしょうか。

　当社は全国で事業会社4社、グループ全体で18社を抱えており、全国エリアをカバーする物流ネットワークを敷設しています。また、トラックやフェリー、JR、飛行機など、あらゆる輸送モードを使って輸送サービスを提供することができます。

　物流業界でいえば当社よりも大規模な企業もありますが、当社では営業や現場、内部管理などの業務上の仕組みが他社よりも緊密にできていると思います。そのため、意思決定も早いですし、大手と遜色ない総合物流のネットワークによるサービスも提供できます。もっと小規模の企業だと、エリアや提供する物流サービスが限定されてしまいます。我々はいわゆる準大手として、より大きな会社にはできない対応の早さを実現できますし、より小さな会社にはない総合的なサービスを提供することができます。このあたりが当社の大きな強みだと思います。

──ミネラルウォーター「ゆきのみず」の製造・販売事業も手掛けていらっしゃいますが、運輸業としての貴社のイメージからは意外な印象です。

　「ゆきのみず」事業を始めたのは2012年の6月ですが、その前年に東日本大震災があり、その時には水不足が問題になりました。もともと、自然志向・健康志向という流れもあって、ミネラルウォーターやペットボトルウォーターの需要は高まっていました。そういう中で震災が起きて、備蓄という観点からも水事業に注目したんです。ミネラルウォーター事業では配送コストが非常に大きなウェイトを占めていますが、当社は配送を自前で用意できます。ここに競争優位性があると考え、この事業を始めました。また、北海道と本州を行き来する荷物の量は、季節によって大きな波動がありますが、年間を

航空便積み込みの様子

レストランシェフにも高い評価を得る「ゆきのみず」

通じて安定した貨物を自分で作ることにもなります。当社の強みを生かしながら、世の中のニーズを取り込んでいくことで事業構造に好循環をもたらそうという意図がありました。

物流企業として北海道へ貢献したい

——帯広畜産大学と産学連携協定を結び、6次産業化のビジネスモデルを構築する研究にも取り組まれています。どんな意図があったのでしょうか。

　食や農業が基幹産業である北海道で、当社が民間企業として何かお役に立てないかと考え、研究の支援などを目的に同大学と産学連携協定を結びました。全国的な農業従事者の高齢化が進む中で後継者問題は重要な課題です。他にも、農業の大規模化に伴う設備投資の負担や、さらには農産物に関する付加価値の創出という6次産業化の問題もあります。これらの問題解決に、当社が民間企業として持っている資源やノウハウを生かせないかと考えたわけです。特に、6次化の問題については、どんな作物にどんな価値をつけることで北海道ブランドとして発信していくことができるのかなど、まだまだこれから研究の必要があると感じています。

——札幌通運と中央通運の経営統合（2005年）で北海道から全国に打って出たことはかなり大きな決断だったと思いますが、今振り返ってみてそれにはどのような意味があったのでしょうか。

　札幌通運としては、北海道で事業を行う上で人口減少の問題を避けて通ることはできません。特に物流事業は、人が少なくなると立ちいかなくなります。一方で、中央通運も関東地区だけではなく全国展開を考えており、ここで考えが一致してロジネットジャパンを設立することになりました。

　今思えば、当時の札幌通運としての道内の仕事だけで事業継続を考えることは難しかったと思います。エリアを広げたということと、両社合わせて輸送モードの幅を広げることができたので、色々なサービスを提供できる会社だと認知されたことも大きかったと思います。全国規模の顧客から少しずつ信用され、仕事を受託できるようになると、それが北海道の物流の仕事の増加にもつな

帯広畜産大との共同研究でのジャガイモ収穫作業

がっていきます。全国で仕事をしていることが、道内の物流事業に貢献するという構図となり、結果として、両社の経営統合は北海道の事業基盤を強化するチャンスになりました。

——社内で活躍できるのはどのような人だとお考えでしょうか。また、入社してくる若者や学生に期待するのはどのようなことでしょうか。

　企画力や発案力、現状について「これでいいのか」ということを常に考える前向きな姿勢が、今後の当社の社員に必要になってくると思います。身近なことを含めて、チャレンジしていく姿勢ですね。当社は物流業なので安全が第一ですが、その上で効率を意識したり新しいサービスを発案していくということが必要です。

　当社では若手の登用を積極的に行っていますが、これはやる気があれば色々なことにチャレンジできる環境があるということと、実際その社員が頑張ってきたということの結果です。当社の執行役員の年齢比率でいえば、6割が40代以下です。社員には、自分で道を切り開いていくことが求められているし、それによって会社も活性化していくと考えています。

チーム力こそが企業の成長力

——他社との競争を勝ち抜く上での強みとはどのようなものでしょうか。

　当然ながら、私一人で会社が成り立っているわけではありません。現場を管理する部署や、コンプライアンスについて常に情報収集しているような部署もあります。

TOP interview

「シゴト」の魅力

　物流業で働くには体力が必要なイメージがあり、私たちは当初から男性優位の業種なのではないかと思っていました。ところがインタビューを通じて分かったのは、男女関係なく発案力や企画力などが重視される業務のウェイトが意外に大きいことです。コンピューターなどではできない、人だからこそできる能力を持つことこそが大切にされる点がとても印象的でした。

　また、インタビューでは意思決定の速さ・サービスの的確さなど、準大手企業だからこその強みに何度か言及がありましたが、その背景に緻密で分析的な思考があることは見逃せないポイントだと思いました。例えば、「ゆきのみず」事業や大学との連携協定などの取り組みは、一見物流事業とは関係のないものに見えますが、これらには物流事業のノウハウを活用したり、閑散期にも物流を止めないための機能としての側面があるとのことでした。このような常識にとらわれない意思決定や判断が行われる背景には、的確な状況分析や事業展開での計算があるように思います。しかも、このような熟慮の結果導かれる「やるべき」ことを実際に実行することは難しいようにも思いますが、それを粛々とやってのけるカルチャーこそが同社の強みなのではないかと思いました。

（白幡）

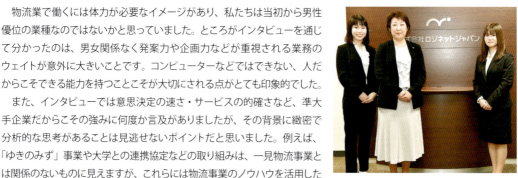

インタビュー後、橋本社長と

　また、会社全体の再編や改革を進める部署や、お客様と直接接する営業などもあります。様々な部署が責任をもって役割を果たし、その結果のうちしかるべきことを私に伝えてくれている。当然、私自身も情報収集したりもしますが、やはり会社総体のチームとして力を高めていくことが大切だと思います。一人の判断で全てがうまくいくわけではなく、それぞれのセクションが自分たちの役割を果たし、総体で知恵を絞り合っていくというチーム力こそが当社の強みだといえるでしょう。

「男女平等」は30年前から

――「男女を問わない評価」を掲げていらっしゃいますが、物流事業は女性よりも男性というイメージです。男女平等の取り組みをあえて進めていく意図や背景はどのようなものでしょうか。

　荷物を運ぶ現場では男性が対応した方が良い仕事もありますが、営業や企画などのような仕事には性別は関係ないと考えています。実は、当社では女性の総合職登用や、男女同一賃金に30年近く前から取り組んできました。先入観で「この仕事は女性にはできない」と決めてしまうのではなく、やるべき仕事の内容を明確にすることで、女性にもできることを示すようにしています。

　ただ、女性優遇を考えているわけではありません。男性でも女性でも関係なくきちんと責任を果たしてもらうというスタンスは徹底しています。採用の段階では、ドライバー職はまだ男性の方が多いですが、事務職・総合職については男女半々です。女性の方がむしろ人数が多い年もありますし、管理職への女性登用率も業界では高いと思います。

――「さくらスマイル引越隊」のような女性にこだわったサービスも展開していらっしゃいますね。

　引越しの打ち合わせや采配では、ご家庭の中でも奥様が中心になることが少なくありません。また、一人暮らしの女性のお客様もいらっしゃいます。引越しはとてもプライベートと関わるサービスですので、女性の目線、女性のお客様の目線に寄り添うような提案や作業ができないかと考えました。そこで「さくらスマイル引越隊」というブランドを立ち上げ、2008年からサービスを提供しました。実際、営業担当者として女性が行くことについては、ご家庭のお客様に非常に好評です。また、事務所の移転などでも、女性の担当者が入ることで細かく目配り気配りがされるようになる点もメリットです。今後は、さらに全国に向けて「さくらスマイル引越隊」を発信していきたいと思っています。

〈組織文化診断〉

【解説】グラフ（下図）は現在・理想ともに正方形に近い形状になっており、このことから全体的に顕著な傾向のない組織文化特性になっていることが読み取れます。独立性を重んじる一方で統制もしっかりとなされていることや、組織内部での調和を重視しながらも外部に向けた差別化も意識されるような組織内の雰囲気が推測されます。いわばバランスの取れた組織文化だと評価することができるでしょう。

現在と理想を比較すると、"現在"では若干の官僚文化への偏りが見られる一方で、"理想"ではイノベーション文化への傾倒が相対的に見られます。現状はどちらかというと官僚的で、仕事をきっちりやる組織、精密機械のような組織だけれども、理想としてはよりイノベーションに向かうようなマーケット（顧客や市場）よりの雰囲気があってもいいと考える方向性が見て取れます。（佐藤）

＊会社内で共有される価値観や行動志向性を分析するために、組織文化診断ツール（Cameron and Quinn, 2011）を用い、6項目24問に渡るアンケート2種を橋本社長へ実施。

──組織文化特性としては、特定の傾向に偏らない、全体的なバランス重視の雰囲気を読み取ることができそうです。

橋本「物流の事業では車を使っていますし、重い荷物を運ぶという事業特性からも安全と規律が本当に第一です。ただ、他方では事業を多角化することも含めて新しいことを考えていかなければなりません。このような意味で、バランスの取れた組織でないと難しいかなと私自身は思っています」

──若干ですが、官僚文化からイノベーション文化へ向かう傾向も見えます。

「そうですね、規律第一は変わりませんが、その上で新しいことにチャレンジして取り込んでいくことを重視しています。特に（グループを取りまとめる）ホールディングスの観点からいえば、もっとチャンスや機会を増やしていきたいと思っています」

株式会社ロジネットジャパン
https://www.loginet-japan.com/
本社：北海道札幌市中央区大通西8-2-6

- 北海道に本社を置き、日本全国を網羅する輸送ネットワークを展開する総合物流企業。
- 設立：2005年10月3日
- 売上高（営業収益）：651億円（連結）
- 資本金：10億円
- 従業員数：2,341名（連結）

（2021年3月現在）

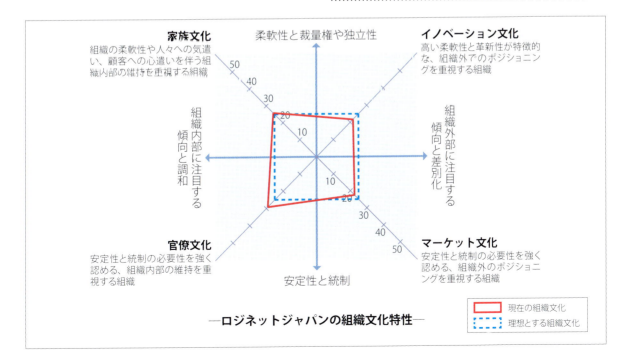

―ロジネットジャパンの組織文化特性―

IT・メディア・教育

35 | IT

北海道 IT 推進協会（札幌）がまとめた「北海道 IT レポート」によると、2020 年度の道内 IT 産業の売上高は前年度比 1.7% 減の 4731 億円と、9 年ぶりに減少する見通しとなった▶ 19 年度までは 5 年連続で過去最高を更新したが、20 年度は新型コロナウイルス感染拡大の影響で製造業を中心に受注量が減少した▶ 19 年度の従業者総数は 2 万 2291 人と推計され、道内製造業合計の 13% を占める雇用吸収力を持つ▶札幌の IT 産業が発展する契機となったのは、北大の研究者や学生が立ち上げた「北海道マイクロコンピュータ研究会」。札幌駅北口や札幌市が造成した厚別区の工業団地「札幌テクノパーク」で北大 OB らの起業が相次ぎ、2000 年ごろ「サッポロバレー」として全国的に知られるようになった。

上場企業（親会社含む）

コムシス・つうけんグループ

コムシスホールディングス
東京
売上高：5632 億円
東証 1 部。NTT 向け電気通信工事が柱

↓ 完全子会社

つうけん
札幌市中央区
売上高：559 億円
道内情報通信設備最大手。2010 年、コムシス傘下に

↓ 完全子会社

つうけんアドバンスシステムズ
札幌市中央区
売上高：76 億円
ソフトウェア開発、IT サービスの保守・運用

↓ 完全子会社

ヴァックスラボ
札幌市中央区
売上高：18 億円
医療系システム開発など

北海道日立システムズ
札幌市中央区
システム構築、ネットワークサービスなど

↑ 子会社

日立製作所 東京
売上高：8 兆 7291 億円
東証 1 部

北海道ＮＳソリューションズ
札幌市中央区、室蘭市
売上高：57 億円
情報システムの設計、運用など

↑ 完全子会社

日鉄ソリューションズ 東京
売上高：2519 億円
東証 1 部

CE ホールディングス
札幌市白石区
売上高：106 億円
東証 1 部。傘下に電子カルテシステム開発のシーエスアイ

NTT グループ

NTT（日本電信電話） 東京
売上高：11 兆 9439 億円
東証 1 部

↓ 子会社

NTT 東日本－北海道
札幌市中央区
売上高：197 億円
NTT 東日本の地域子会社として 1988 年に設立。札幌市のほか、南支店（函館市）、道北支店（旭川市）、道東支店（帯広市）を有す

子会社 →

エヌ・ティ・ティ・データ（NTT データ）
東京
売上高：2 兆 3186 億円
東証 1 部

↓ 完全子会社

NTT データ北海道
札幌市中央区
NTT データの完全子会社として 2003 年に設立。データ通信システムの設計・開発

エクシオグループ
東京
売上高：5733 億円
東証 1 部。通信インフラなど整備

↓ 完全子会社

エクシオ・エンジニアリング北海道
札幌市豊平区
電気通信設備工事。東邦通信とエコス北栄が合併

↓

北第百通信電気
札幌市豊平区
音声コミュニケーション CTI 関連システムの構築・運用

ウェルネット
札幌市中央区
売上高：88 億円
東証 1 部。高速バスなどの決済大手。一高たかはし（現いちたかガスワン）のガス料金計算子会社が発祥。2021 年、本社を東京から札幌に戻した

さくらインターネット
大阪市
売上高：221 億円
東証 1 部。石狩市などでデータセンター運営

↓ 子会社

ビットスター
札幌市中央区
サーバー関連事業、Web デザインなど

ミライト・ホールディングス
東京
売上高：4637 億円
東証 1 部。通信工事が主力で中堅 3 社が統合

↓ 子会社

ミライト・モバイル・イースト
札幌市東区
情報通信エンジニアリング。日進通工から社名変更

アルゴグラフィックス 東京
売上高：434 億円
東証 1 部

↓ 完全子会社

AIS 北海道
札幌市北区
設計支援（CAD）、解析（CAE）技術

キューブシステム 東京
売上高：147 億円
東証 1 部

↓ 子会社

北海道キューブシステム
札幌市中央区
売上高：8 億円
システム構築、コンサルティングなど

108

新興市場

エコモット
札幌市中央区
売上高：28億円
東証マザーズ。融雪システム遠隔監視や工場現場の安全管理をITで支援

KDDI 東京 ──出資→

JIG-SAW
東京　本店：札幌市北区
売上高：21億円
東証マザーズ。クラウドやサーバーなどの自動監視システム展開

フュージョン
札幌市中央区
売上高：12億円
札証アンビシャス。購買データ分析などITマーケティング

──出資→

調和技研
札幌市北区
人工知能開発。北大発ベンチャー

SCSK 東京
売上高：3968億円
東証1部。ITサービス大手。住友商事子会社

──完全子会社→

SCSK北海道
札幌市中央区
受託ソフトウエア開発

サクサホールディングス 東京
売上高：365億円
東証1部。セキュリティシステム

子会社

ファイバーゲート
札幌市中央区
売上高：84億円
東証1部。Wi-Fiアクセスサービス大手

サッポロバレーの源流

システム・ケイ
札幌市東区
監視・防犯カメラシステム開発

DMG森精機
日本営業本社：名古屋市
売上高：3282億円
東証1部。工作機械大手

──完全子会社→

ビー・ユー・ジー DMG森精機
札幌市厚別区
売上高：26億円
ソフトウエア制作。サッポロバレーの源流となる企業の一つ。2008年に森精機の傘下入り

クリプトン・フューチャー・メディア
札幌市中央区
歌声合成ソフト「初音ミク」など開発・販売。ビジネス創出イベント「ノーマップス」にも力

インフィニットループ
札幌市中央区
仮想現実(VR)や拡張現実(AR)、スマートフォン向けゲームやブラウザゲーム開発

ダットジャパン
札幌市中央区
建築／土木系システム開発、コールセンター向けシステムサービス

メディア・マジック
札幌市中央区
バス走行確認システム、人々小アプリ開発

オープンループ
札幌市中央区

アジェンダ
札幌市北区
売上高：6億円
旅行業支援システムなど開発

デジック
札幌市中央区
ニアショア(国内の地方へのシステム開発委託)に力

老舗システム会社

HBA
札幌市中央区
売上高：215億円
1964年設立。システム開発・運用など手掛け道内外に拠点

ジャパンテクニカルソフトウェア
東京・札幌市北区
売上高：71億円
札幌ソフトウェアセンターとして1970年創業。電力・交通など大規模システムやカーナビシステムなど開発

HDC
札幌市中央区
1971年北海道銀行と富士通が提携し「北海道電子計算センター」として誕生

──出資→

アイ・ティ・エス
札幌市中央区
電子カルテや医療請求システムなど手掛ける

──出資→

モロオ
札幌市中央区
医療機器卸

北都システム
札幌市厚別区
自動車・医療関連のソフト開発など

日本アイ・ビー・エム デジタルサービス 東京
旧拓銀のシステム部門を引き継いだISOL(札幌市)など3社が統合

109

地方に拠点

グローバル・コミュニケーションズ
函館市

システム開発やハードウエア保守。企業主導型保育園も展開

コンピューター・ビジネス
旭川市

データセンター運営、交通系システム開発

I・TEC ソリューションズ
苫小牧市

データセンター運営、グループウエア。行政向けシステム

サンエス電気通信
釧路市

道東地域を拠点に IT インフラの整備を展開

ハイテックシステム
恵庭市

計測、制御のシステム、ソフトウェア開発

アートシステム
札幌市白石区

行政向けシステムに強み

エクサネットＨＡＬ
札幌市厚別区

パッケージソフトウェアの開発・販売

テクノラボ
札幌市厚別区

カーナビ用地図データなどの組み込みシステム開発。北武グループ（札幌市）が出資

パブリックリレーションズ
札幌市中央区
売上高：5 億円

受託ソフトウェアなど開発

ユニオンデーターシステム
札幌市白石区

システム開発、受託計算、データ入力・加工、パッケージソフトの開発

アドヴアンスト・ソフト・エンジニアリング
札幌市厚別区

人・モノ・場所一括管理クラウド型サービス「よやくじら」

北海道総合技術研究所
札幌市中央区
売上高：6 億円

流通や福祉分野などのシステムやソフトを開発。通称 HIT 技研

完全子会社

テクノウイング
札幌市中央区
売上高：4 億円

システム開発受託

メディカルシステムネットワーク
札幌市中央区

調剤薬局

大丸
札幌市白石区

文具卸

AI・ブロックチェーン

サンクレエ
札幌市中央区

販売支援システム開発。人工知能研究も

テクノフェイス
札幌市中央区

人工知能研究開発

出資

北海道アルバイト情報社
札幌市中央区

INDETAIL（インディテール）
札幌市中央区

仮想通貨などの情報管理に使われるブロックチェーン技術を開発

ファーストブレス
札幌市北区

地域医療連携システム

バーナードソフト
札幌市中央区

ブロックチェーン技術を用いた、システムやネットワーク監視

テレ・マーカー
札幌市中央区

ISP、レンタルサーバーなど、総合 IT コンサル業

アットマークテクノ
札幌市北区

省電力組み込み CPU ボードおよび IoT ゲートウェイの開発・製造・販売

ダイアモンドヘッド
東京、札幌市中央区

ファッション＆アパレル EC サイト制作。北海道コンサドーレ札幌の公式トップパートナー

Gear8（ギアエイト）
札幌市中央区

Web サイトのデザイン・コーディング及び構築

ソフテック
札幌市西区

図書館システムパッケージなど販売

北海道電子機器
札幌市東区

計測、監視用ハードウェア・ソフトウェア開発

出資

出資

顧客管理・業務管理

北明システム
札幌市中央区

業種向け専門ソフトウェアの開発・販売

SOC（エスオーシー）
札幌市厚別区
売上高：24 億円

財務会計、商品管理など業務系システムを開発

GSI（ジーエスアイ）
東京、札幌市北区

企業経営に不可欠な基幹システムの集合体（ERP）の開発

流研
札幌市中央区
売上高：7 億円

食品製造販売統合システムなど開発

ウイン・コンサル
札幌市中央区

銀行システム構築など

出資

キットアライブ
札幌市北区

クラウド型顧客管理システム「セールスフォース」導入支援

日本トータルシステム
札幌市厚別区
売上高：4 億円

グループウェアの開発・販売

IT・メディア・教育

36 | 出版・書店

出版社の書籍・雑誌は取次と呼ばれる卸を介して書店に配本される。全国出版協会・出版科学研究所によると、国内の書籍・雑誌の推定販売金額は、1996年の2兆6563億円をピークに縮小が続き、2020年は1兆6168億円に減少。市場が4割縮んだ▶ただ、「鬼滅の刃」など好調なコミックと電子書籍の伸びに支えられ、19、20年は2連連続のプラス成長となり、復活の兆しも見えている▶道内の出版業界は、北海道新聞社、亜璃西社などが幅広いジャンルの本を出版。財界さっぽろやえんれいしゃ、あるた出版などもビジネス誌・タウン誌を中心に地域色あふれる出版物を展開している▶書店の地場最大手は、札幌や釧路などでコーチャンフォーを展開するリリィアブル。紀伊國屋書店や丸善ジュンク堂、三省堂書店といった全国大手も札幌を中心に出店する。

書籍系出版社

北海道新聞社 札幌市中央区
「北海道新聞」「道新スポーツ」発行、書籍・雑誌を年間約40点出版

北海道出版企画センター 札幌市北区
松浦武四郎選集など

エイチエス 札幌市中央区
建築・ビジネス・実用書など

柏艪舎 札幌市中央区
丸山健二全集など

響文社 札幌市中央区
文学・地域論などの書籍

寿郎社 札幌市北区
社会問題系の書籍が多い

中西出版 札幌市東区
絵本「おばけのマール」など

亜璃西社 札幌市中央区
ガイド本、郷土文化、文芸、写真集など幅広い分野の書籍

エアーダイブ 札幌市中央区
漫画「義男の空」「札幌乙女ごはん。」など

地勢社 札幌市中央区
地図、ロードマップの書籍など

藤田印刷 釧路市
印刷会社。郷土史や社会問題系の書籍を発行

北海道大学出版会 札幌市北区
北大の研究者による学術書中心

共同文化社 札幌市中央区
画集、自分史など。アイワード子会社

クルーズ 札幌市中央区
「宿泊北海道」が有名

かりん舎 札幌市豊平区
教育系・美術系の書籍など

雑誌系出版社

えんれいしゃ 札幌市中央区
雑誌「poroco」。北海道空港子会社

リクルート北海道じゃらん 札幌市中央区
「北海道じゃらん」など

太陽 札幌市中央区
「道民雑誌クォリティ」など

あるた出版 札幌市中央区
雑誌「O.ton」など

ぶらんとマガジン社 札幌市中央区
雑誌「HO」など

ナチュラリー 札幌市中央区
ネイチャー雑誌「faura」

財界さっぽろ 札幌市中央区
「財界さっぽろ」など

北海道アルバイト情報社 札幌市中央区
「アルキタ」など

札促社 札幌市西区
住宅雑誌「Replan」など

北海道協同組合通信社 札幌市中央区
酪農専門誌「デーリィマン」など

ソーゴー印刷 帯広市
印刷会社。出版部門クナウマガジンがあり、雑誌「スロウ」など発行

書店・取次

リリィアブル 釧路市
売上高：157億円
書店を核とした複合大型店「コーチャンフォー」を展開。札幌3店、釧路、旭川、北見、東京に各1店。「リリィアブルブックス」は釧路2店、根室1店

ザ・本屋さん 帯広市
帯広に3店、音更、芽室、室蘭に各1店

いわた書店 砂川市
「一万円選書」が有名

図書館ネットワークサービス
＜TONEX＞ 札幌市西区
北見市の「福村書店」運営。図書館の図書装備などの二次取次

エコノス 札幌市白石区
売上高：37億円
「BOOK OFF」の道内フランチャイズ17店運営

旭川冨貴堂 旭川市
道内老舗書店。旭川2店、名寄1店の計3店

ブックオフグループホールディングス 神奈川県

ハードオフコーポレーション 新潟県

コア・アソシエイツ 札幌市東区
道内地場の取次。コンビニ、キヨスクに強い

オカモトホールディングス 帯広市
ブック＆ライブカフェ「岡書」（帯広市）、「岡本書店」（恵庭市）、「TSUTAYA」（FC）など

北海道教科書供給所 石狩市
道内地場の取次。教科書、学習参考書などに強い

出資

IT・メディア・教育
37 マスメディア

新聞社では北海道新聞が全道シェアトップを占める▶全国紙の部数は読売新聞、朝日新聞、日本経済新聞、毎日新聞の順。地方紙では十勝毎日新聞や室蘭民報、苫小牧民報が強く、業界紙の日本農業新聞や北海道建設新聞も一定の読者を抱える。一方、人口減や労務難で新聞業界に逆風が吹いており、千歳民報や根室新聞などが休刊した▶テレビ局は地上デジタルテレビ放送の投資が一段落し、本社新築の動きが活発化。北海道テレビ、北海道放送、NHKの3社が札幌市内で相次いで移転した▶スマホアプリ「ラジコ」の普及などで復権が進むラジオ局は、化粧品・健康食品販売の北の達人コーポレーションが、エフエム・ノースウェーブを傘下に収めた。各地のコミュニティーFM局も独自色を発揮する。

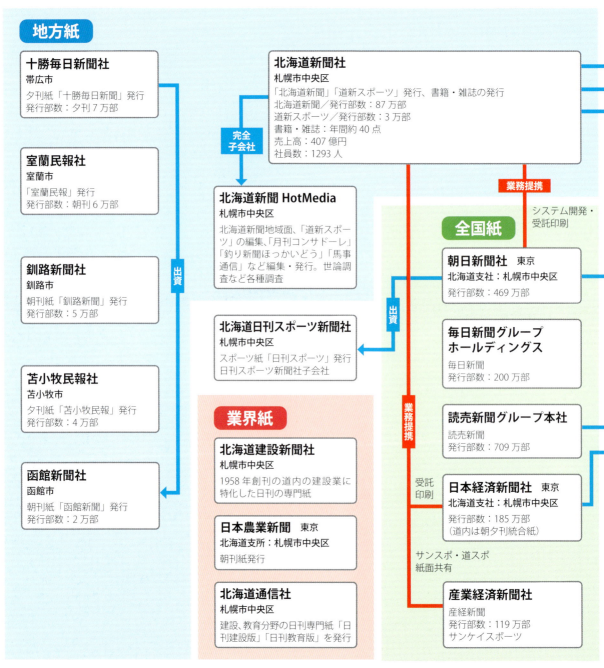

※全国紙と北海道新聞社の発行部数は日本ABC協会（2021年6月）、地方紙の発行部数は自社HPならびに全国郷土紙連合の公表部数

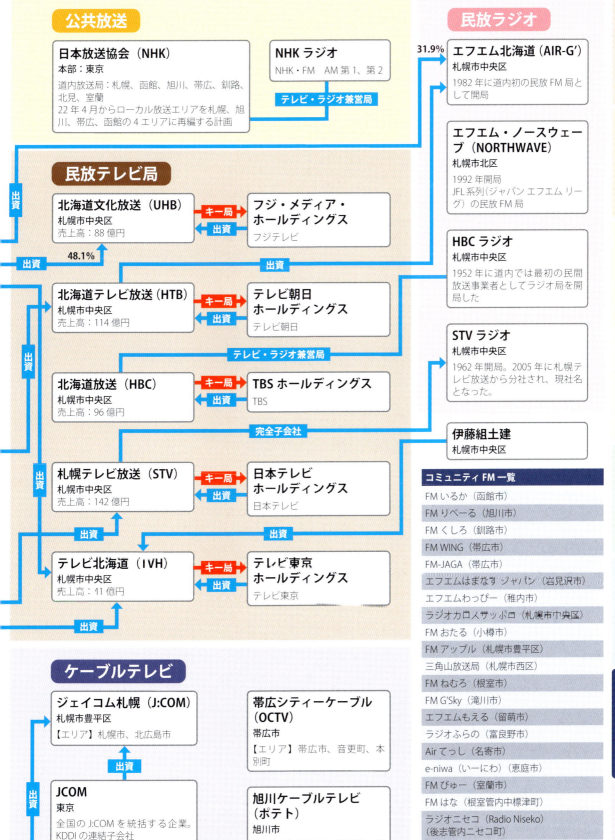

38 | 印刷

IT・メディア・教育

矢野経済研究所によると、2019年度の国内一般印刷市場規模は、事業者売上高ベースで前年度比0.4％減の3兆4390億円。13年度比では4.7％減少した▶同研究所はコロナ禍の20年度の市場を前年度比7.1％減の3兆1940億円と予測。約10％落ち込んだリーマンショック以来の減少幅を見込んでいる▶紙分野への印刷需要の低迷を受け、道内にも事業拠点を持つ凸版印刷と大日本印刷の国内大手2社は、印刷技術を応用した半導体の生産材や包装材の生産に力を入れる。道内地場業者は新型コロナによるイベント自粛の影響で、チラシなど商業印刷分野で大きな影響を受けた▶道内最大手の総合商研は、インターネットに無線接続するWi-Fiを開始。各社ともペーパーレス化が進むデジタルトランスフォーメーション（DX）をにらみ、新規事業の参入を模索している。

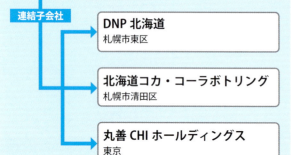

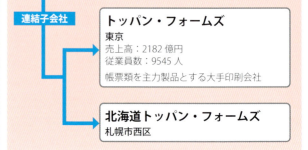

総合商研
札幌市東区
売上高：159億円
フリーペーパー「ふりっぱー」などを発行、年賀状印刷も強い道内大手印刷業者

須田製版
札幌市西区
チラシやカタログ、ポスター、雑誌・書籍などからデジタル分野まで幅広く展開。道内大手印刷業者

アイワード
札幌市中央区
売上高：37億円
書籍や図録などに定評がある総合印刷業者。古写真の再現は国内最先端の技術力

子会社 → **共同文化社** 札幌市中央区

山藤三陽印刷
札幌市西区
1896年（明治29年）創業の山藤印刷と旧拓銀系の三陽印刷が2004年に合併した総合印刷業者

出資 → **合同会社 実力養成会** 札幌市白石区

龍文堂
札幌市手稲区
冊子、カタログのほかWEBなどデジタル分野も展開する総合印刷業者

恵和ビジネス
札幌市中央区
売上高：44億円
帳票類を主力とする印刷業者。システム開発や情報処理などIT事業も

東洋
帯広市
売上高：32億円
道内4カ所の拠点を持つ総合印刷業者。WEB制作やイベント企画なども手掛ける

プリプレス・センター
札幌市中央区
売上高：20億円
紙だけでなくさまざまな素材に印刷、パッケージ加工製造なども行う印刷業者

IT・メディア・教育

39 | 広告

広告最大手の電通がまとめた「日本の広告費」によると、2020年の日本の総広告費は前年比11.2%減の6兆1594億円となり、東日本大震災が発生した11年以来、9年ぶりのマイナス成長。2ケタのマイナスはリーマン・ショックの余波を受けた09年以来で、新型コロナウイルスの影響でイベントや販促キャンペーンの中止が増加したことが要因▶19年の調査でインターネット

広告費が初めてテレビ広告費を抜き、20年はネット広告費が5.9%増の2兆2290億円、テレビ広告が11.0%減の1兆6559億円と差が拡大した▶テレビに新聞、雑誌、ラジオを加えたマスコミ4媒体広告費は、13.6%減の2兆2536億円だった。道内の広告業界は電通子会社の電通北海道がトップで、折込チラシのシェアが高い道新サービスセンターが続く。

道内に本社がある企業　※一般社団法人 北海道広告業協会 正会員社のみ掲載(新聞社の関連企業は別掲)　※五十音順

I−PRO 札幌市中央区	**英広社** 札幌市中央区	**新生** 札幌市中央区 釧路、帯広、苫小牧に拠点	**バリオン** 札幌市中央区 東京、仙台にも営業所を持つ
アド・ケインズ 札幌市中央区	**エヴァンス** 札幌市中央区	**創文** 札幌市中央区	**ピーアールセンター** 札幌市中央区 東京に支社を持つ
アド三広 札幌市中央区	**えんれいしゃ** 札幌市中央区 北海道空港(本社:札幌市)グループ	**電通北海道** 札幌市中央区 国内業界最大手・電通(東京)のグループ会社。支社は函館に設置	**北海道PR通信社** 札幌市中央区
アド・ビューロー岩泉 札幌市北区	**弘報案内広告社** 札幌市中央区	**ノヴェロ** 札幌市中央区 旭川、函館、釧路、帯広に支社	**北海道博報堂** 札幌市中央区 業界大手・博報堂DYホールディングス傘下の博報堂(東京)のグループ会社
インサイト 札幌市中央区 売上高:19億円 青森にも拠点を置く。2008年札証アンビシャスに上場	**サン広告社** 札幌市中央区		

道内に所在する新聞社の関連企業　※一般社団法人 北海道広告業協会 正会員社のみ掲載

〈北海道新聞社グループ〉

道新サービスセンター
札幌市中央区
売上高:90億円
営業所は東京、千歳、苫小牧、北見。北海道新聞の折込業務や保険、旅行事業を展開

北日本広告社
札幌市中央区、釧路市、旭川市
売上高:61億円
1957年釧路で創業。拠点を拡大し、3本社と東京、小樽、北見、帯広、苫小牧で展開

〈読売新聞社グループ〉

読売IS北海道支社
東京　支社:札幌市中央区
読売新聞のチラシ折込業務が主体。旭川と帯広に営業所を置く

読売エージェンシー 北海道支社
東京　支社:札幌市中央区
読売新聞東京本社の100%子会社

〈朝日新聞社グループ〉

北海道朝日広告社
札幌市中央区
1998年に分社設立。保険事業も営む

朝日サービス
札幌市中央区
朝日新聞の北海道地区の折込広告を取り扱う

〈北海道日刊スポーツ新聞社グループ〉

日刊スポーツプロモーション
札幌市中央区
「日刊ゲンダイ」北海道版の発行も行う

〈毎日新聞社グループ〉

北海道毎日サービス
札幌市中央区
毎日新聞の折込業務が主体

〈日本経済新聞社グループ〉

日本経済社 札幌支社
東京　支社:札幌市中央区
住宅展示場「北海道マイホームセンター」の企画運営も担う

道内に事業所を置く道外企業　※一般社団法人 北海道広告業協会 正会員社のみ掲載(新聞社の関連企業は別掲)　※五十音順

ADKマーケティング・ソリューションズ 北海道支社 東京　支社:札幌市北区	**京橋エイジェンシー 札幌支社** 東京　支社:札幌市中央区	**サンライズ社 札幌支店** 東京　支店:札幌市中央区	**東急エージェンシー 北海道支社** 東京　支社:札幌市中央区
オリコム 札幌支社 東京　支社:札幌市中央区	**近宣 札幌支社** 大阪市　支社:札幌市中央区	**DGコミュニケーションズ 札幌支社** 東京　支社:札幌市中央区	**読売広告社 札幌支社** 東京　支社:札幌市中央区
	廣告社 札幌支社 東京　支社:札幌市中央区		

IT・メディア・教育

40 | 大学

少子化を背景としたし烈な学生獲得競争の影響を受けて、道内では地方に立地する私立大学などで定員割れ傾向が続く。この中で、苫小牧駒澤大学は京都育英館（京都市）の傘下に入り北洋大学となり、育英館（京都市）の支援を受ける稚内北星学園大学は2022年に育英館大学へと名称変更予定である▶道央圏の私立大学でも、札幌学院大学が新札幌地区に新しくキャンパスを開いた他、日本医療大学が清田区から豊平区へキャンパスを移転させるなど、より恵まれた立地での生き残りをかける▶国公立大学では2022年に小樽商科大学、帯広畜産大学、北見工業大学が統合され、「北海道国立大学機構」として（各校の名称や学部は継続方針）再スタートを切る予定。一方で、室蘭工業大学で航空宇宙分野での連携事業が活発に進むなど、特色ある取り組みも見られる。

国立大学・高専

北海道大学
経常収益：993億9200万円
当期総利益：11億7400万円

北海道教育大学
経常収益：109億5700万円
当期総利益：1億2600万円

| 札幌校 | 旭川校 | 釧路校 |
| 函館校 | 岩見沢校 | |

旭川医科大学
経常収益：305億7900万円
当期総利益：9億5500万円

2022年4月に「国立大学法人北海道国立大学機構」として統合予定

小樽商科大学
経常収益：31億7400万円
当期総利益：2300万円

帯広畜産大学
経常収益：48億1600万円
当期総利益：4600万円

北見工業大学
経常収益：40億6500万円
当期総利益：7000万円

室蘭工業大学
経常収益：54億3500万円
当期総利益：1億800万円

道内4高専

| 函館工業高等専門学校 | 釧路工業高等専門学校 |
| 苫小牧工業高等専門学校 | 旭川工業高等専門学校 |

公立大学

札幌市立大学
経常収益：21億7600万円
当期総利益：1億1000万円

釧路公立大学

公立千歳科学技術大学

名寄市立大学

札幌医科大学
経常収益：356億8200万円
当期総利益：▲1億4300万円

公立はこだて未来大学
経常収益：24億8100万円
当期総利益：1億900万円

国公立大学の「経常収益」と「当期総利益」

国公立の大学における会計は企業会計とは異なる会計処理基準に従っている。このページで示されている「**経常収益**」には、国や自治体などから得られる運営費交付金や、学生からの授業料収益などが含まれており、（企業会計でいうところの）**売上高**に近いものである。

一方で「**当期総利益**」はこの経常収益から経常費用（教育や研究に関わる経費等を含む）などを差し引いた最終的な利益額で、企業会計でいう**当期純利益**に近いものといえる。ただし、大学はそもそも利益を目的としていないので、これが高ければ一概によいというものではない。

私立大学

北海学園 札幌市豊平区
教育活動収入：116億5000万円
経常収支：1億2500万円

- 北海学園大学
- 北海商科大学
- 北海高校 —推薦枠→ 北海学園大学／北海商科大学
- 北海学園札幌高校 —推薦枠→ 北海学園大学／北海商科大学

9大学単位互換協定

札幌大学 札幌市豊平区
教育活動収入：31億3100万円
経常収支：▲2億6500万円
- 札幌大学（女子短期大学部）

札幌国際大学 札幌市清田区
教育活動収入：20億6100万円
経常収支：▲10億7100万円
- 札幌国際大学（短期大学部）

北星学園 札幌市厚別区
教育活動収入：66億9300万円
経常収支：▲2億8800万円
- 北星学園大学（短期大学部）
- 北星学園大学付属高校 —推薦枠→
- 北星学園女子高校
- 北星学園余市高校 —進学枠→

北海道科学大学 札幌市手稲区
教育活動収入：91億4500万円
経常収支：▲2億2400万円
- 北海道科学大学（短期大学部）
- 北海道科学大学高校 —推薦枠→
- 北海道自動車学校

酪農学園 江別市
教育活動収入：77億4900万円
経常収支：▲1600万円
- 酪農学園大学
- とわの森三愛高校 —推薦枠→

藤学園 札幌市北区
教育活動収入：35億5100万円
経常収支：▲5億4800万円
- 藤女子大学
- 藤女子高校 —推薦枠→

北翔大学 江別市
教育活動収入：29億800万円
経常収支：▲2億1700万円
- 北翔大学（短期大学部）

電子開発学園 江別市
教育活動収入：42億1700万円
経常収支：2億5900万円
- 北海道情報大学
- 北海道情報専門学校

札幌学院大学 江別市
教育活動収入：28億2800万円
経常収支：▲6億2400万円
- 札幌学院大学

天使学園 札幌市東区
教育活動収入：14億8500万円
経常収支：5100万円
- 天使大学

淳心学園 札幌市中央区
教育活動収入：5億5700万円
経常収支：▲1億8600万円
- 北海道千歳リハビリテーション大学

吉田学園 札幌市中央区
教育活動収入：33億1400万円
経常収支：6200万円
- 札幌保健医療大学
  他に大学校3校、専門学校2校

日本医療大学 札幌市豊平区
教育活動収入：14億3500万円
経常収支：▲9700万円
- 日本医療大学

東海大学 東京
教育活動収入：1402億2300万円
経常収支：42億9300万円
- 東海大学札幌キャンパス（札幌市南区）

札幌大谷学園 札幌市東区
教育活動収入：23億9000万円
経常収支：▲4億700万円
- 札幌大谷大学（短期大学部）
- 札幌大谷高校

117

育英館 京都市

理事長兼任 → / 理事長兼任 →

北辰学堂
稚内市
教育活動収入：2億1200万円

稚内北星学園大学

※2022年4月に「育英館大学」へ名称変更

京都育英館
京都市
教育活動収入：15億7100万円
経常収支：▲2500万円

北洋大学（苫小牧市）
※2021年に「苫小牧駒澤大学」から名称変更

京都看護大学（京都市）

北海道栄高校

旭川大学　旭川市
教育活動収入：18億6700万円
経常収支：▲2億1600万円

旭川大学（短期大学部）　**旭川大学高校**

旭川大学情報ビジネス専門学校

東京農業大学　東京
教育活動収入：278億800万円
経常収支：25億6800万円

東京農業大学 北海道オホーツクキャンパス（網走市）　**東京情報大学（千歳市）**

他に高校3校

野又学園
函館市
教育活動収入：21億2400万円
経常収支：▲2億9200万円

函館大学

函館短期大学

他に高校2校、専門学校3校など

日本赤十字学園
東京
教育活動収入：63億6700万円
経常収支：▲3億7400万円

日本赤十字北海道看護大学（北見市）

他に全国5大学

東日本学園
石狩管内当別町
教育活動収入：88億5700万円
経常収支：▲2億300万円

北海道医療大学

鶴岡学園
恵庭市
教育活動収入：30億9000万円
経常収支：▲2億1400万円

北海道文教大学

北海道文教大学明清高校

北海道星槎学園
北広島市
教育活動収入：12億9000万円
経常収支：▲1億1000万円

星槎道都大学

私立大学の「収入」と「経常収支」
　私立の大学や高校などの学校における会計は、企業会計とは異なる**学校法人会計**と呼ばれる会計処理基準に従っている。「**教育活動収入**」は教育活動収支における事業活動収入のことで、企業会計でいう**売上高**に近いものである。これには、学生や生徒が納める学費（授業料）等である学生生徒等納付金や、文科省等からの補助金に当たる経常費等補助金などが含まれている。
　「**経常収支**」は経常収支差額のことで、企業会計でいう**経常利益**に近いものになる。これは、教育活動以外のものを含む経常的な事業活動における収支差額（教育活動収支および教育活動外収支－事業活動支出）を意味している。

短期大学（四年制大学が併設している短期大学部を除く）

大谷学園グループ

帯広大谷学園
十勝管内音更町
教育活動収入：11億7300万円
経常収支：▲3500万円

帯広大谷短期大学

帯広大谷高校

函館大谷学園
函館市
教育活動収入：10億9600万円
経常収支：5300万円

函館大谷短期大学

函館大谷高校

緑ケ岡学園
釧路市
教育活動収入：7億3900万円
経常収支：▲400万円

釧路短期大学

武修館高校

光塩学園
札幌市中央区
教育活動収入：11億2300万円
経常収支：▲1億6600万円

光塩学園女子短期大学（札幌市南区）

光塩学園調理製菓専門学校

北海道武蔵女子学園
札幌市北区
教育活動収入：9億5100万円
経常収支：3800万円

北海道武蔵女子短期大学（札幌市北区）

國學院大學
東京
教育活動収入：173億7800万円
経常収支：10億1800万円

國學院大學北海道短期大学（滝川市）

國學院大學（東京）

他に高校2校など

拓殖大学
東京
教育活動収入：142億6200万円
経常収支：11億1700万円

拓殖大学北海道短期大学（深川市）

他に高校1校

IT・メディア・教育

41 | 教育・フィットネス

新学習指導要領や大学入試センター試験から変わった大学入学共通テストの導入などを背景に、教育関連企業への関心が高まっている▶急激な少子化の進行で企業間競争は激化。道外勢の道内進出も進んでおり、道内企業でも道外大手との業務連携や道外・海外への進出が増えている▶またプログラミング教育が小中学校で必修化されたことに伴い、異業種からの参入も相次ぐ。スマホやパソコンなどを利用して学習できるeラーニング市場の拡大に加え、新型コロナ流行が追い風となり映像授業を強化する塾が増加▶オンラインレッスンも語学など従来のプログラムに加え、楽器や料理など習い事全般に広がっている。フィットネスでは、24時間営業や個室型など多彩な形態も増えた。

学習塾

進学会ホールディングス
札幌市白石区
売上高：118億円
1972年に学習塾「北大学力増進会」を創業。道外でも展開。「スポーツクラブ ZIP」も

ナガセ 東京
売上高：458億円
東進ハイスクールなどの大学受験予備校や進学塾を経営。四谷大塚を連結子会社に持つ

札幌進学プラザ
札幌市北区
仙台市を本拠とする進学プラザグループが2013年に個別指導塾「育英舎」を合併して札幌市に進出

ニスコグループ
札幌市中央区
1986年設立。「ニスコ進学スクール」など学習塾を運営

学研ホールディングス 東京
売上高：1435億円
学研教室をはじめ、総合教育事業を全国で展開する

城南進学研究社 神奈川県
売上高：57億円
城南予備校などを首都圏中心に展開

出資 *出資* *業務提携*

練成会グループ
札幌市北区
1977年に帯広市で「畜大練成会」を創設。以降、「札幌練成会」などを全道エリアに展開

FC加盟

進学舎
札幌市中央区
道内の小中学生を対象とする学力テスト「北海道学力コンクール」を企画・運営

市進ホールディングス 千葉県
売上高：160億円
市進学院、市進予備校などを首都圏中心に展開

浜学園 兵庫県
進学会HDと高校受験専門塾「浜進学会」を運営

習い事

こどもクラブ
札幌市中央区
1971年設立の老舗幼児教育教室

書峰社書道
札幌市白石区
1952年設立。一般・学童部の会員は9600人

フィットネス

オカモトホールディングス
帯広市
売上高：1059億円
スポーツクラブ「JOYFIT」を札幌や関東を中心に展開

RIZAPグループ
東京
売上高：1696億円
減量ジム運営など。札証アンビシャス上場

フージャースウェルネス＆スポーツ
東京
宮の森スポーツ倶楽部など運営。不動産のフージャースHD子会社

ゴルフ場運営

パシフィックゴルフマネージメント
東京
売上高：745億円
桂ゴルフ倶楽部（苫小牧市）など道内6カ所

クラシック
大阪府
北海道クラシックゴルフクラブ（胆振管内安平町）など道内3カ所

道央興発
北広島市
クラークカントリークラブなど道内2カ所。日本製紙グループ

アコーディア・ゴルフ
東京
大沼レイクゴルフクラブ（渡島管内森町）など道内2カ所

プリンスホテル
東京
富良野ゴルフコースなど道内4カ所

恵庭開発
恵庭市
恵庭カントリー倶楽部などグループで道内4カ所

札幌カントリー倶楽部
札幌市南区
真駒内カントリークラブなど道内3カ所

小樽ゴルフ場
小樽市
小樽カントリー倶楽部新旧コース

札幌ゴルフ倶楽部
札幌市中央区
社団法人。輪厚、由仁コース

TOP interview

音をつうじて人のクリエイティビティを高めていく

クリプトン・フューチャー・メディア
代表取締役 伊藤 博之さん

いとう・ひろゆき　クリプトン・フューチャー・メディア代表取締役。デジタルサウンドクリエーター。釧路管内標茶町出身。釧路北陽高校、北海学園大学卒。大学勤務を経て、1995年に起業。京都情報大学客員教授、北海道オープンデータ推進協議会理事長、NoMaps 実行委員長なども務める。

音に関する事業を中心に、多岐にわたる事業を展開するクリプトン・フューチャー・メディア。歌声合成ソフトウェア「初音ミク」は、ボーカロイドブームの火付け役となりました。道内企業を代表するアイコン（象徴）であるクリプトンを率いる伊藤博之社長に、事業への思いを聞きました。

聞き手：阿部 幹宏（北海学園大学2年）
　　　　高橋 涼夏（北海学園大学2年）
　　　　瓦木 毅彦（北海道新聞社）
　　　　佐藤 大輔（北海学園大学教授）
〈2021年4月6日取材〉

※写真撮影時以外はマスクを着用するなど感染症対策を行った上で取材を行いました。

——事業内容を説明される際、「音」という表現をよく使われています。「音」とは本質的にどういう商品なのでしょうか。

「コンピューターは便利ですよね。探し物、買い物、デザインもできる。ただ僕が学生だったころ、音楽はまだ作れなかった。だんだん進化して音楽が作れるようになった。楽器も鳴らせる、歌だって歌わせられる。『スゲー』って感じですよね。進化していくのを黙って見ているのではなく、自分も参加して、こういうソフトウエアを作ろう、こういうソフトを日本に持ってきて、多くの人に使ってもらおう、ということをやりたいと思った。音を扱い、人間のクリエイティビティを高めることに関心がある。音に関するソフトを研究して、人間が創造できることが増える。そのために音を扱っています」

『SNOW MIKU 2021』イベント（2021年3月）

——創業の経緯を教えてください。

「出身は（釧路管内）標茶町です。ラジオでソ連の電波を拾うようなところでした。音楽は好きでしたが、職業にするには難しいなと。それで札幌に出て北大の職員として働くことにしました。国家公務員ですが雑用みたいな係です。働きながら、北海学園大学の2部に通い、趣味で効果音や楽器の音を売っていたんです。コンピューターミュージックのストックを結構持っていたので、米国の雑誌に小さな広告を出した。やっていくと、世界中のクリエーターとのネットワークができてくる。当時、円高が急速に進行したこともあり、逆に輸入の方がもうかるようになった。それが創業のきっかけです」

「今ではプロアマ問わずクリエイターが、うちのサイトで音を買ってくれます。録音されたフレーズや楽器の音。ギター、ドラム、オーケストラ…。音楽を作る材料としての音です。ミュージシャンの方々は『あの楽器が今必要だ』というときに買ってもらえれば、即座に自分のパソコンの中で使えるんです。音のビジネスは結構幅広い。ただ使ってくれるお客さんはそんなにいないので、形を変えてサービス化して提供するのが腕の見せ所。そういうものをいくつか試しながら、音をコアにしながらやってきた会社です。2000年代の初めは、携帯電話の着信メロディーも売りました。猫が『ニャー』と鳴く音なんかね。着メロビジネスの様な、サーバー構築してコンテンツを仕込むオンラインビジネスは、この時に学びました」

——初音ミクというソフトを2007年に発売しました。『未来から来た初めての音』というのが名前の由来だそうですが、ここまでヒットすると思いましたか。

「（ヤマハの歌声合成ソフトの）ボーカロイドとしては3作目です。シンセサイザーというか、音楽を作るツールです。前2作の声はプロのシンガーにお願いしましたが、別に歌がうまい必要はないよねと。かわいいとか特徴的な声質を持っている方なら、意外性のある音源が作れる。それで声優さんに注目し、最終的に藤田咲さんにお願いしました。音楽ツールとしての使い勝手を高めることで、ユーザーが増えていった。すると初音ミクを使った作品も増える。欧米や中国、アジアでもファンが多くなった。レディー・ガガの前座で米国ツアーを回ったこともありますよ。米津玄師さんやYOASOBIさんな

「音」に関するソフトウェア・プラグイン・素材の総合ダウンロードストア『SONICWIRE』のイベント

TOP interview

ど、初音ミクの作品投稿でキャリアを開始したアーティストも多いです。気を付けているのは、あまりオタクというかそちらに寄らないようにすること。お子さんからお年寄りまで好感度を持たれた方が長続きする。色を付けちゃうと、活動しづらくなる。歌舞伎やファッション、地方創生などいろんな分野とコラボレーションすると、どんどん裾野が広がっていく」

北海道で
ITを突き詰める

――クリプトンの事業は世界中で通用するコンテンツだと思うのですが、それにもかかわらず札幌の冬をPRする雪ミクや、(ITを中心に新ビジネスの創出を目指す複合イベント) NoMaps(ノーマップス) など、道内に焦点を当てた事業を数多く展開されています。なぜでしょう。

「IT系の会社とかネット系の会社ってだいたい東京に本社があって、東京に行くといいことがあるんだろうなと思うかもしれない。けど、むしろ逆ですよ。ネットは住む場所や地域を越境して情報を得て、発信できるメディア。わざわざ中心に行かなくていい。むしろ北海道でインターネットを突き詰めようと思い、札幌でやっていくことに決めたんです。道内にいながらどこまでできるのか、試したい。雪ミクもそう。初音ミクでさっぽろ雪まつりの雪像を作ればおもしろい。雪なので『雪ミク』ね。雪像を見に世界中から人が集まってくるので、イベントを開こう、グッズも売ろう、という風に発展していきました。北海道に来てよかったという体験をしてもらうと、北海道のためになるし、自分たちの活動を広げることになる。音しかやりません、ではなくいろんなことに関心を持ちながら、発想を広げていくことが大事だと思っています」

得意分野を掘り下げ、
さらに応用する

――事業を「T字形」に例えられていますが、どういうことなのでしょうか。

「私たちのビジネスは、当初サウンド素材など"音"

本社オフィスの様子。コロナ禍の影響を受けて在宅ワークが進む

の分野から始まり、その量やバリエーションなどを増やすことで、徹底的に得意分野を掘り下げていくことから始まりました。これがT字のたてのラインに当たります。その中で、サウンドを検索したり配信するためのサーバに関する技術などにも詳しくなり、次にそれらの技術を使ってほかに何か応用できないかを考えるようになりました。そこで、音を投稿・配信するサイトを開発したり、初音ミクを使ったキャラクタービジネスを展開するようになったのですが、これがT字の横軸に当たるわけです。得意分野を深く掘り下げるばかりで応用をしなければ、T字の横幅は狭くなり、細長い三角形の形を描くようになります。逆に、得意分野を持たずにいろいろと手を広げるばかりだと底の浅い三角形の形になってしまいます。得意となるポイントを持ちながらも、それに甘んじることなく、その過程で得られた知識を応用していくことで形のいい三角形を作ることができるようになる。それにより、その面積を最大化し、ビジネスを広げていくことができるのです。このような事業の展開の仕方をT字に例えて表現しました」

やりたいことをしない人は
もったいない

――採用のとき、どんなことをしている学生を魅力的だと感じますか

「例えば『デザインにすごく興味があってデザイナーになりたいんです』という人に『どんなの作っているの』というと、『いや、デザインしたことないんです』

「シゴト」の魅力

「初音ミクを作った会社」で有名なクリプトン。取材を通して「音」のみならずあらゆる可能性を探求している企業ということがよく分かりました。「音」コンテンツの販売ビジネスだけで終わるのではなく、その先に初音ミクというアイコンを生み出し、さらに北海道という地でどう生かせるかを考える。物事を突き詰め、見たことのない世界を創り出していこうとする姿勢や発想が、独自性ある企業へと進化させたように思います。

（高橋）

本社でのインタビュー取材の様子

という返事がくることがある。そういう人はデザイナーになりません、申し訳ないけれど。たぶん本当は興味がないんですよ。デザイナーに興味があれば、いても立ってもいられなくて、どうしたらこれを作れるのかなって図書館に行って調べたりしますよね。これが必要になるけど高いな、じゃあアルバイトして買おうかなとか。どうやれば達成できるか考えるじゃないですか。でも、願望だけあって何も手を動かさなければ、なりたいものに人はなれない。学生の時間は決まっているから一気にやればいいのになって感じます。興味があることに前のめりになるのに、ちゅうちょしないほうがいい」

―― 新型コロナでエンターテインメント産業は大きな打撃を受けました。

「厳しいですよね。リアルイベントは、感染対策を徹

「初音ミク」関連イベントの様子

底して、規模を絞ってやっていくしかないのかな。うちも（酒を飲んだ後などに食べる）シメパフェの発祥となったカフェを閉めてしまった。ただ、巣ごもりで曲を作る需要があるのか、オンライン関係は好調です。今は余計なことをしないで、オンラインになるべく注力しようと思います。クラウドファンディングで資金を募り、（21年6月に）無料で初音ミクのライブを世界に配信します」

目に見えない 失敗こそが怖い

― 失敗談をお聞きしていいですか。

「数多くしていると思うんですけど、顕在化していない失敗も相当あるはず。実はグーグルのようになれた会社があるかもしれないけど、ほとんどがなれなかった。うちもそうです。節目で何かをすると、そういうところまで行った可能性があったかもしれない。顕在化されてない失敗が99％なんじゃないですか。機会損失的な目に見えない失敗は世の中にはたくさんあって、本当の失敗よりも大きいと思います。自分はすごくよくやって成功した、と甘んじてしまう状態が一番よくない。『もっとやれたはず。これからはもっとよくやらないと』と自戒する気持ちが必要だと思っています」

TOP interview

〈組織文化診断〉

　診断結果からは、組織文化が安定性と柔軟性、組織内部または外部への注目傾向についてバランスのとれた特性を持っていることが読み取れます。家族・官僚・マーケット文化に対してイノベーション文化の値が相対的に低いことは、新しい取り組みに積極的な印象のある同社としては意外な結果といえるかもしれません。むしろ「理想とする組織文化」の結果からは、現在よりもう少しイノベーション文化に向かってもいいのでは、という意図を読み取ることもできます。(佐藤)

——組織文化診断ツールでは、自社がもう少しイノベーションよりの文化でもいいんじゃないかという結果になっています。

　伊藤「一個の方向に全員が向くとちょっと危険。診断結果はイノベーションよりの方になっていますけど、全員がそっちの方だとなんかちょっと、危険かなと。なるべく多様な、バランス感覚で分布しているとよいのではと思います」

＊会社内で共有される価値観や行動志向性を分析するために、組織文化診断ツール（Cameron and Quinn, 2011）を用い、6項目24問にわたるアンケート2種を伊藤社長へ実施。

クリプトン・フューチャー・メディア株式会社
https://www.crypton.co.jp/
本社：札幌市中央区北3条西4丁目1-1
　　　日本生命札幌ビル11F

● 事業内容：ソフトウェア・情報処理・通信・インターネット関連
● 設立：1995年
● 売上高：非公開
● 資本金：2,000万円
● 従業員数：122名

（※ 2021年3月現在）

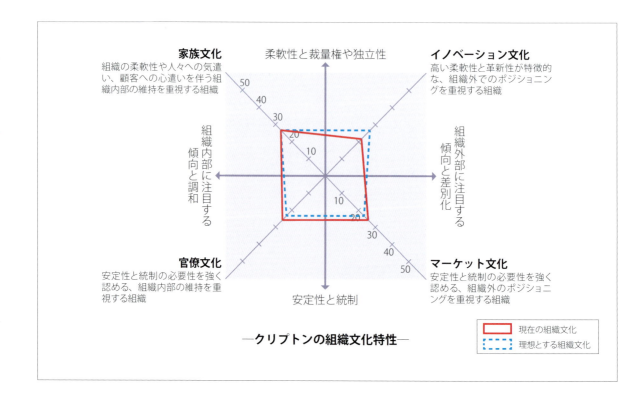

—クリプトンの組織文化特性—

金融・サービス

42 | 銀行・金融

道内では北海道拓殖銀行、北海道銀行、北洋銀行、札幌銀行の4行体制が長く続いたが、1997年に拓銀が破綻し、北洋銀に営業譲渡。北洋銀と札幌銀も2001年に経営統合した。道銀は04年に北陸銀行と経営統合し、ほくほくフィナンシャルグループを設立。道内2行体制に移った▶日銀のマイナス金利政策の長期化で貸出金利は低水準にあり、本業の融資で稼ぐ力が低下している。またコロナ禍で企業の倒産や業績の悪化に備えた与信費用も増加し、経営環境は厳しさを増している▶両行とも経営効率化に乗り出し、一つの建物に二つの店舗を併設する「ブランチ・イン・ブランチ」と呼ばれる手法などで店舗網を再編。人員と機能を絞った軽量店舗も拡大している▶融資以外では人材紹介や事業承継、企業の合併と買収（M＆A）など法人向けのコンサルティング業務に注力している。

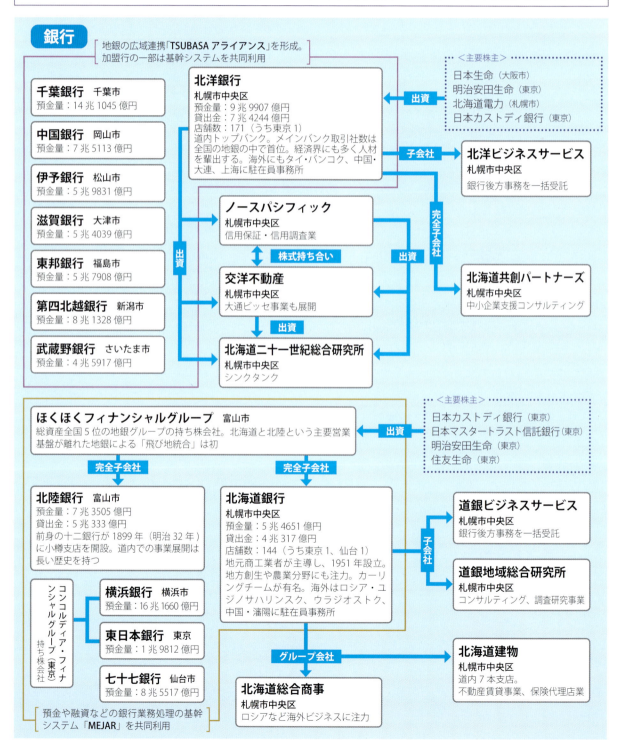

証券

北洋証券
札幌市中央区
営業収益：16 億円

もとは 1936 年創業の「上光証券」。北洋銀の子会社となり、2019 年に社名変更

ほくほく TT 証券
富山市
営業収益：26 億円

2016 年設立、2017 年営業開始。道内では札幌、旭川、帯広に 3 拠点。ほくほく FG の子会社

FPL 証券
札幌市中央区

2016 年、証券業開始。投資信託の取扱を主とし、上場有価証券（株式、国債等）や個人向け国債等の取扱は行っていない

東海東京フィナンシャル・ホールディングス　東京

← 出資

クレジットカード

札幌北洋カード
札幌市中央区

道銀カード
札幌市中央区

ジャックス
東京
本店：函館市
営業収益：1606 億円
1954 年、函館市で創業した国内大手信販会社

< 日専連グループ >
日本専門店会連盟の関係企業「日専連」（東京）を核とする信販会社グループ。日専連自体はカードを発行せず、各地の発行会社（道内は 6 社）がカードを発行

ニッセンレンエスコート
札幌市中央区
取扱高：1603 億円

日専連ニックコーポレーション
北見市
取扱高：169 億円

日専連旭川
旭川市
取扱高：416 億円

日専連釧路
釧路市
取扱高：272 億円

日専連パシフィック
苫小牧市

日専連ジェミス
帯広市
取扱高：266 億円

< エヌシー日商連グループ >
クレジット事業を営む全国各地の団体でつくる「協同組合エヌシー日商連」（東京）の加盟社のグループ。道内では、ほくせん、エヌシーおびひろの 2 社が加盟

ほくせん
札幌市中央区
取扱高：753 億円

エヌシーおびひろ
帯広市
年商：412 億円

出資

リース

札幌北洋リース
札幌市中央区
北洋銀子会社。情報関連機器や各種車両などリース

北海道リース
札幌市中央区
三菱 UFJ リースが筆頭株主。道銀も出資

中道リース
札幌市中央区
売上高：403 億円
総合リース。北洋銀、道銀も出資

子会社 →

メッドネクスト　東京
総合医療サポート事業

保険

← 出資 →
北洋システム開発（札幌市）
札幌通運（札幌市）など

北栄保険サービス
札幌市中央区
北洋銀行系の保険代理店

トーア
札幌市北区
アフラック生命保険の専業代理店

コープ・アイ
札幌市中央区
JA 共済 100% 出資の保険代理店

↑ 出資

全国共済農業協同組合連合会
（JA 共済）本部：東京
北海道本部：札幌市中央区

※一部の保険サービス・代理店のみ掲載

アクサ生命保険
東京　札幌本社：中央区
総資産：7 兆 4709 億円
フランス系保険会社。東日本大震災を教訓に、本社機能の一部を札幌に移転

アクサ・ホールディングス・ジャパン　東京
グループ持ち株会社

全国労働者共済生活協同組合連合会
（こくみん共済 coop〈全労済〉）
本部：東京
北海道推進本部：札幌市白石区

主要保険会社 2020 年度決算の総資産

■生命保険会社の総資産（単体ベース）
うち総資産 20 兆円以上の 5 社の総資産

日本生命	73 兆 9742 億円
かんぽ生命	70 兆 1738 億円
明治安田生命	50 兆 5724 億円
第一生命	38 兆 9243 億円
住友生命	35 兆 4007 億円

■主要損保 3 グループの総資産（連結）		グループ傘下主要損害保険会社の総資産（単体）	
東京海上 HD	25 兆 7653 億円	東京海上日動	9 兆 5624 億円
MS&AD HD	24 兆 1425 億円	三井住友海上	7 兆 981 億円
		あいおいニッセイ同和	3 兆 7452 億円
SOMPO HD	13 兆 1186 億円	損保ジャパン	7 兆 3896 億円

注目業界

食

資源・エネルギー・製造

建設・不動産

流通・外食

運輸・観光

IT・メディア・教育

金融・サービス

金融・サービス

43 | 信金・信組

道内の信用金庫は 20、信用組合が 7 ある。1990 年代後半の金融危機では、北海商銀信組、共同信組、千歳信組、道央信組、旭川商工信組、網走信組などが次々と破綻。統廃合や再編が進んだ。北海信金や札幌信金、小樽信金が集まり、2018 年、道内最大の北海道信金が誕生した▶金融庁は地銀など地域金融機関の再編を後押しするが、北洋銀行、北海道銀行の 2 行体制の道内では、再編の主役は信金と信組。北洋銀、道銀を巻き込んだ再編が行われる可能性も否定できない▶道内では、信金、信組以外の協同組織金融の存在感も高く、農協系の北海道信連（JA バンク）、漁協系の北海道信漁連（マリンバンク）、北海道労働金庫などの預金残高も多い▶日本政策金融公庫、商工組合中央金庫、日本政策投資銀行など政府系金融はコロナ禍の制度融資でも役割を発揮した。

信金

北海道信用金庫
札幌市中央区
預金量：1 兆 1563 億円
純損益：15 億円
店舗数：81
道央エリアが営業区域。2018 年、札幌信金、小樽信金、北海信金が合併して発足。道内最大の信金

旭川信用金庫
旭川市
預金量：9402 億円
純損益：11 億円
店舗数：40

帯広信用金庫
帯広市
預金量：8132 億円
純損益：10 億円
店舗数：32

北見信用金庫
北見市
預金量：5433 億円
純損益：7 億円
店舗数：29

苫小牧信用金庫
苫小牧市
預金量：4877 億円
純損益：16 億円
店舗数：28

稚内信用金庫
稚内市
預金量：4541 億円
純損益：2 億円
店舗数：24

大地みらい信用金庫
根室市
預金量：3802 億円
純損益：5 億円
店舗数：23

室蘭信用金庫
室蘭市
預金量：3657 億円
純損益：8 億円
店舗数：26

遠軽信用金庫
オホーツク管内遠軽町
預金量：3519 億円
純損益：5 億円
店舗数：23

空知信用金庫
岩見沢市
預金量：3186 億円
純損益：5 億円
店舗数：21

網走信用金庫
網走市
預金量：3023 億円
純損益：4 億円
店舗数：20

道南うみ街信用金庫
檜山管内江差町
預金量：2899 億円
純損益：4 億円
店舗数：20

北門信用金庫
滝川市
預金量：2895 億円
純損益：3 億円
店舗数：25

北星信用金庫
名寄市
預金量：2816 億円
純損益：6 億円
店舗数：21

釧路信用金庫
釧路市
預金量：2497 億円
純損益：1 億円
店舗数：18

留萌信用金庫
留萌市
預金量：2296 億円
純損益：4 億円
店舗数：17

渡島信用金庫
渡島管内森町
預金量：1925 億円
純損益：8 億円
店舗数：11

伊達信用金庫
伊達市
預金量：1683 億円
純損益：4 億円
店舗数：11

日高信用金庫
日高管内浦河町
預金量：1507 億円
純損益：2 億円
店舗数：8

北空知信用金庫
深川市
預金量：1397 億円
純損益：2 億円
店舗数：14

信金中央金庫　東京
北海道支店：札幌市中央区
預金量：33 兆 7879 億円
信用金庫の系統中央機関

信組

北央信用組合
札幌市中央区
預金量：2121億円　店舗数：28

釧路信用組合
釧路市
預金量：834億円　店舗数：11

函館商工信用組合
函館市
預金量：289億円　店舗数：5

札幌中央信用組合
札幌市中央区
預金量：1154億円　店舗数：15

空知商工信用組合
美唄市
預金量：805億円　店舗数：9

ウリ信用組合
札幌市中央区
預金量：950億円
店舗数：6（うち道内3）

十勝信用組合
帯広市
預金量：603億円　店舗数：8

全国信用協同組合連合会
東京
札幌支店：中央区
預金量：8兆1352億円
信用組合の系統中央機関

農協漁協

北海道信用農業協同組合連合会〈JA北海道信連〉
札幌市中央区
貯金残高：3兆2139億円
※JAバンクを運営する農協系金融機関。JA北海道中央会、ホクレン、JA北海道厚生連、JA共済連北海道と共に「北農5連」と呼ばれる

北海道信用漁業協同組合連合会〈北海道信漁連〉
札幌市中央区
貯金残高：6715億円
※愛称はJFマリンバンク。道内各漁協の信用事業を統括する漁協系金融機関

道内の農協（農業協同組合）

農林中央金庫〈農林中金〉
東京
札幌支店（札幌市中央区）
連結総資産額：107兆6478億円
農協、漁協、森林組合の信用事業の系統中央機関

道内の漁協（漁業協同組合）

労働金庫

北海道労働金庫〈北海道ろうきん〉
札幌市中央区
預金残高：1兆547億円
支店37店（出張所含む）

労働金庫連合会
東京
預金残高：7兆4198億円
労働金庫の系統中央機関

連結子会社

北海道労金ビジネスサービス　札幌市

業務提携
NPO法人等への協調融資・情報交換など

連携

北海道生協連合会
コープさっぽろ
生活クラブ生協
その他各道内生協

道内の労働組合

政府系金融機関

日本政策金融公庫
東京
支店：札幌（中央区）、札幌北（北区）、函館、小樽、旭川、室蘭、釧路、帯広、北見
総資産額：35兆9597億円
一般の金融機関が行う金融を補完することを目的とする政府系金融機関。2008年、国民生活金融公庫、中小企業金融公庫、農林漁業金融公庫と、国際協力銀行の国際金融等業務を統合して発足

日本政策投資銀行〈DBJ〉
東京
北海道支店：札幌市中央区
総資産額：20兆9514億円
長期の事業資金を必要とする事業者に対する資金供給の円滑化を目的とする政府系金融機関。前身は、日本開発銀行、北海道東北開発公庫

商工組合中央金庫〈商工中金〉
東京
支店：札幌（中央区）、函館、帯広、旭川
営業所：釧路
預金量：5兆8936億円、NCD4378億円
中小企業専門の政府系金融機関。中小企業等協同組合や、中小規模の事業者を構成員とする団体などへの金融の円滑化

金融・サービス
44 | プロスポーツ

道内プロスポーツ界で最も注目されている話題が、2023年3月、北広島市に開業するプロ野球北海道日本ハムファイターズの新球場を中心とする「北海道ボールパークFビレッジ」▶中核の新球場「エスコンフィールド北海道」は総事業費約600億円で、国内初の開閉式屋根付き天然芝球場となる。温浴施設やホテル、商業施設も備える計画だ▶道内プロスポーツのさきがけ、Jリーグの北海道コンサドーレ札幌は、タイ代表のチャナティップ選手ら東南アジア諸国連合（ASEAN）諸国のスター選手を獲得する独自のアジア戦略を展開。バドミントンやカーリングなどのクラブチームも運営する▶バスケットボールBリーグのレバンガ北海道はリーグ屈指の集客力を誇り、バレーボールVリーグにはヴォレアス北海道とサフィルヴァ北海道の2チームが所属する。

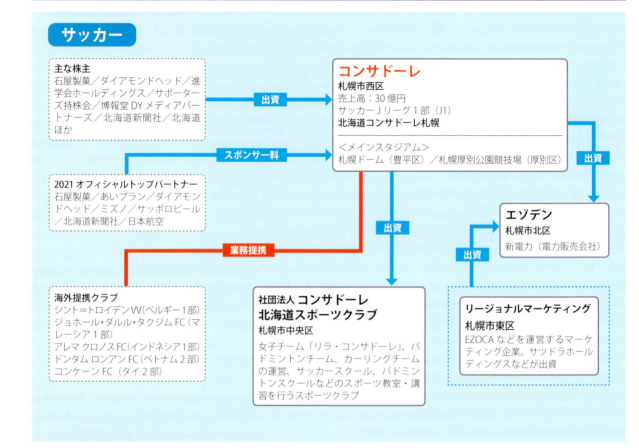

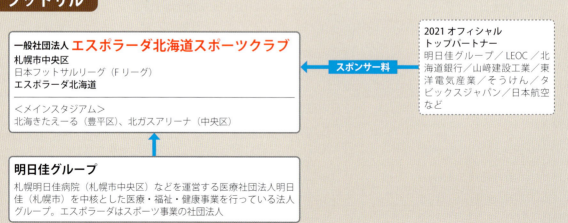

野球

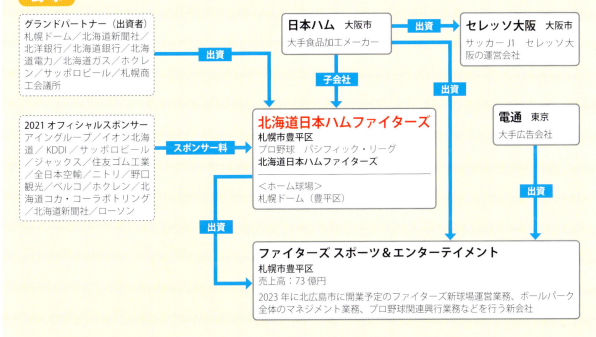

バスケットボール

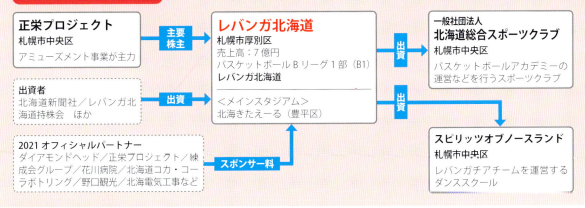

バレーボール

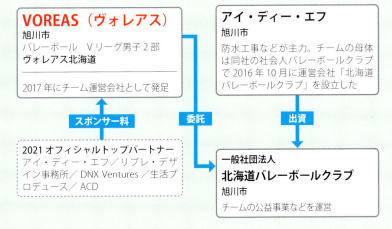

金融・サービス

45 | アミューズメント・興行

「ライジングサン・ロックフェスティバル」「ジョインアライブ」の夏の2大野外フェスティバルが2020年、2021年と2年連続で中止になるなど、コロナ禍の影響は娯楽業界にも広く及んだ▶イベントを企画・制作する興行会社は軒並み大きな打撃を受けた。カラオケやボウリング、映画館などアミューズメント産業も苦境に立たされている▶芸能プロダクションは、大泉洋など人気タレントが所属するクリエイティブオフィスキューが、全国区の活動に加え、道内の自治体とタイアップするなど地域づくりにも力を入れている。お笑いコンビのタカアンドトシなどが所属する大手の吉本興業ホールディングスは、道と包括連携協定を結んでいる▶パチンコ業界では合田観光商事、新和、正栄プロジェクト、太陽の規模が大きい。

タカハシグループ

タカハシ
網走市　札幌本社：札幌市西区

カラオケ「歌屋」「スリラーカラオケ」などを展開。食品や運輸、生活関連など多くの分野に関連会社を持つタカハシグループ。
主な営業拠点：札幌、旭川、函館、釧路、帯広、北見など全道各地にカラオケ72店、アミューズメント14店（関東地方含む）、外食事業5店

子会社

北東商事　札幌市手稲区
カラオケ「キャッツアイ」を道内に9店舗展開

子会社

道東観光開発
網走市
流氷観光砕氷船「おーろら」

フィールド　札幌市西区
カラオケ「Mash」を札幌市、小樽市、函館市で9店舗展開

網走ビール
網走市

スガイグループ

スガイディノス
札幌市中央区

シネマ事業、ボウリング事業、ゲームセンター事業を展開。
主な営業拠点：札幌市、千歳市、北斗市、函館市、北見市、室蘭市、伊達市、苫小牧市、十勝管内音更町、帯広市、旭川市

完全子会社

スガイディノスホールディングス
札幌市中央区

完全子会社

北海道SOキャピタル　札幌市中央区

興行

ウエス（WESS）
札幌市西区

コンサートやイベントなどの企画制作、アーティストプロモーション、ライブハウス運営など。「RISING SUN ROCK FESTIVAL（ライジングサン・ロックフェスティバル）」（石狩湾新港）主催

キョードー札幌
札幌市中央区

コンサート・イベントの企画制作運営・チケット販売

マウントアライブ
札幌市中央区

コンサート、イベント等の企画制作、アーティストプロモーションなど。「JOIN ALIVE」（岩見沢市）主催

道新文化事業社
札幌市中央区
売上高：2億円

コンサート、プロ野球、大相撲、歌舞伎、落語、演劇などの主催・運営。そのほか北海道新聞社主催事業の運営、チケット販売

ミュージックファン
札幌市豊平区

コンサート企画・制作、アーティストブッキング、イベント企画運営

出資

北海道新聞社　札幌市中央区

北海道文化放送　札幌市中央区

道新文化センター　札幌市中央区

芸能

クリエイティブオフィスキュー
札幌市中央区

アーティストの育成マネジメント、イベント企画制作など。
主な所属タレント：鈴井貴之、TEAM NACS〈業務提携：株式会社アミューズ〉森崎博之、安田顕、戸次重幸、大泉洋、音尾琢真　ほか

吉本興業札幌支社
94年に札幌に事務所を開設。「タカアンドトシ」「アップダウン」など道産子芸人を輩出

パチンコ

合田観光商事
札幌市中央区
売上高：823億円

「ひまわり」を運営。ゴルフ場「弟子屈カントリークラブ」

太陽グループ
札幌市中央区

「パーラー太陽」を運営。グループ傘下に「札幌ばんけい」「シネマ太陽」「太陽ファーム」

新和グループ
札幌市中央区
売上高：820億円

「プレイランドハッピー」を運営。不動産事業のほか、アメリカン航空にボーイング機をリース

ジェネシス
十勝管内音更町

帯広市内に「オペラ」「ゴッサム」、音更町に「エルシティ」を運営

正栄プロジェクト
札幌市中央区
売上高：710億円

「イーグルグループ」を運営。レバンガ北海道のオフィシャルスポンサー

山本ビル
旭川市

パチンコ「アルファ」運営。ネットカフェ「アイ・カフェ」、「いきなり！ステーキ」「ペッパーランチ」を運営

金融・サービス

46 | 人材サービス・その他のサービス

人材サービスは、派遣会社が雇った労働者を企業に派遣する人材派遣や、企業に就職希望者を紹介する人材紹介、求人広告サービスなどに分けられる。人手不足により業績は伸びていたが、コロナ禍で足踏みしている▶求職者1人当たりにつき、何件の求人があるかを示す道内の2020年度の有効求人倍率は、前年度比0.23ポイント低い0.96倍で、新型コロナ禍の影響で5年ぶりに1倍を下回った。業種別では情報通信が好調だが、宿泊・飲食サービス業や生活関連サービス・娯楽業の落ち込みが目立ち、派遣事業も厳しい状況が続いている▶顧客の電話受け付けなどを担当するコールセンターは札幌を中心に集積が進む▶新型コロナの集団感染が発生した企業もあり、一部では「密」を避けるため、在宅型のコールセンターに切り替える動きも出ている。

人材サービス

キャリアバンク　札幌市中央区
売上高：61億円
1987年創業。人材派遣事業など。旭川・帯広・函館のほか東京・大阪・東北・九州などに拠点を持つ

子会社

エコミック　札幌市中央区
売上高：15億円
給与計算代行など人事ソリューションの提供

キャリアフィット　札幌市中央区
人材派遣、医療福祉関連施設人材サービス事業など

北海道ハピネス　札幌市白石区
北海道専門の人材紹介会社

リージョンズ　札幌市中央区
地域密着型転職・キャリア支援サービス。転職支援サイト「リージョナルキャリア」

ファーストコネクト　札幌市中央区
歯科・介護業界特化型人材紹介サービス。「ファーストナビ」「プレコ歯医者」「ジョブコロ介護」

札総　札幌市中央区
人材派遣業務はNTTグループ関連会社が中心

出資

日本メックス　東京
売上高：614億円
建物維持管理など

セイショウ　札幌市豊平区
建設業として創業し、人材派遣事業にも参入。「ジョブスター」

アネックス　札幌市白石区
人材派遣業務など

アシタバ　札幌市東区
人材派遣業務など

トライバルユニット　札幌市中央区
テレマーケティング事業、総合人材サービス業など

NKインターナショナル　札幌市中央区　帯広市
採用ライブ配信サービス「リクライブ」運営

北海道アルバイト情報社　札幌市中央区
求人、人材サービス事業など。「アルキタ」「ジョブキタ」なども運営

アスクゲート　札幌市白石区
売上高：65億円
飲食、宿泊、日本語学校、保育、自動車販売・整備、介護

総合技研　札幌市中央区
売上高：6億円
CADオペレーターなど専門性の高い人材派遣。近年は鳥瞰図販売も

アメリカンビジネスサービス　札幌市中央区
専従コーディネーターが人材獲得を支援

コンポス　札幌市北区
有料紹介事業(主に配膳人紹介)の会社として設立

道新インタラクティブ　札幌市中央区
求人情報ウェブサイト「ジョブアンテナ北海道」を運営。北海道新聞社と琉球インタラクティブの合弁会社

コールセンター・コンタクトセンター

NTTネクシア　札幌市中央区
売上高：388億円
2016年10月1日に、「NTTソルコ」及び「NTT北海道テレマート」の合併により誕生

トランスコスモス　東京
売上高：3364億円
道内にコンタクトセンター6拠点、ビジネスプロセスアウトソーシング6拠点、デジタルマーケティング3拠点

完全子会社

アイティ・コミュニケーションズ
札幌市中央区
コンタクトセンター受託業務など

リンケージサービス
札幌市中央区
コンタクトセンターの受託業務及びコンサルティング、総合人材派遣業務

グローブマネジメント
大阪市

ベルシステム24ホールディングス
東京
売上高：1357億円
札幌市と旭川市に6カ所のソリューションセンター

金融・サービス

47 | 病院・介護

道内の医療圏は、かかりつけ医などによる初期医療を対象とした1次医療圏(179市町村単位)、がんや脳卒中など手術や入院が必要な医療を受けられる2次医療圏(複数の市町村21ブロック)、専門的な医療や先進医療を提供する3次医療圏(道央、道南、道北、オホーツク、十勝、釧根の6ブロック)で構成される▶道は1〜3次の医療圏をもとに医療政策を立案。2次医療圏内で全道21カ所の地域センター病院を、道央を除く5ブロクの3次医療圏内に5カ所の地方センター病院を、高度・救急医療の拠点としてそれぞれ指定する▶厚生労働省は2019年、医療費削減を狙い、再編・統合の議論が必要とした全国の公的病院名を公表。424病院(後に440に修正)中、道内は最多の54カ所だった▶ただ、新型コロナウイルスの感染拡大を受け、自治体や病院の反発が高まり、議論にブレーキがかかっている。新型コロナは病院経営も直撃。北海道新聞社が発行する「北海道の病院」が20年10〜11月に道内の医療機関787施設を対象に行ったアンケート(回答率22.5%)では、20年度上期に外来患者数が減少したのは75%となり、医業収益が減少したと回答したのは65%にのぼった▶民間病院もコロナ流行の影響を受けており、業界再編が加速する可能性もある。

国公立病院

国公立大学病院
(3病院2483床)

北海道大学病院、旭川医科大学病院、札幌医科大学付属病院

高度医療と教育を担う。北大病院(設立1921年)と旭医大病院(同76年)は国立大学法人が運営。50年設立の札医大病院は道立から地方独立行政法人へ移行

国立病院機構
(5病院2102床)

北海道医療センター、北海道がんセンターなど

2004年に国立病院から独立行政法人に移行。医療に関する調査・研究や技術者の研修も行う

地域医療機能推進機構
(3病院744床)

JCHO札幌北辰病院、JCHO登別病院など

社会保険病院、厚生年金病院の運営を統合する組織として2014年に発足

労働者健康安全機構
(3病院806床)

北海道中央労災病院、釧路労災病院など

労働災害に対応するため産炭地に設立。2016年に現組織が発足

自治体病院

道立病院
(6病院876床)

道立羽幌病院、道立江差病院など

へき地の中核病院。精神科救急医療、高度な小児医療など民間が参入しづらい分野を担う

市町村立病院
(79病院11490床)

市立札幌病院、市立函館病院、八雲総合病院など

道内自治体病院の大半を占める。うち市立病院を抱えるのは23市。広尾町国保病院は地方独立行政法人化

公的病院・その他病院

赤十字病院
(10病院2670床)

旭川赤十字病院、北見赤十字病院など

日本赤十字社が運営。災害時には国内外へ医療チームを派遣

北海道社会事業協会
(7病院1622床)

函館協会病院、洞爺協会病院など

社会福祉法人。困窮者に無料・低額で診療も行う

北海道医療団
(3病院473床)

帯広第一病院、音更病院など

公益財団法人。コロナ禍で無料・低額診療を継続するためクラウドファンディングも行った

北海道厚生連
(9病院2841床)

帯広厚生病院、札幌厚生病院など

JAグループが運営。1939年に開設した農民組織による病院が発祥

勤労者医療協会グループ
(9病院1265床)

勤医協中央病院、道北勤医協一条通病院など

札幌に公益社団法人、各地に医療法人を置く。北海道民連に加盟

国家公務員共済組合連合会
(2病院693床)

KKR札幌医療センター、斗南病院

国家公務員の福祉事業に関する業務を、加入共済組合と共同で実施。保険医療機関として一般にも開放

[出所] 北海道保健福祉部地域医療推進局「道内医療機関の名簿について」

民間病院

渓仁会
札幌市手稲区

（4 病院 1742 床）

手稲渓仁会病院、定山渓病院など
1979 年開院。道央ドクターヘリの
基地病院の役割も担う

孝仁会
釧路市

（4 病院 787 床）

釧路孝仁会記念病院、北海道大野
記念病院など
釧路脳神経外科が発祥の道東の基
幹病院グループ。札幌の碩心会と
合併した

北斗
帯広市

（2 病院 466 床）

北斗病院、北斗十勝リハビリテー
ションセンター
脳神経外科発祥の社会医療法人

禎心会
札幌市東区

（2 病院 389 床）

札幌禎心会病院、稚内禎心会病院
札幌・宗谷圏で医療介護複合体を
25 事業運営

カレスサッポロ
札幌市中央区

（2 病院 370 床）

時計台記念病院、北光記念病院
公益性の高い社会医療法人認定第
1 号。宿泊業にも参入

製鉄記念室蘭病院
室蘭市

製鉄記念室蘭病院・347 床
1941 年設立。新日鉄（当時）の企
業病院から 92 年医療法人として独
立

明日佳
札幌市中央区

（5 病院 1010 床）

札幌明日佳病院など
首都圏でも事業展開

恵佑会
札幌市白石区

（2 病院 364 床）

恵佑会札幌病院、恵佑会第 2 病院
がん治療に定評。歯科も持つ

北楡会
札幌市白石区

（2 病院 389 床）

札幌北楡病院、開成病院
1985 年開設。移植医療に力

菊郷会
札幌市白石区

（3 病院 420 床）

札幌センチュリー病院など
人工透析と消化器系疾患治療が柱

母恋
室蘭市

（3 病院 859 床）

日鋼記念病院、天使病院など
日本製鋼所病院が発祥。西胆振の
急性期医療拠点

←→ 2007年まで同一グループ

医仁会
札幌市中央区

（2 病院 672 床）

中村記念病院、中村記念南病院
日本で最初の脳神経外科専門病院

函館厚生院
函館市

（3 病院 1206 床）

函館五稜郭病院、函館中央病院な
ど
1900 年設立。30 年に診療を始め、
医療・介護を幅広く展開

徳洲会
東京

（道内 6 病院 1443 床）

札幌東徳洲会病院、日高徳洲会病
院など
国内最大の病院グループ。1983 年
道内進出

新さっぽろ脳神経外科病院
札幌市厚別区

新さっぽろ脳神経外科病院・135 床
理事長は日本医師会の中川俊男会長

王子総合病院
苫小牧市

王子総合病院・440 床
1910 年王子製紙の厚生施設として
設立。67 年医療法人化

企業立病院

NTT 東日本
東京

NTT 東日本札幌病院・301 床
1922 年開設。NTT 東日本は東京と
静岡でも病院を運営

JR 北海道
札幌市中央区

JR 札幌病院・312 床
1915 年鉄道病院を開設。
2009 年に改称

介護

光ハイツ・ヴェラス
札幌市中央区

売上高：31 億円

高級有料老人ホームを展開。札証アン
ビシャス上場

リビングプラットフォーム
札幌市中央区

売上高：91 億円

道内外で有料老人ホームや介護施設を
運営。東証マザーズ上場

MOE ホールディングス
札幌市西区

高齢者向け福祉事業所を運営する萌福
祉サービス（留萌市）が中核の地場大手

金融・サービス

48 | 冠婚葬祭

厚生労働省の人口動態統計によると、2020年の全国の婚姻件数は53万7583組（7万8069組減）で、減少率（12.7％）は1950年に次ぎ、戦後2番目の数値となった。道内の婚姻件数は2万1363組（同2809組減）で減少率は11.6％▶新型コロナの感染拡大に伴い挙式は激減し、札幌市内の主要ホテルでは20年度の挙式件数は前年度の3割以下の約700件にとどまった模様だ。式場側は感染対策を徹底し、小規模な挙式サービスに軸足を移すなど試行錯誤を続ける▶葬儀も近年、家族葬の普及など簡素化が進んできたが、コロナ禍がこの傾向を加速させている▶冠婚葬祭ともコロナ禍の収束後、セレモニーのあり方を見直す機運が高まるものとみられ、業界には創意工夫が求められる。

冠婚葬祭全般

あいプラン 札幌市中央区
売上高：107億円
葬儀場（やわらぎ斎場など）48カ所、結婚式場5カ所、レストラン5カ所、仏壇仏具5カ所など

↓グループ会社

日本霊廟 札幌市中央区
西岡霊廟の管理・運営、墓石・納骨堂などを販売

ライフネット 岩見沢市
婚礼・葬儀の施行など

ベルコ 兵庫県
売上高：417億円
結婚式場、多目的ホールなど関連施設は277カ所

函館平安システム 函館市
葬儀場6カ所、結婚式場1カ所を運営など

ブライダル

ブライダルハウス チュチュ
札幌市中央区
道内のサロン2店、提携式場多数

創和プロジェクト 札幌市中央区
道内の結婚式場4カ所運営、インポートドレスのレンタル「グランマニエ」や結婚式場ナビ「札幌コンシェル」を運営

美美 札幌市東区
1962年創業。「ブライダルハウスBiBi」などのブライダル事業

グローヴエンターテイメント
札幌市中央区
道内の結婚式場、レストラン、アフターパーティー用店舗を運営

マスダプランニング 札幌市中央区
結婚式場などのブライダル事業や飲食事業。道内の結婚式場2カ所運営

葬祭業

セリオむすめや 札幌市白石区
道内に葬儀場5カ所運営

博善社 札幌市中央区
葬儀及び葬儀に付帯する業務、生花・仏壇の販売。札幌市内で葬儀場4カ所運営

北海葬祭 札幌市中央区
北海斎場など札幌市内で3カ所運営

北海道典範 札幌市東区
てんぱん斎場を運営

コープさっぽろ 札幌市西区
「コープの家族葬フリエ」名。札幌市内に2式場を運営

メモリアルむらもと 恵庭市
家族葬「ウィズハウス」。葬祭業で「香華殿」など道内に葬儀場15カ所運営

帯広公益社 帯広市
帯広市内に総合葬儀式場3カ所、家族葬専用式場1カ所運営。十勝管内幕別・池田・芽室・大樹町に支店

霊園・墓地

公益社 札幌市中央区
札幌市内に5つの葬儀式場を運営

ふる里公苑 札幌市中央区
真駒内滝野霊園（札幌市南区）を運営。モアイ像でおなじみ、総面積180万平方㍍の巨大霊園

聖山会 札幌市南区
藤野聖山園（札幌市南区）を運営。総面積36万平方㍍

総宗山弘照院 石狩市
真言宗の宗教法人弘照院が経営する「ばらと霊園」は墓所数3万基有余

北海道新聞朝刊に掲載中！
学生応援ページ 道新夢さぽ

キャンパスライフの今がわかる！

北海道新聞の学生応援ページ「道新夢さぽ」は、みなさんの夢をサポートします。学生たちのリアルな声を出発点に、学業から奨学金、アルバイト、サークル、就活まで、キャンパスライフの「今」がわかる特集面です。掲載日は月2回（第1、第3水曜日）の朝刊全道版です。大量の情報がネット上にあふれるなか、道新でしか読めない情報がここにあります。

新聞購読者の方は「道新夢さぽ」の記事をニュースサイト「どうしん電子版」でも閲覧できます。購読していない方は「北海道新聞パスポート」を取得（無料）すれば、電子版会員限定記事（一部の対象外記事を除く）を月10本まで無料で閲覧できます。

🐦 #夢さぽピックアップ にも注目！

「道新夢さぽ」は、学生にとって価値ある情報を学生に届きやすい形で発信したいという思いから、SNSにも力を入れています。担当記者が「これは読んでほしい」という記事を「どうしん電子版」からピックアップし、Twitterで「#夢さぽピックアップ」として紹介しています。ぜひフォローを。

こちらの二次元バーコードからアクセス！

次のページからは「道新夢さぽ」の最近の紙面の一部を紹介します。
※年齢や学年などは掲載当時のものです

2021年8月18日掲載

#道内中小企業特集
#この街にこの会社

若手社員の活躍 動画に

6月に採用面接が解禁された今年の就職戦線は、主戦場が大手から中小企業へと移ろうとしてる。まだ内定を得ていない就活生、あるいは既に内定を得ながら就活を続ける学生たちは、より自分に合った会社を探している。道新夢さぽでは道内のあまり知られていない優良企業を＜この街にこの会社＞というコーナーで、入社数年以内の若手が働く様子を動画付きで伝えてきた。参考にしてほしい。　（長谷川賢）

＜この街にこの会社＞は学生応援ページ道新夢さぽの紙面が創設された2016年6月4日に第1回の恵和ビジネス（札幌市）を掲載して以降、取り上げた企業数は20年4月15日の三新（札幌市）まで計39社。掲載は①道内に本社がある②大卒や高専卒の新卒採用を行う③財務内容が安定④メディアで紹介されていない―などを条件とした。今回の特集では再掲の了承を得た20社をピックアップし、動画が視聴できるQRコードも付けた＝表参照＝。

一日の仕事に密着

動画は若手社員の出勤から退勤までを密着取材し、インタビューで自身の就活を振り返ったり、将来の目標を語ったりしている。また、自社の強みや求める人材像を社長自ら説明しているのも特徴だ。

この動画をDVDにして採用活動に活用している企業も5社ある。内装資材販売の永浜クロス（札幌市）は合同企業説明会のブースで映像を上映している。

板金業のトリパス（札幌市）は、新型コロナ下の経済停滞の中でも好調な業績を維持している。取引先の多種多様な注文に応える技術力を武器に、たき火台などのアウトドア用品を自社で開発製造する新事業へ領域を広げ「売り上げ全体の1割を占めるまでになった」と杉本光崇（みつたか）社長（39）。

求める人材について杉本社長は「いい意味で遊んでいる学生。自分の興味や趣味を突き詰めることが仕事につながる」と話す。実際、動画に出た加藤瑞紀（みずき）さん（25）はガンプラ（アニメ機動戦士ガンダムのプラモデル）の趣味から金属のものづくりに憧れて入社した。「ワクワクできる仕事がしてみたい」とキャリアを見据える。

視野広げて行動を

■札幌市内の学生スペース「キャンパスアド」代表でキャリアコンサルタントの赤坂武道さん（44）の話　どこで、どんな働き方をしたいのか、就活中の学生にはもう一度しっかり考えることを勧めたい。ネット検索では名のある企業しか目に入ってこない。コロナ禍の今こそ視野を広げ、ダイレクトに連絡を取ってほしい。企業に出向き、自分の目で見、話を聞こう。中小企業は学生の意欲的な行動に応えてくれるはずだ。

＜この街にこの会社＞で紹介した企業

企業	内容
三新＝札幌市	放送関係軸に通信・電気工事（2020年4月15日）
工営舎＝札幌市	環境調和型の設備提案（2017年6月16日）
トリパス＝札幌市	金属加工で新たな価値を創造（2019年10月2日）
パイオニアジャパン＝札幌市	野菜加工 保存技術にも力（同5月19日）
永浜クロス＝札幌市	道内有数の内装資材商社（同5月15日）
シンセメック＝石狩市	自社一貫生産で柔軟対応（同5月5日）
クリエイティブオフィスキュー＝札幌市 	北海道発の「感動事業」全国展開（同1月16日）
電制＝江別市	製造機器に「優しさ」込め（2016年12月3日）
カワモト白衣＝旭川市 	全道をカバー きめ細かく対応（2018年11月21日）
ナニワ＝札幌市	独自のキャンプ用品も（同9月24日）
ポータス＝釧路市	ソフトやシステム開発 主力に（同7月5日）
エース＝石狩市	輸送・出荷 両輪で快走（同8月27日）
サングリン太陽園＝札幌市 	農薬と資材の卸 農家支え1世紀（同5月17日）
平塚建具製作所＝空知管内月形町	大型サッシ窓を生産（同8月13日）
末廣屋電機＝札幌市	電気設備工事に長年の実績（同4月5日）
ティーピーパック＝札幌市 	包んで商品価値向上（同7月30日）
二城＝札幌市	総合商社 札幌圏で基盤拡大（同2月15日）
昭和プラント＝札幌市	保守業務で高い技術力（同7月2日）
昭和木材＝旭川市	創業104年 木の総合企業（2017年10月20日）
恵和ビジネス＝札幌市	データ活用策提案も（同6月4日）

※再掲の了承を得た企業。動画内の年齢や肩書等は掲載当時のものです。

取材後記　中小企業の魅力を動画付きで発信する＜この街にこの会社＞を企画した元編集委員の青山実さん（64）は「大手と違い、志や能力を生かせる余地がある。小所帯の職場の雰囲気の良さも取材で感じた」と言います。自分に合った会社選びに悩む就活生が視野を広げるきっかけになれば幸いです。

2021年7月21日掲載

#市町村 移住促す
#企業 離職率も低下

奨学金の返還支援に着目

　進学の願いを後押しする奨学金。国の奨学金を扱う日本学生支援機構の調べでは、大学生（昼間部）の47％、短大生（同）の55％が何らかの奨学金を受給している。同機構の大学生一人当たりの貸与額は無利子が245万円、有利子が344万円に上る。国は大学生らの地方定着促進のため、自治体が奨学金の返還を支援する取り組みを推進する。日本学生支援機構は4月から、奨学金を利用した人の雇用先が機構に直接返済する「代理返還制度」を取り入れ、企業による支援の拡大を目指す。自治体、雇用先の返還支援を受けて働く人たちを紹介する。

（嘉指博行）

　オホーツク管内津別町は、2017年に奨学金返還支援制度を導入し、これまでに13人が利用して町内で働く。本年度は新たに5人が受給を予定する。

年12万円、最長で10年

　町外に進学した若者の帰郷や、移住を促し、企業の人材不足の解消も図る。大学などを卒業し町内で新規就労した人に奨学金の返済を年間12万円を上限に助成する。

　定住してもらおうと最長10年間、支援を続けるのが特徴。支援制度から外されることの少なくない公務員も対象で、転勤族も初任地が同町なら転出まで補助する。

　受給者の出身校は道外も2人いる。職業は公務員が8人、農林業4人、社会福祉関係が1人。制度設計を担った伊藤泰広副町長は「支援が、最終的に町内の会社を選ぶ理由になっている」と話す。

　津別町住民企画課の水野啓弥さん（27）は、北星学園大を卒業した17年に入庁し制度を利用した。北見市出身で住民をサポートしたいと、地元近郊で公務員になることを希望していた。

　現在は広報を担当。タウンニュースとして放牧酪農家に密着した動画を作り、日本広報協会の全国コンクールで入選した。「まちの魅力を伝えられた時に達成感があります」と充実しているよう。

　数百万円もの奨学金の返済は、当初は現実味がなかったが、返していくうちに「重みが分かってきた」。支援制度は「津別町に就職を決める理由の大きな部分だった」という。「早いうちから支援制度があることを知っていれば、就職活動をするにあたって視野が広が

奨学金返還支援を実施している道内の47市町村

札幌市	旭川市	室蘭市	苫小牧市
赤平市	紋別市	根室市	深川市
富良野市	北広島市	松前町	八雲町
島牧村	黒松内町	神恵内村	上砂川町
栗山町	沼田町	鷹栖町	上川町	和寒町
剣淵町	美深町	幌加内町	苫前町
初山別村	猿払村	中頓別町	枝幸町
幌延町	津別町	斜里町	清里町	小清水町
訓子府町	湧別町	大空町	平取町
浦河町	えりも町	鹿追町	清水町
芽室町	足寄町	陸別町	標茶町	鶴居村

※「奨学金返還支援を実施している」と内閣官房まち・ひと・しごと創生本部に回答した道内の市町村＝2020年調べ

ると思う」と話す。

優秀な人材を確保へ

　雇用する側も目的を持ち返還を助ける。

　「奨学金を借りて進学するのは自己投資。意欲的に学ぶ人として評価する」。コープさっぽろ（札幌）の道西隆侑（たかゆき）人事部長は支援制度についてこう説明する。

　優秀な人材の確保と定着促進を目指し19年に導入。3年目まで助成する。返済額の半額支給を基本とし、返済が月額2万円以上の場合は本人負担が1万円となるよう差額を支給する。導入後、応募数が増え離職率も低下しているという。職員の約半数が借りており、現在63人が対象。

　支援を受ける井城（いき）克隆さん（25）は札幌学院大出身で入協3年目。食べることが好きで食材の生産に興味を持ち、この職業を選んだ。店舗での畜産販売を経て、現在は人財育成部の若手チームで、さまざまな作業の手順マニュアルを作る。動画も作成。初め

津別町の広報誌づくりに取り組む水野さん（町役場提供）

作業マニュアルを説明する動画を作るコープさっぽろの井城さん（星野雄飛撮影）

て作業をする人が、どこにつまずくかを議論し、編集した動画を撮り直すことも。「役に立ってもらえれば」と意欲的だ。

　井城さんは有利子の奨学金を利用。返済の厳しさを考え、借りたのは3年まで。4年ではアルバイトの時間を増やし、しのいだ。「返済は長期間。就活では支援の有無も検討した方がいいのでは」と助言する。

　道内で日本学生支援機構の奨学金を借りている学生は約5万千人。回収率は全国で88.9％で、1割以上の返済が滞る。就学支援情報を発信する北海道奨学金ネットワークの谷本伸一事務局長は「多くは月の返済を2万～4万円で借りており、夫婦共に借りていると返済のため子どもを持つことをためらい、人生設計に影響する」と指摘。返済を減らすため授業料値下げを求める。

取材後記 住みたい地域で、やりたい仕事に就き奨学金の返済残高も減っていく―。支援制度を上手に使えば実現できそうです。制度を持つ自治体、企業を学生が知るきっかけを増やしてほしい。ただ、数百万円も借金を背負い、社会に出る現状はあまりに酷。授業料無償化など抜本的な対策が必要です。

2021年7月7日掲載

#長期インターン
#「M-PRO」キックオフ

地元企業の魅力 動画に

　企業・業界研究に欠かせないインターンシップ(就業体験)。採用選考活動と直結した「ワンデー」などの短期型は事実上の企業説明会になっているが、より深く知ることができる長期型にも目を向けたい。札幌商工会議所と北海道新聞社が共催する「学生による企業の魅力発信プロジェクト」(M-PRO)は、札幌圏の中小企業に3カ月間、足を運び、経営者や社員と交流しながらその会社のPR動画を制作するという課題に挑む。就活の枠を超えたキャリア教育としても注目だ。

(長谷川賢)

　3日、オンライン会議システム「ズーム」でキックオフ・ミーティングが開かれた。参加企業は札幌圏の9社。学生側は札幌大や藤女子大など5大学から2年生24人、3年生8人の計32人。ゼミ単位に加え、今回初めて個人参加もあり、大学混合チームを編成し1チーム3～5人で活動する。

社長にインタビュー

　学生に与えられた課題は1分以上3分以内の動画作り。8月までは企業を訪問したり、オンライン会議に参加したりし、場合によっては社長にインタビュー取材をし、社員が働く現場の映像も撮るなどして、動画のイメージを膨らませる。

　動画の提出期限である9月16日に向けて、集めた素材に字幕や効果音などを入れる編集作業を行う。完成した動画は同28日からM-PRO公式サイトで公開する。10月10日の成果発表会で各チームがプレゼンテーションを行い、審査の結果、最優秀賞を決める。

　同じように企業動画制作に取り組んでいる室蘭工業大が、M-PROとの連携を呼びかけ、10月の発表会で室工大生が作った動画も上映する方向で調整している。

　小樽商科大社会情報学科2年の白崎俊太郎さん(20)は新聞で参加者募集の記事を見てエントリーした。「企業を内部から知る機会はなかなかないので、貴重な体験ができると思った」と動機を語る。将来は何かを伝える仕事に興味があるといい、広告業か観光業を志望している。

　白崎さんが北星学園大の3人とチームを組んで担当することになるハイテックシステム(恵庭)は、水力発電の制御装置などを手がけている会社だ。ズームでのミーティングに参加した酒井裕司専務(45)は「うちの仕事は内容が伝わりにくいので、以前から動画によるPRを考えていた。いい動画ができれば実際に営業や採用活動などで使いたい」と期待する。

売る側の目線学べる

　ゼミの一環で取り組んでいる北海学園大経営学部の佐藤大輔教授(経営管理論)は「視点の移行がポイントになる」と学生に助言する。ある商品を買う顧客目線と、売る側である企業の立場の目線があり、学生は前者の視点になりがちだが、企業を理解するには「実は両方とも大事」と強調する。M-PROは企業・業界研究の新しい形として、大学生と企業の双方に実りをもたらしそうだ。

オンライン会議システム「ズーム」で行われたM-PROキックオフ・ミーティングの模様=2021年7月3日

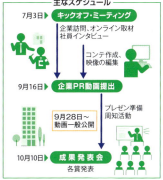

学生による企業の魅力発信プロジェクト「M-PRO」概要

参加企業9社	インターン学生32人
アイビック食品(札幌) =食品製造業	札幌大生4人
エコテック(札幌) =設備工事業	藤女子大生5人
セーフティガード警備(札幌) =警備業	北海学園大生2人 札幌大生1人
ハイテックシステム(恵庭) =電気機械器具製造業	北星学園大生3人 小樽商科大生1人
北清商事(札幌) =環境リサイクル	北海学園大生3人
北海道歯科産業(札幌) =歯科専門商社	北海学園大生3人
丸水札幌中央水産(札幌) =水産卸売業	北星学園大生4人
メディア・マジック(札幌) =情報通信業	北星学園大生5人
リッジワークス(札幌) =ソフトウエア開発	北海学園大生3人

主なスケジュール
- 7月3日 キックオフ・ミーティング　企業訪問、オンライン取材、社員インタビュー
- 9月16日 企業PR動画提出　コンテ作成、映像の編集
- 9月28日～ 動画一般公開　プレゼン準備、周知活動
- 10月10日 成果発表会　各賞発表

> **M-PRO**　優秀な人材の道外流出を食い止めようと札幌商工会議所が地元企業の魅力を大学生に知らせる長期インターンシップ事業を2017年度に開始。18年度は「プロジェクト180(ワンエイティ)」と銘打って企業と学生が新規事業に180日間本気で取り組むことを掲げた。19年度から名称を「M-PRO」に変更し、企業の採用パンフレットを作った。20年度からは動画制作を課題に据え、若い世代に響くコンテンツ作りを進めている。

取材後記　コロナ禍で授業はオンライン、課外活動も自粛を余儀なくされ、思うような大学生活が送れていない世代が「何か行動したい」という動機で集まっている。キックオフ・ミーティングで北星学園大の足立清人教授が「まず参加を決断した自分をほめてください」と学生たちを評価した。同感だ。

141

2021年3月17日掲載

#コロナ禍で未内定
#「第二新卒」支援策

卒業後の就活 視野広げて

この春、大学を卒業した後も就職活動を継続する人が例年より増えそうだ。コロナ禍に翻弄（ほんろう）され、内定を得られなかった2021年卒業予定の就活生（21卒）を取材した。彼ら彼女らは今後どのように就活を進めていけばよいのか。支援策も探った。

（長谷川賢）

札幌市中心部にある新卒応援ハローワークの相談窓口。卒業後3年以内の「第二新卒」にも親身に対応している

札幌ドームで開催された大規模な就活イベント＝2021年3月9日（マイナビ提供）

航空会社でグランドスタッフとして働くことを夢見ていた藤女子大学4年の相川美里さん(22)＝仮名＝は、大手が本年度の採用を次々見送る中で「保安検査員でもいいから新千歳空港で働きたい」と警備会社を受け、いったんは内定を得た。だが2月中旬に勤務地が空港以外と分かり、悩んだ末に内定辞退を申し出た。「また最初からやり直すと思うと気が重い」と相川さん。3月、札幌新卒応援ハローワークで再び就活を始めた。空港勤務は諦め、カフェなどの接客業で良い求人がないか探す。

新卒応援ハローワークは卒業後3年以内を支援対象としている。中川美枝室長は「心のケアも含め一人一人のケースに合わせて親身に対応している」と話す。札幌以外でも各地域の職安（道内22カ所）に新卒応援窓口が設けられているので、21卒は訪ねてみるといいだろう。

オンラインで苦戦も

小樽商科大4年の鈴木昇平さん(22)＝仮名＝も現時点で内定ゼロ。自分の長所をPRするのが苦手といい、「対面なら分かってもらえる部分もあると思うけど、オンラインだと質問もしづらくて、企業と良好な関係をつくれなかった」と振り返る。コロナで友人との交流も疎遠になり、大学からも足が遠のき、情報交換もできないまま17日に卒業式を迎える。「就活に消極的でそのままズルズル来てしまった。どうにかしなければ」と不安を募らせる。

3月9、10日、札幌ドームで開かれた就活イベントには延べ5千人以上が来場した。主な対象は来春卒業予定の現3年生、いわゆる22卒だ。この中に21卒の田中良輔さん(22)＝仮名＝の姿も。道外の国立大の4年生で、出身地の札幌にUターン就職を希望している。「秋まで公務員を目指していて、うまくいかなかったので民間企業に切り替えたが、結局1社も内定がもらえなかった」。21卒向けのサイトは2月末で閉鎖され、企業の説明会が解禁された3月以降は22卒が主役だ。ある企業ブースを訪問した田中さんは「既卒もOK」と言われ「正直もう見向きもされないのではと不安だったので少しほっとした」。

関係者によると、道内40大学の21卒の平均内定率は昨年12月末時点で80％前後で、前年同期に比べ5〜10ポイント低かった。コロナ禍による選考遅れが響いているとみられるが、徐々に回復の兆しも。年度末には前年並みになる見通しの大学がある一方、授業のオンライン化で通学機会が減り学生の進路把握に苦慮する大学も少なくない。複数の大学で「卒業後も就活を続ける人は例年より増える可能性がある」としている。

求められる柔軟さ

21卒はどのように就活に臨めばいいのか。就活に詳しい大学ジャーナリストの石渡嶺司さん(45)は「まず出身校のキャリアセンターに相談しよう。オンライン面接用の部屋も貸してくれるところが多い。大事なのは志望する業界でなくても企業やそこで働く人に興味を持てるかどうか」と強調。視野を広げ柔軟に対応することが求められている。

取材後記 卒業後おおむね3年以内の人を「第二新卒」と呼ぶ。厳密には既卒者だが社会人経験もなく新卒扱いに違和感はない。コロナ禍で再び就職氷河期を招かぬように—と政府は経済団体に「既卒」「新卒」の柔軟対応を求めている。就活を続ける21卒が不利にならず人材本位の採用を期待したい。

道新夢さぽ 人気のコーナーより

2021年3月3日掲載

相談ルーム

将来の仕事のことで迷っています

札幌市内の大学2年女子

今回の回答者
東海大学札幌教学課
キャリア就職担当
根本直樹さん

Q 将来の仕事のことで迷っています。私は興味のある文房具のメーカーに勤めたいのですが、コロナ不況のように経済が停滞すると民間企業は厳しくなるのが心配です。それならば安定している公務員がいいのかなと思い始めています。

A あなたの気持ちを言い換えると、本当は好きな仕事をしたいけれど民間企業は不安定なので、好き嫌いは別として公務員の方が安定した生活ができるのでは—ということになるでしょうか。不安はよく分かりますが、民間だから不安定ということはなく、社歴が長く経営が安定している企業はたくさんあります。公務員は確かに安定している面はありますが、もし好きになれなければ「心の安定」は保てるのかという問題が出てきます。

Q 長く続いている企業は何が違うのですか。

A 共通点は自らを柔軟に変えられることです。時代は常に変化し、人々が求めるものも刻々と変わります。それに合わせて自社のビジネスをどれだけ変えられるかで差が出てきます。変化が必要なのは行政も同じ。企業でも行政機関でも安定しているように見えるとしたら、それは時代の要請に応えて日々努力して変化している姿なのです。

Q 就職を考えるときに何から始めるとよいのでしょうか。

A まずは歩みたい人生を言葉にできるようにしましょう。そのためにも各種業界・企業、さらには公務員の情報も集めます。そこでは「変われる力」も注目点の一つです。3年生になったら就業体験もして目指す方向を固め、業界などを少しずつ絞っていきます。計画的にゆっくり進むことをお勧めします。

（構成・青山実）

2021年5月5日掲載

つぶやきの泉

返答は「＋α」で

私は今、就活中。ある企業の面接でガクチカ（学生時代に力を入れたこと）を聞かれ、用意した答えをうまく言えた。でも数日後その会社から「お祈りメール」（不採用通知）が届いた。何が足りなかったのか。ガクチカを答えた上で入社後その力をどう生かすかも付け加えるべきだった。重要なのは相手の質問に「＋α」で返答することなのだろう。

（北海学園大4年、すず）

2021年6月2日掲載

夢さぽ人 マイドリーム

野村 咲季さん(23)

＝小樽商大4年

「教育を変えるのが私の夢」と語る。何を変えたいのか。「都会と田舎の地域間格差、経済力による教育環境の格差もある。そういう格差をなくしたいんです」

塾講師のアルバイトで、夢を諦めかけていた不登校の女子中学生に英語の楽しさを伝えた。その生徒は勉強が好きになり、高校へ進学。大学にも行きたいと希望を語るようになった。「人は変われる。誰かの役に立てたのがすごくうれしかった」

3年次に交換留学で渡米し日本以上の格差社会を目の当たりにする。コロナで早期帰国を余儀なくされたが、就活では既に東京の経営コンサルティング会社から内々定を得た。今は地域の学びを支援する全国ネットワーク組織「あしたの寺子屋」でインターンとして活動する。数年間、このコンサルティング会社で経験を積んだ後、大学院で教育格差是正の研究をしたいと夢を膨らます。

座右の銘は「Why not?」。無理、できそうにないと弱気になりそうな時「なぜやらないの？ やるでしょ」と自らを鼓舞する言葉だ。NBAのスター選手ラッセル・ウエストブルックの信条としても有名で「大ファンなんです。新しいことや難しいことに取り組む原動力になっています」と笑顔がはじける。札幌市出身。

（長谷川賢）

教育の格差 なくしたい

札幌市中央区のコワーキングスペース「ドライブ」でパソコンを開き、談笑する野村さん

143

教えて！道新先生

日本の学校教育が変わります。
2020年度に始まった、
読む力、考える力、書く力を総合的に育む教育改革。
そこで大切な役目を果たすのが新聞です。
熱く、親身に向き合い、子どもたちの可能性を引き出す。
そんな存在になれるよう、ますます
教育に力を入れていく北海道新聞です。

〈教育熱心〉 北海道新聞

受験に役立つ。
子育てに活きる。
教育関連の紙面を
毎朝届けます。

月	学びeye　教育に新聞を Newspaper in Education
火	まなびのひろば　ぐんぐん
水	ぶんぶんtime　道新夢さぽ
木	中高生まなぶん
金	くらし　子育て
土	道新こども新聞　週刊まなぶん
日	親と子サンデー

 おためし・ご購読の お申し込みは

📞 **0120-464-104**
平日　9:30〜18:30
土日祝　9:30〜17:30
（北海道内からの発信のみ）

道新購読 [検索]

 北海道新聞社

ほっかいどう 企業ファイル

> 北海道新聞経済面に掲載中

～道内主要企業の現況や経営戦略を紹介～

「ほっかいどう企業ファイル」は、1995年6月に連載をスタートし、名称を変更しながら、道内主要企業や新興企業の現況や経営戦略、経営者の素顔など670社あまりを紹介してきました。

連載中の「ほっかいどう企業ファイル」は、原則、火曜日の朝刊経済面に隔週で掲載しています。

過去1年間の「ほっかいどう企業ファイル」は、
「どうしん電子版」で閲覧できます。
以下のURLまたは右記の二次元コードからご覧ください。

https://www.hokkaido-np.co.jp/series/s_companyfiles

閲覧には、「どうしん電子版会員（読者会員）」または「北海道新聞パスポート(無料)」への登録が必要です。

このコーナーでは、2020年1月から2021年6月に掲載された「ほっかいどう企業ファイル」の中から26本を紹介します。記事の一部は、最新のものに改稿しています。

ネタや出店「攻め」貫く

ときわ
- 本社　釧路市新橋大通1の1の19
- 創業　1995年
- 事業内容　回転ずし、食堂経営
- 売上高　17億1千万円（2020年8月期）
- 従業員数　社員54人、パート・アルバイト370人
- 採用　4人（20年実績）

道東産のサンマやマイワシ、釧路名物のクジラなど地元産を中心に素材にこだわる回転ずし「まつりや」を経営する。釧路、十勝両管内と札幌市内に計9店を展開するほか、釧路市内で食堂「うるとら食堂」を運営する。

創業は1995年。根室市内の水産会社が前年、同市常盤町に開店した根室初の回転ずし店を経営する会社として設立された。社名は地名から名付けられた。

当時店長だった山根政義社長が2代目に就任した2001年、市場が大きい釧路市に現店名の1号店となる新橋本店を開店した。09年に十勝管内、13年に札幌市内に進出し、14年には本社を根室から釧路に移転。主に閉店した回転ずし店に居抜きで出店することで、初期投資を抑え、釧路市に2店、札幌市に3店、帯広市、釧路管内釧路町、十勝管内音更、幕別両町に各1店を展開する。

＊創作ずしにも力

山根社長は根室管内別海町出身。地元の高校卒業後、道内外のスーパーで鮮魚を担当していたが、20代でオーストラリアに渡り、すし店で働いた。各国の料理人との交流で「固定観念を捨てれば、すしの可能性は広がる」ことを学び、ザンギ（鶏の唐揚げ）を卵で巻いた「鳥子（とりこ）ロール」など創作ずしにも力を入れる。

まつりやのメニューは200種類以上。ネタは全国の市場や釧路、根室両管内の仲卸業者から仕入れ、地元産のトキシラズやニシン、サンマもいち早く取り入れてきた。シャリとシャリ酢にもこだわり、シャリは毎年米のできを確認しながら持ち帰りでも味が落ちないよう2種類をブレンド。シャリ酢はまろやかな酒かす酢をベースに道産昆布のうま味がコクを引き出す。

＊持ち帰り2割に

新型コロナウイルス禍の20年12月に札幌市内3店目を出店するなど攻めの姿勢を貫き、20年の売上高は19年比9%減にとどめた。コロナ前に導入したスマ

豊富なメニューで幅広い世代に人気を集める「まつりや」1号店の新橋本店＝釧路市

ホやパソコンから持ち帰りの注文ができるアプリも奏功。売上高の約2割はテークアウトが占める。山根社長は「今後も道産素材にこだわり、道内での新規出店や海外進出も視野に入れたい」と意気込む。

水素貯蔵供給　効率良く

フレイン・エナジー
- 本社　札幌市東区北15東16の1の1
- 設立　2001年
- 事業内容　水素の貯蔵・供給装置の設計、製造、販売
- 売上高　1億6400万円（2020年3月期）
- 従業員数　9人
- 採用　不定期

水素を安全で簡単に使える社会を目指し、効率良く貯蔵・供給できる小型装置の開発や製造を手掛ける環境ベンチャー企業。世界的に脱炭素の機運が高まる中、燃焼時に二酸化炭素（CO_2）を出さない水素はその切り札とされ、小池田章社長は「見せ物でやっているだけと言われもしたが、ついに水素時代が幕を開けた」と意気込む。

光学機器大手出身の小池田氏が水素の可能性に着目し、2001年に設立した。当初の社名は水素の化学式「H_2」を取り入れた「エイチ・ツー・ジャパン」だったが、04年にアイスランド語でクリーンを意味する単語「フレイン」を冠する現社名に変更した。

＊安全に大量輸送

最大の強みは、気体の水素をトルエンと反応させて液状の「メチルシクロヘキサン」に変える有機ハイドライド技術だ。常温常圧で安定し、水素の体積が500分の1に圧縮されるため、長期貯蔵や大量・長距離輸送も可能。輸送先で水素を取り出して発電用などの燃料として活用できる。

圧縮水素や液体水素より安全性や効率性が高いといい、小池田社長は「ごく少量を扱うならボンベで十分だが、ある程度の量を運ぶのに向いている。需要が増えればインフラとして重要視される」と期待する。

熱伝導性が高く国際特許を取得した反応器の開発と反応性に優れた触媒の採用で、装置の小型化にも成功。研究機関にオーダーメードで販売しており、中国やウクライナなどからも問い合わせがあるという。

＊小型車両開発も

英国の研究開発機関と水素ステーションの実用化で提携した実績もあり、小樽市の研究室と石狩市の試験場で研究を重ねる。札幌商工会議所などとも連携し、20年度は札幌市の補助金1千万円を活用して水素を燃料とする小型車両の開発

メチルシクロヘキサンから水素を取り出す装置（同社提供）

に着手。ゴルフカートに燃料電池を積み、連続的に充電することに成功した。

道内では石狩湾沖などで洋上風力発電所の建設計画が相次いでいる。こうした再生可能エネルギーで製造した水素の活用も期待されており、小池田社長は「チャンスだと捉えたい」と話している。

介護、学童保育も展開

十勝バス

▶本社	帯広市西23北1
▶設立	1926年
▶事業内容	バス、介護事業など
▶売上高	13億8600万円（2020年3月期）
▶従業員数	255人（パート、アルバイト含む）
▶採用	15人（20年4月〜21年3月実績）

　十勝管内33の路線バスを中心に、観光バスや都市間バス、福祉ハイヤーなどを運行。1926年（大正15年）創業の老舗企業として十勝の人の足を支え続ける。地域に必要とされる会社であり続けたいと、近年は運送以外の介護や学童保育などの事業も展開する。

　同管内の年間バス利用者数は69年の2300万人をピークに、自家用車の普及などに押され、2006年には390万人まで落ち込んだ。同社も一時は破綻寸前まで追い込まれた。

＊地域密着で増収

　転機は燃料費高騰で経営難に拍車がかかった08年。活路を見いだそうと、路線沿線を戸別訪問したところ、住民から「バスの乗り方が分からない」と意外な声を聞いた。乗り方を説明し、時刻表を配るなど地域密着の営業を行ったところ、効果はすぐに利用者増となって表れ、12年3月期は40年ぶりの増収を達成した。

　地方バスのビジネスモデルとして全国から注目を浴び、19年3月期まで毎年増収を継続。20年3月期は後半に新型コロナ禍が直撃し9年ぶりの減収となったが、創業100年の節目となる26年に向け、企業理念に掲げる「生活の安心を届ける」取り組みを加速させている。

　高齢になりバスに乗れなくなった後も生活の役に立つ会社であってこそ、信頼を得られる―。そんな考えから06年には介護事業に参入。その後、学童保育事業、買い物代行など生活支援サービス事業も始めた。21年3月には、人を大切にする経営学会（東京）の「日本でいちばん大切にしたい会社大賞」で、地方創生大臣賞に選ばれた。

＊数年内に新拠点

　今後は、数年内に介護や学童保育など各種事業の拠点を帯広市郊外の大空地区の団地へ集約。人の流れをつくり出すためのモデル地区にする計画で、既に団地内での予約制ジャンボタクシーの運行や宅配事業を始めている。

路線バスや都市間バスなどを運行する十勝バスの本社。住民目線のサービスで利用を促している

　従来のバス会社は病院や駅など既存の目的地に人を運ぶことで収益を上げてきたが、野村文吾社長は「地域を活性化し、自らの手で『目的地』をつくる。新しいバス会社のあり方が求められている」と強調している。

印刷技術で医療に貢献

セーコー

▶本社	札幌市西区八軒7西4の1の12
▶設立	1970年
▶事業内容	看板製作・施工、スクリーン・デジタル印刷、医療介護用品製造
▶売上高	非公表
▶従業員数	13人
▶採用	不定期

　祖業の印刷に加え、近年は医療・介護用品の開発や製作にも力を入れ、売り上げはほぼ半々という。営業4人、製作9人と小所帯ながら、多品種少量生産で顧客の要望に対応。病院や介護現場の「あったらいいな」を形にし続けている。

＊転機は2006年

　創業当時は、孔版印刷の一種「シルクスクリーン」の専業。布製の版に細かい穴を開けてインクを通すことで、紙やアクリル板、金属、布などさまざまな素材に文字や絵柄を転写する手法だ。飲食店の看板や観光案内板、のぼり旗の製作を多く手がけ、現在もホテルの看板やTシャツのプリントなどの受注がある。

　平成に入ると、インクジェット印刷が普及。看板製作では、印刷したシートを素材に貼り付ける手軽で安価な手法が急速に広がった。需要を取り込もうと、大型インクジェットプリンターを導入。顧客の希望に応じ、素材やインクの質感を生かすシルクスクリーンと手頃なインクジェットとを使い分けるようになった。

　転機は2006年。エコバッグの印刷を受注した静岡の医療機器メーカーから、介護施設の高齢者らのベッドの横に置く離床センサーつきマットの製造で協力を求められた。マットは、金属入りのシート2枚を重ねて内部に入れることで、人が乗ると通電してセンサーが反応する仕組み。シルクスクリーンの技術を生かし、プラスチックのシートに通電させるための銀ペーストを載せる工程を担うことになった。

　その後も、患者が透析の管を抜かないよう装着するビニール製の手袋や、新生児の頭囲を測る不織布の巻き尺など、20種類以上を静岡のメーカーと共同開発。現在は、おむつの温度変化で排せつしたことがわかるセンサーの開発に携わる。

＊感染対策用品も

　新型コロナウイルスが流行する中、感染対策用品も積極的に手がけている。多品種少量生産の強みを生かし、それぞれ

工場で働くセーコーの従業員。顧客のニーズに応えるため手作業も多い＝札幌市西区

の店舗や病院に合ったサイズや形のパーティションなどを製作。創業者の益井弘さんの長女で13年に経営を引き継いだ三井尚子社長は「時代の変化に対応しながら地域に貢献し、会社としてもレベルアップしたい」と話す。

ホタテの加工品全国へ

北見市常呂町産の新鮮なホタテを生かした水産加工品を製造・販売する。約40年前から「姓はところで、名はしんや」とのキャッチフレーズをテレビCMや広告で使い、長年にわたりオホーツクの海の恵みを発信し続けている。2021年に創業130年の節目を迎え、4代目の新谷有規社長は「オホーツクの魅力が詰まった商品を今後も全国に届けたい」と語る。

曽祖父で初代の故・徳治さんが1891年(明治24年)に海産物や雑貨類の仲介業を興したのが始まり。その後、徐々に事業の中心を水産加工業に移し、1950年代から父で3代目の故・淳治さんが、看板商品の「ほたて燻油漬」などの珍味の加工に乗り出した。

*おがくずの煙で

当時はホタテの養殖技術が今ほど確立されておらず、水揚げ量は天候や年によって大きく左右された。漁業者でもあった淳治さんは「不漁でも付加価値を付けることで安定して利益を上げられるように」と燻油漬をつくり始めたという。

燻油漬はオホーツク海やサロマ湖のホタテ貝柱をナラのおがくずの煙でいぶし、植物油に漬け込んだもので、しっとり食感とホタテの濃厚なうま味が楽しめる一品。贈答用にも好まれ、「名古屋からわざわざ毎年買いに来てくれる人もいて、日本各地から引き合いがある」(新谷社長)。

今やホタテ関連商品は約20種類を数え、売り上げの8割を占める。サロマ湖産カキの燻油漬も人気商品の一つになっている。

*地元品とセット

地域では10年ほど前から、労働力不足を補うため、水産加工業者同士が連携して、他社の商品製造を一部請け負う取り組みを始めた。

しんやでもホッケやニシンの開きなどホタテ以外の加工品も数多く手がけるように。地元農家の加工品や肉製品と組み合わせたギフトセットも販売する。

新谷社長は「人不足など同じ悩みを抱えている企業同士で強みを生かしながら補い合うことが大切。オホーツク全体で協力し、地域を明るくしていきたい」と将来を見据え、「オールオホーツク」での売り込みをより一層強化する方針だ。

しんや

- 本社　北見市常呂町常呂45の6
- 創業　1891年
- 事業内容　水産加工品の製造・販売
- 売上高　4億5千万円(2020年3月期)
- 従業員数　30人
- 採用　不定期

看板商品の「ほたて燻油漬」のホタテ。いぶされ少しずつあめ色になっていく(魚眼レンズ使用)

チョコ菓子　地産地消で

フランスやイタリア、スペインのチョコレートを使い、一口サイズの「ボンボンショコラ」や、口溶けのよい生地とムースを丁寧に積み重ねた「マリアテレサ」など洋菓子約200種類を「ショコラティエ　マサール」各店で販売する。古谷健社長は「原料のチョコは50種類ほど常備し、表現したい味に合うものを選んでいる」と話す。

*「世に感動」原点

パリのチョコに魅せられた父の勝さんが1988年、欧州と気候が似た北海道でも地元の素材を生かしたおいしいチョコを作りたいと創業。古谷社長は国際基督教大を卒業後、大手広告代理店で約10年勤めた後、2012年に入社した。

当時は大手スーパーやホテルとの取引が増え、売り上げは伸びていたが、利幅が薄く、増産分を外注したため味も落ちていた。「規模拡大を追いかけ、自信を持って客に届けることがおろそかになっていた」。取引を見直し、父が創業時から大切にしていた「ショコラを通じて世の中に感動を提供する」という原点を経営理念として明文化した。

勝さんが亡くなった15年、後を継いで社長に就任。原材料の生クリームは北海道産を中心に使い、道産のハスカップやリンゴなどを生かした地産地消の菓子を作る。欧州のボタン屋に並ぶ商品をイメージしたかわいらしいチョコ、一口サイズのブラウニー…。彩り豊かな菓子を最も美しく見える角度で手詰めするなど、客に届けるまで気を抜かない。父から受け継いだこだわりを今も守り抜く。

*キャラメル復活

「一族にとって大切な味を残したかった」と、1984年に倒産した古谷製菓(札幌)の人気商品「フルヤのウインターキャラメル」を2021年3月に復活させた。冬季限定で、開店から1時間ほどで売り切れる。同社は曽祖父が前身の商店を1899年(明治32年)に創業。購入者から「幼少期に食べさせてくれた亡き母の墓前に供えた」と感謝の手紙が届くなど、客との新たなつながりも生まれている。

コロナ禍で売り上げは苦戦が続くが、古谷社長は「目玉商品の開発や、販路を海外にも広げる準備を始めなければ」と前を見据えている。

マサール

- 本社　札幌市中央区南11西18の1の30
- 拠点数　札幌市内3店、新千歳空港内2店
- 創業　1988年
- 事業内容　洋菓子の製造、販売
- 売上高　5億4千万円
- 従業員数　社員65人、パート10人
- 採用　5人(2021年春)

チョコレートなど色鮮やかな菓子が並ぶ「ショコラティエ　マサール本店」

高い防雪柵技術　世界へ

理研興業

- 本社：小樽市銭函3の263の7
- 設立：1955年
- 事業内容：防雪柵などの製造・販売、雪害対策施設の設計・開発・調査
- 売上高：14億8700万円（2020年3月期）
- 従業員数：26人
- 採用：1人（20年度実績）

防雪・防風対策製品の専業メーカー。道路脇に設置して道路上の雪を吹き払う防雪柵の官公庁などへの納入シェア（2020年度）は、北海道、東北、北陸でそれぞれ1位を誇る。

理化学研究所を母体とする関連会社の北海道営業所として1949年に小樽に開設、55年に独立した。当初は鉄道関連資材などを開発・販売していたが、62年に開発局の防雪柵試験開発に参加したのを機に防雪対策製品の製造を開始。68年には、それまで木製だった防雪柵の鋼材化に業界で初めて成功した。

夏には不要になる防雪板を地面に収納できる自動収納型や、幅が広い道路で雪をより遠くに吹き払う高性能型など、さまざまな道路に対応可能な新製品を次々と開発。道内民間企業で唯一、人工的な風の中に模型を置き吹雪の影響を調べる「風洞実験室」を持ち、製品開発に生かしてきた。

＊「光るロープ」も

防雪柵は、道路に平行に風が吹くと効果が発揮できない。そうした場合の視界不良を解決するため、2018年に「光るワイヤーロープ」を開発した。道路脇のワイヤロープ式防護柵に発光ダイオード（LED）で光る樹脂線をまき付けて夜間や吹雪下での視認性を確保。19年の北海道新技術・新製品開発賞で最高賞の大賞を受賞した。

近年は防雪技術の海外展開に注力する。北海道と緯度が近い中央アジア各国からの研修生を14年から受け入れ、17年以降はキルギスやネパールの道路に防雪柵や光るワイヤーロープを設置した。今後は発展途上国の企業と協力し、各種部品を海外生産する計画だ。柴尾耕三社長は「必要とする国に日本の技術を普及させたい」と意気込む。

＊災害対策に注力

暴風雪災害に備えた防災技術も研究する。防雪柵に太陽光パネルを取り付け、

太陽光パネルを取り付けた防雪柵で発電量を調べる理研興業の実験場＝小樽市銭函

道路脇に設置する避難シェルターに電力を供給する仕組みを構想。20年から小樽市銭函の実験場で冬季の発電量を調べ、シェルターの稼働に必要な量を発電できるか検証している。柴尾社長は「北国の道路の安全に関わる責任がある」と話し、防雪技術のさらなる向上に力を入れる考えだ。

キャンプ用品販売に力

秀岳荘

- 本社：札幌市白石区本通1南2の14
- 創業：1955年
- 事業内容：アウトドア用品販売
- 売上高：23億9千万円（2021年2月期）
- 従業員数：76人
- 採用：不定期

北海道を代表するアウトドア用品店「秀岳荘」を経営する。札幌市内に2店、旭川市内に1店を展開。札幌・白石店内には縫製工場があり、山スキーなどのオリジナル商品を製造している。

初代社長の故金井五郎氏が1955年「金井テント」の看板を掲げ、手作りのテントなどを販売したのが始まり。現在の小野浩二社長は専務だった2012年に経営を引き継ぎ、3代目社長に就任した。

売り場の各担当者に、メーカーとの交渉や価格設定、販売まで全てを任せるのが同社の伝統。従業員の自主性に任せたいとの思いからノルマも設定しない。担当者が各売り場に自分の店を持つイメージで、小野社長は「自分が選んだ商品が売れたら自信がつく。自分の趣味や嗜好の良き理解者でもある買ってくれたお客さんと友達になる店員もいます」と話す。

＊店づくりを重視

インターネット通販が拡大する中、同社も05年からネット販売を始めたが、売り上げはあえて全体の25％程度に抑えている。店内には各担当者がこだわりの品をそろえ、価格も割安に設定。小野社長は「時間とお金をかけてでも足を運びたくなる店舗をつくりたい」と強調する。

コロナ禍で20年4〜5月には、札幌市内の2店舗を16日間休業し売り上げが激減した。しかし「3密」を避けつつ楽しめると注目を集めた空前のキャンプブームで同年の夏以降は回復基調。ソロキャンプ人気を反映し、店内には1人用テーブルや鉄板なども並べている。北大店（札幌市北区北12西3）は21年5月に改修を終えグランドオープン、4階のフロア全体を使いキャンプ用品売り場を設けた。

＊交流促す制度も

従業員同士の交流を深めてもらおうと18年ごろから、休日に3人以上で登山やキャンプに行き、その様子を会員制交流サイト（SNS）に投稿すると、車1台

本格的な登山用品からファミリーキャンプ向けの道具まで幅広い商品が並ぶ秀岳荘白石店＝札幌市白石区

分の高速料金とガソリン代を会社が負担する社内制度を設けた。小野社長は「アウトドアを楽しみながら仕事に必要な知識が得られ、ネットに発信することでお客さんとも交流できる」と効果を強調している。

幅広い業態にイカ供給

三印三浦水産

- 本社　函館市湯浜町1の4
- 創業　1949年
- 事業内容　水産物の販売、貿易、水産加工品の製造、販売など
- 売上高　204億4600万円(2020年12月期)
- 従業員数　112人
- 採用　5人(21年4月実績)

2019年の道内水産加工業の売上高で2年ぶりに首位に返り咲いた水産卸・加工の道内大手。主力のイカは国内外から調達し、加工業者や小売り・飲食店など幅広い業態の用途に応じた商品を供給する。

＊加工の仕方工夫

函館特産のイカを主体とした水産加工業者として1949年に創業した。刺し身や乾燥珍味、塩辛などの食材として多彩に活用できるイカの特性を生かし、80年代から道内外の加工業者に販路を広げていった。

90年にはイカの輸入を開始。当初、規格外が数多く混ざっていたため、社員が自ら各国の港町に足を運び、函館で培った目利きで仕入れ先を開拓した。輸入先は現在、東アジアや南米など10カ国以上になる。

2000年代に入ってからは、東京支店を開設するなど小売店や外食チェーンとの取引を強化している。総菜の天ぷらや回転ずしのネタなど、使い方によってイカの種類や加工の仕方を工夫。サケやホタテなど魚種も徐々に増やし、イクラの加工も手掛ける。

＊いかめし製造も

「顧客の要望に応えてきた結果、規模が拡大してきた」と三浦隆司代表。取り扱う魚種は数十種類に及び、17年の売上高で初めて、道内水産加工業者の1位に輝いた。

昨年、JR森駅の駅弁「いかめし」を製造販売する「いかめし阿部商店」(渡島管内森町)を傘下に入れた。高い知名度を誇る一方で、近年の記録的な不漁によるイカの価格高騰に悩んでいた阿部商店と、イカの取扱量が多い三浦水産の強みが合致した。

いかめしの売り上げを支えてきた催事は、新型コロナウイルス感染拡大で縮小したが、巣ごもり需要が拡大していることに着目。函館市内の同社工場にいかめしの製造ラインを新設した。21年3月から運転を始め、百貨店や空港などでの

国内外から仕入れたイカが並ぶ三印三浦水産の冷凍庫＝函館市港町

販路拡大を目指す。

主力魚種の不漁や、コロナ禍での水産品需要の低迷など、近年、水産加工業者を取り巻く環境は厳しさを増している。三浦代表は「付加価値を高めて、取引先を広げる攻めの姿勢を貫き、食卓を支える流通を維持していきたい」と強調する。

室外機　防雪・防音支える

ヤブシタ

- 本社　札幌市中央区北1西9
- 設立　1963年
- 事業内容　空調関連部材の製造販売など
- 売上高　40億円(2020年3月期、グループ全体)
- 従業員数　108人
- 採用　2人(21年4月実績)

空調関連部材を製造・販売するメーカーで、1963年に函館市で創業した機械器具小売りの薮下機械店が前身。2008年に現社名となり、14年に札幌市に本社を移した。国内外に11の子会社を持ち、設計から製造、販売、施工まで一手に引き受けるグループ力を武器に、業界トップクラスのシェアを誇る。

業務用空調機器の室外機に使う防雪装置や防音装置が収益の柱で、同様の製品を製造する企業は国内で数社しかない。グループ内に設備工事会社があるため、設置環境に合わせた製品開発が可能で、気流や騒音などの解析技術も高い。空調メーカー2位の三菱電機は、室外機の8割にヤブシタの防雪装置を採用している。森忠裕社長は「技術だけではなく、現場を知るからこそ、他社が追随できない物づくりが可能になる」と胸を張る。

＊研究施設を整備

さらなる品質向上に向け、札幌市南区の実験施設「ヤブシタ研究所」敷地内に20年10月、道内では珍しい音の反響を低減する「半無響音室」が完成。厚みのあるコンクリートの外壁と吸音材を敷き詰めた内装が余計な環境音や反響音を排除し、防音装置の効果をより正確に測定できるという。

新サービスの提供にも意欲的だ。子会社で新電力のヤブシタエネシスは21年1月、見守りサービス「そっとねっと」を開始。家電の使用状況を人工知能(AI)が分析し、離れて暮らす家族の安否や生活の様子などをスマートフォンに通知する仕組みで、高齢化社会のニーズを取り込む。

＊子育て支援に力

多岐にわたる事業を支える社員は若く、グループ全体の平均年齢は36歳。子育て中の社員も多いため、本社に託児所を開設し、有休を30分単位で取得できるようにするなど、働きやすい環境整備にも力を入れる。

19年9月にはミャンマー最大の都市

2020年10月に完成した「半無響音室」。壁面に太陽光パネルを設置し、実験の電源として活用している(同社提供)

ヤンゴンに現地法人「ヤブシタミャンマー」を設立。将来的には、経済成長が進むミャンマー市場を開拓し、人口減で落ち込む内需を補いたい考えだ。森社長は「新幹線のように、技術だけではなくサービス面も含めて世界で戦っていきたい」と力を込める。

ほっかいどう企業ファイル

「築炉」技術　製鉄下支え

大和工業

- ▶本社　室蘭市輪西町1の4の8
- ▶設立　1950年
- ▶事業内容　高炉・熱風炉築造工事、コークス炉新築・補修工事、製鉄関連耐火物の補修など
- ▶売上高　87億3千万円（2021年3月期）
- ▶従業員数　363人
- ▶採用　4人（21年4月実績）

日本製鉄（東京）室蘭製鉄所の協力会社。製鉄所の心臓部で、鉄鋼の源となる溶けた鉄「銑鉄（せんてつ）」を生産する高炉内に耐火れんがを積み上げる「築炉」を手掛ける。2020年、室蘭で19年ぶりに行われた高炉改修工事にも携わった。石炭を蒸し焼きにするコークス炉の築炉も得意とし、日鉄の国内各地の製鉄所で仕事を請け負っている。

1943年（昭和18年）に設立した渡邊組（室蘭）が前身で、50年に株式会社化して現社名に。高度成長期、鉄鋼業の発展とともに業績を伸ばした。受注の9割は日鉄関連で、室蘭のほか、愛知、大分県内の製鉄所構内にも事業所を置く。

＊精度ミリ単位

築炉は高炉やコークス炉などの改修・新設時に行う作業で、2020年の室蘭での高炉改修では、「築炉工」約50人が他の協力会社とともに約2万5千個のれんがをミリ単位の精度で、3カ月ほどで積み上げた。れんがは大きなもので重さ約1.4トンもあるが、4代目の黒龍雅英社長は「図面通りに積むのが築炉工の仕事。正確さや品質を守りつつ、スピードも求められる」と説明する。

技術は「現場で数多く経験を積むこと」（黒龍社長）で伝承しているという。れんがを積むうちに生じる「ずれ」を解消するため、継ぎ目のモルタルの量で微調整する腕が問われる。若手はベテランの背中を見て技能を身に付ける。

築炉の延べ実績は高炉86基、コークス炉58基。ここ数年は、室蘭の高炉や第5コークス西炉の改修などが続いたが、大型事業がない年もある。

＊室蘭に実習棟

そこで、2017年に技術の保持や向上を目的とした実習棟を室蘭市内に設け、若手やベテランが腕を磨いている。

築炉のほか、炉内の保全やごみ焼却炉の工事なども担う。黒龍社長は「築炉工を手放すわけにいかないので、さまざまな仕事の確保が欠かせない」と語る。

改修現場でれんがを積む築炉工（同社提供）

事業継続に向けては、就職を控えた若者に関心を持ってもらうことも課題に挙げる。働きやすい環境づくりのため、16年には社屋の隣に寮を整備した。黒龍社長は「100年企業を目指して人を育成していく」と意気込む。

地中カメラ　シェア9割

レアックス

- ▶本社　札幌市東区北24東17
- ▶設立　1988年
- ▶事業内容　地質調査、地質調査機器開発など
- ▶売上高　5億円（2020年9月期）
- ▶従業員数　33人
- ▶採用　1人（21年4月新卒）

ボーリングで開けた穴に差し込んで地層のひび割れを見る「ボアホールカメラ」を開発し、国内シェア9割。米国や欧州など12カ国へ輸出しており、2020年10月に経済産業省の「地域未来牽引企業」、同年11月に中小企業庁の「はばたく中小企業・小規模事業者300社」に選定された。

＊発想転換し開発

ボーリング調査は掘った土からひび割れがある場所の深さや岩石の種類を特定する。だが、過去の地殻変動を示すひび割れの方向と傾きは、掘り出す際に土壌が崩れるため正確には分からない。ダムやトンネル、原子力発電所の立地など厳格さが求められる調査の課題となっていた。地質調査会社の技術者だった亀和田俊一前社長が、土ではなく穴を見る発想の転換でカメラを開発し、1988年にレアックスを創業した。

主力モデルは長さ97センチの筒状で、穴の内部を360度撮影できる。世界最高の画質を誇り、0.1ミリ大の小さな亀裂も把握できる。土木工事業者にレンタルするほか、同社も調査を請け負う。調査費用は解析込みで、深さ1メートル当たり2万円弱。

地質調査のほか、橋などコンクリート製の構造物に細い穴を開けて内部の劣化を観察し、強度を判定することもできる。95年の阪神大震災では、被災した高速道路の橋脚の強度を検査し、改修の要否を判断するデータを提供。迅速な復旧復興に一役買い、土木業界での認知度を飛躍的に高めた。2018年の胆振東部地震後も、大規模な地滑り後の地質の変化を特定する調査に参加した。

＊海外でも高評価

精細な画像を撮影できるため海外でも評価が高く、米国やスイスなどへの販売実績がある。16年には南米ボリビアの井戸を修繕する国際協力機構（JICA）の実証実験に採択され、カメラで目詰まり箇所を特定し、高圧の水で洗浄した。現

地中に開けた穴にボアホールカメラを挿入する社員

地に代理店を開設しており、同国や近隣のペルー、ブラジルへのカメラ輸出を目指す。

成田昌幸社長は「国内市場は限られており、積極的に海外展開する。発展途上国向けの安価な機器の量産化を検討している」と話している。

151

除菌剤売り上げ9倍に

北海道曹達

▶本社	苫小牧市沼ノ端134の122
▶創業	1949年
▶事業内容	カセイソーダや塩素製品、化粧品の製造など
▶売上高	75億6千万円(2020年12月期)
▶従業員数	154人(21年4月1日)
▶採用	3人(21年4月実績)

ガラス製造大手、AGC(東京)子会社の基礎化学製品メーカー。1949年の創業以来、時代のニーズに合った多彩な商品開発で成長してきた。新型コロナウイルスの感染拡大後は、除菌消臭剤「ZiaSafe(ジアセーフ)」がヒットし、増産している。

道内の紙パルプ製造や水道水の殺菌に使う薬品の需要に応えるために設立された。51年に当時の幌別町(現登別市)の幌別事業所、75年に苫小牧事業所が稼働し、89年に本社を東京から苫小牧に移転した。融雪剤や、土木工事で土壌を固める薬剤も手がける。

＊コロナで注文増

ジアセーフは、道内の幼稚園から「手軽で安全に使える除菌剤が欲しい」との要望を受け2018年、事業所や家庭向けに幌別事業所で製造を始めた。次亜塩素酸ナトリウムを、不純物を除去した「超純水」で薄めた製品で、1分以内で99%以上の除菌効果があるという。コロナ禍で一般消費者の関心が高まり、道内外のホームセンターなどから注文が急増。主力のスプレー式300ミリリットル入り(オープン価格)をはじめ、関連製品の20年の売り上げは約7400万円と、前年の約9倍に達した。

20年6月以降、手作業だった消臭剤充填(じゅうてん)ラインを自動化するなど、生産能力を5～7倍に増強。同10月には食品関連企業や介護施設で使いやすくするため、より塩素臭が弱く、低刺激の微酸性次亜塩素酸水を使った除菌消臭剤「トレジアン」を発売した。神田知幸社長は「道内でコロナ感染が再び広がっており、安定供給を続け道民の健康を守りたい」と話す。

＊キトサン活用も

既存品の応用にも力を注ぐ。85年、ベニズワイガニの殻から食品向けなどに抽出を始めたキトサンについて、その高い保湿性に着目。18年からキトサンを使った化粧水や美容液を自社ブランド化し、百貨店やインターネットで販売している。キトサンは免疫力を高める作用も

増産体制を整えるため自動化された幌別事業所内のジアセーフの充填ライン(同社提供)

あるとされ、特性を生かした家畜飼料も開発している。

神田社長は「道内では紙パルプの需要が減る一方、1次産業の生産力などに期待が高まっている。新たなニーズを捉え、産業を支える一翼になりたい」と意気込む。

死角の異常 「音」で検知

バーナードソフト

▶本社	札幌市中央区北4西6
▶設立	2014年
▶事業内容	システム開発、ブロックチェーン、WEBシステム開発など
▶売上高	2億4千万円(2021年3月期)
▶従業員数	27人(2021年5月)
▶採用	3人(21年4月実績)

企業向けのシステム開発などを手掛けるIT企業。札幌の同業他社で技術者をしていた瓜生淳史社長が2014年に独立して設立した。映像では確認できない死角や暗所における設備の不具合を「音」で発見する異常検知システムなど、独自の発想で顧客の生産性向上を支援する。

社内ネットワークに流れる通信データを常時収集して分析し、異常を感知するシステム「Tegnos(テグノス)」が収益の柱。18年に開発した音監視システム「S-Kaleid(エスカレイド)」の販路拡大にも力を注ぐ。

＊1台100万円から

エスカレイドは、人工知能(AI)に正常な音を学習させることで、予期しない音を発する異常を早期に発見できる。通常と異なる音を覚えさせる方式よりも効率的に不具合が分かるといい、最大で15個の集音装置を設置できるサーバーシステムを1台100万円から提供。瓜生社長は「音の異常を安価に検知する製品を販売しているのは当社だけ」と胸を張る。

＊ハッカー対策も

20年度は上半期に2社へ納入。自動車メーカーなど約10社で、ロボットによる部品の接続作業に不良がないかなど、販売に向けた実証実験も行っている。

エスカレイドで使われているAI技術を応用したネットワークへの侵入を検知する仕組みも研究中だ。AIに正常な通信状態を覚えさせることで、普段と違うデータの流れが生じた際にいち早く警告を発する。次々と新たな方法を試みるハッカーなどに対応するシステムとして、開発を進めている。

社員は設立時の仲間が多く、全27人のほぼ半数が50代。これまでに培った技術を後進に継承するべく、若手社員の採用に力を入れ、毎年3、4人程度の新卒採用を続けている。

新型コロナウイルスの感染拡大でテレワークが浸透し、通信環境の増強が進ん

音で設備の不具合を監視するエスカレイドの集音装置(手前)と監視画面

だことでテグノスの需要も伸びているという。瓜生社長は「テレビ会議などを使えば、遠隔でも商売が成り立つことが改めて分かった。今後も札幌を拠点に成長を目指したい」と語る。

ほっかいどう企業ファイル

道産食材の調味料製造

北海道アイ

- 本社　札幌市中央区南21西10の1の24
- 創業　2019年8月
- 事業内容　道産食材を使った食品加工業
- 売上高　非開示
- 従業員数　12人
- 採用　5人（21年4月新卒実績）

だしパックのブランド「茅乃舎（かやのや）」で知られる福岡の食品会社、久原本家（くばら）グループが2019年8月に設立し、道産食材を使った鍋スープなどの調味料を販売している。現在は福岡県内のグループ工場が製造しているが、恵庭市内に約50億円を投じて自前の食品工場を建設する。22年秋をめどに本格稼働し、道外や海外にも販路を広げる。

「道産原料を使い、北海道の人材が生産する食品企業に育てたい」。久原本家グループ本社社長で、北海道アイの河辺哲司会長は設立の狙いをこう話す。

＊老舗企業が設立

同グループは1893年（明治26年）、しょうゆメーカーとして創業。1990年に道産スケソウダラを使っためんたいこを発売し、道南沖でとれた高品質な原料が評価されてヒット商品となった。その後も、茅乃舎などのだし調味料で業績が拡大。20年2月期のグループ売上高は約282億円となり、10年間で5.4倍となった。13年に大丸札幌店に茅乃舎の店舗を開いている。

河辺会長は「茅乃舎のような北海道発の全国ブランドをつくり、北海道に恩返ししたい」と力を込める。北海道アイ設立に向け、14年から道内大学の新卒者の募集を開始。これまでに5人を採用し、福岡のグループ各社で育成してきた。

会社設立に伴い、帯広畜産大出身で15年に入社した松本慎平さんら2人が札幌に戻り、新商品の開発を担当。昨年以降、「北海道豚丼のたれ」や「北海道石狩鍋」など7種類を商品化した。みそ、タマネギなどで道産原料を使用している。松本さんは「豚丼のたれの開発では、本場帯広の店を食べ歩いた。道内に根付いた味の再現にこだわりたい」と意気込む。

＊海外販売も視野

今後は海外を含む道外に広く販売する計画だが、「まずは道民に受け入れられるよう商品力を磨きたい」（松村伸一郎社長）との考えから、現在は道内スーパーなどに限っている。

21年春にグループが19年取得した恵庭市の工業用地に食品工場の建設を始め、本格稼働する22年以降に生産量と販路を拡大。従業員を30人前後に増やす考えだ。

道産原料を使った調味料が並ぶ札幌市内の本社

高級ホテル　道央・道南へ

鶴雅ホールディングス

- 本社　釧路市阿寒町阿寒湖温泉4
- 創業　1955年
- 事業内容　ホテル業
- 売上高　108億500万円（2020年2月期、グループ全体）
- 従業員数　社員494人、パート220人（21年5月末現在）
- 採用　32人（21年4月実績）

道内ホテル運営会社の大手。釧路市阿寒町の阿寒湖温泉を拠点に「定山渓鶴雅リゾートスパ森の謌（うた）」（札幌）など道内で宿泊施設13カ所、飲食施設2カ所を運営している。

1956年に大西雅之社長の父、故正昭氏が同湖畔に開業した阿寒グランドホテルが前身。高度経済成長で宿泊客数は順調に伸びたが、宿泊客数にこだわりすぎてサービスの質が低下し、「87年から大手旅行会社のパンフレットに載せてもらえなくなった」（大西社長）。正昭氏が死去した89年、社長に就任し「競争しない個性」を経営理念に掲げた。満足度の高いサービスと料金を追求し、団体客から個人客中心の営業にかじを切った。

＊道東で足場固め

94年に総工費36億円をかけて別館を完成させるなど改装を繰り返し、現在の純和風高級ホテル「あかん遊久の里　鶴雅」に生まれ変わらせた。2004年には同湖畔の老舗旅館を買い取り、部屋数を68室から25室に減らして全室に露天風呂を設けるなど高級路線に特化した「あかん鶴雅別荘鄙（ひな）の座」を開業。「競争しない個性」を実現させ、本拠地道東での足場を固めた。

以降、定山渓やニセコなどの道央圏をはじめ、道東以外への進出を加速。16年に渡島管内七飯町の大沼湖畔にホテル「函館大沼鶴雅リゾートエプイ」を開業し、道南に初進出。19年5月には千歳市支笏湖温泉に全室スイートルームのグループ最高級ホテル「しこつ湖鶴雅別荘碧（あお）の座」をオープンした。

＊コロナ後見据え

目標は今後2、3年で売上高を130億円に増やすこと。新型コロナウイルスの影響で宿泊客数が落ち込む中、観光地に滞在しながら働く「ワーケーション」専用施設の整備を急ぐなど、コロナ後を見据える。

大西社長は各施設を鶴雅ブランドのイメージを表す「作品」と位置付ける。新規開業と並行して、既存施設の更新、充実のために毎年6億～7億円を投じる。「グループ全体が少しずつ進化していくのが強み。量より質を高めることで、世界に通用する『作品』を一つでも多く生み出したい」と意気込む。

全室スイートルームで1室100平方メートル以上ある千歳市の「しこつ湖鶴雅別荘碧の座」（同社提供）

物件仲介　コロナに対応

不動産賃貸道内大手。管理戸数は約5万6千戸、仲介件数は年間約3万3千件と、いずれも道内首位を誇る。2019年の仲介件数は全国8位と業界をリードしてきたが、20年は引っ越し需要で稼ぎ時の春先にコロナ禍が直撃。三戸篤人社長は「利用客が安心できるサービスが必要」と、新型コロナウイルス対策の徹底で難局を乗り切る構えだ。

＊「非接触」で接客

20年春は道や国の緊急事態宣言による移動自粛要請を受け、転地を伴う異動の発令を控える企業が相次いだ。さらに勤め先の業績悪化や先行き不安から、賃料の安い物件を希望する借り手が増え、収入の柱である仲介手数料が減少。同年4、5月の売り上げは前年実績より15％ほど落ちたという。

このため、移動自粛緩和後の業績は回復傾向にあるものの、「非接触型サービスのニーズが高まる」とみて、ウィズコロナ時代に即した接客に力を入れる。

20年6月からは、スマートフォンのビデオ通話機能を使って社員が物件の間取りなどを紹介する「疑似内見」をほぼ全店で開始。賃料や設備状況を伝える重要事項説明をオンラインでも実施するなど、IT活用の強化に乗り出した。また、公共交通機関での3密を避けるため、マイカーでの来店需要が伸びるとみて、駐車場を充実させた郊外型店舗を同年8月に札幌市厚別区、9月には函館市に新設した。

＊課題解決へ提案

スマホの普及や単身・共働き世帯の増加といった「生活様式の変化」に合わせた顧客対応も進めている。19年10月には、アパート経営者らが抱える課題の解決に取り組むソリューション営業部を新設。築年数が古い物件のリフォームやWi-Fi整備、宅配ボックスの設置などを提案し、物件の魅力向上を促している。

道内全65店舗のうち95％に当たる62店舗が直営店で、社員の6割に当たる約

常口アトム

▶本社	札幌市中央区北2西3
▶拠点数	札幌を中心に道内65店舗。道外は青森、盛岡、仙台に各1店舗
▶創業	1992年
▶事業内容	不動産賃貸・売買仲介業など
▶売上高	85億円（2020年9月期）
▶従業員数	社員710人、パート48人
▶採用	15人（21年4月実績）

アクリル板の仕切りを設けるなど、飛沫（ひまつ）感染対策を講じた店内で接客する社員＝常口アトム札幌駅前店

450人が宅地建物取引士の資格を保有しているのも強みだ。三戸社長は「22年に創立30年を迎えるが、物件は30年で建て替えや所有者の代替わりの時期を迎える。相続問題などオーナーの困り事を一緒に考えていきたい」と話している。

接客強み　現場に自主性

道内で「洞爺湖万世閣ホテルレイクサイドテラス」（胆振管内洞爺湖町）と「登別万世閣」（登別市）、「定山渓万世閣ホテルミリオーネ」（札幌市）の3施設を運営する、老舗の温泉ホテルグループ。石塚健一総務部部長は「リーズナブルな価格でも、気持ちよく過ごして帰ってもらえる接客レベルの高さが強み」と話す。3施設で年間延べ約50万人が宿泊し、地域住民のリピーターも多い。

＊深刻な経営難も

振り返れば、平たんな道のりではなかった。創業は1941年、浜野清正社長の曽祖父にあたる故浜野増次郎氏が洞爺湖の旅館「萬世館」を買収したのが始まり。68年に登別、97年には定山渓に進出して業績を伸ばしたが、ホテル間の競争が激化する中で過去の設備投資が重荷となり深刻な経営難に陥った。2012年、東京のコンサルタント会社の支援を受けて会社分割し、新会社に生まれ変わった。

経営再建の中で「現場の自主性をこれまで以上に尊重するようになった」と石塚部長。例えば「小さな子供連れに優しい宿」を目指している登別のホテルでは、従業員の提案で大浴場の洗い場の一部を畳敷きにしたり、キッズコーナーのすぐ隣に授乳室を新しく作るなどしたという。

また、新会社になってからは浜野社長が率先して訪日外国人客（インバウンド）の誘致にも力を入れてきた。台湾など海外の現地イベントなどで地道にPRを重ねてきた結果、宿泊客に占めるインバウンドの比率はそれまでの2倍にあたる4割まで上昇。経営再建が計画よりも早まった。

＊AIで混雑確認

ただ、今は新型コロナウイルス感染拡大の中、観光業全体が苦境に立たされている。萬世閣の3ホテルでは感染予防のため、浴場とレストランそれぞれに人工知能（AI）を搭載したカメラを設置し、

萬世閣

▶本社	胆振管内洞爺湖町洞爺湖温泉21
▶創業	1941年
▶事業内容	温泉旅館業
▶売上高	55億円（2019年7月期）
▶従業員数	社員210人、パート100人
▶採用	4人（20年4月実績）

洞爺湖万世閣ホテルレイクサイドテラス。レストランや浴場から湖を一望できる（同社提供）

混雑具合を入り口の電子掲示板などで確認できるシステムを新たに導入した。石塚部長は「コロナ下でも安心安全を第一に、地元の人に選んでもらえるホテルでありたい」と話している。

ドイツ流　正統派の味

オホーツクビール

- 本社　北見市山下町2の2の2
- 創業　1994年
- 事業内容　ビールの製造・販売、レストラン運営
- 売上高　1億8400万円（2020年3月期）
- 従業員数　40人
- 採用実績　2人（19年5月実績）

　国内第1号の地ビール製造免許を取得し、本場ドイツに倣った添加物を加えない製法で製造・販売する地ビール会社。本社と醸造所、ビアレストランが一体となった北見市内の「オホーツクビアファクトリー」は2020年、開業から25周年を迎えた。道産素材を生かした地ビールは、生産量の9割がオホーツク圏で消費され、長年地域で愛されている。

　1980年代後半、隣町だったオホーツク管内の旧端野町（現北見市）で生産されていたビール原料の大麦を生かした地ビールを製造しようと、地元の建設や金融関係者らが集まって研究を始めた。94年3月に設立し、同年12月に地ビールの製造免許を取得。95年3月、開業した。

＊「純粋令」忠実に

　提供するのは、奇をてらわない正統派ビール。約500年前にビールの原料を「麦芽、ホップ、水、酵母のみ」と制定したドイツの「ビール純粋令」を忠実に守る。原料は主にオホーツク産の麦芽と、ドイツやチェコ産などのホップ。大石祐司支配人は「地域の人が仕事帰りに手軽に楽しめるような、何杯でも飲める親しみやすい味を目指している」と話す。

　若い女性など新たな需要を掘り起こそうと、2018年に発売したノンアルコールビールも、ビールと同じ原料と製法で製造する。ビールの味に似せるため添加物を使う商品が多い中、アルコール分だけを取り除く独自の製法でビール純粋令にこだわり続けている。

　ただ、ビールは酒の多様化などで年々消費量が減少。オホーツクビールも近年の年間生産量は60キロリットルほどと、最盛期だった00年前後の約160キロリットルの4割以下にまで減った。

＊圏外販拡にも力

　今、力を入れているのは、地元を重視しつつ、オホーツク圏外への販路拡大だ。長距離輸送でも瓶ビールの品質を落とさないよう、栓の内側に脱酸素剤を装

麦汁を発酵させるタンクが並ぶオホーツクビールの醸造所（同社提供）

着したり、瓶詰め時の作業効率を上げるなど工夫。18年、賞味期限を従来の2週間から2カ月に延ばした。五十嵐力社長は「地域と歩んだ25年。これからも多くのみなさんに親しまれる会社を目指す」と話す。

エネ事業多角化し存在感

いちたかガスワン

- 本社　札幌市中央区南8西6
- 拠点数　札幌、函館、帯広の3支店
- 創業　1958年
- 事業内容　LPガス、灯油、電気などの販売
- 売上高　118億円（2020年6月期）
- 従業員数　社員292人、パート33人
- 採用　6人（21年実績）

　LPガス・灯油販売道内大手。故高橋常義氏が1958年に札幌で創業した高橋燃料店が始まり。「家庭に必要なエネルギーなら、種類を多くそろえて届けよう」と、2016年には家庭向けの電力販売、20年4月には都市ガス供給事業に参入した。都市ガスへの参入は小売り自由化後、道内では初めてで、北海道電力などに先駆けた動きは業界で注目を集めた。

＊セットで割安に

　都市ガスは制度上、地元の大手ガス会社から液化天然ガス（LNG）を一度購入してから販売するしかなく、競争力のある価格提示は難しい。北海道ガスと卸価格を交渉するうち、参入しても簡単に利益を出せそうにないことが分かった。

　そこで諦めないのが、いちたかの社風。「利益は出なくても、品目が増えることに意義があると、社内は常に前向きだった」（池田和宏エネルギー事業部長）。そこで、電気や灯油をセットで使えば、都市ガスも割安になるプランを打ち出す。電気の顧客は約3万5千件、灯油は約4万件。エネルギーの多角化を続けてきた成果が発揮された。

　顧客重視と、新しい事業に挑戦し続ける姿勢は、過去にもあった。燃料会社なのに、顧客のためならとペットフードを取り扱った。お好み焼き店を開業したこともある。東証1部上場で決済関連サービスのウェルネット（東京）も、前身の一高たかはしが子会社として設立した企業だ。

＊対面販売を重視

　成長の原動力は、情報通信技術が発達した現代であっても、常に対面販売を重視することにある。繁忙期でも、ガスボンベや灯油の配送を個人の配送業者などに委託せず、全て自社の社員で行う。そして、顧客との会話を心がけるよう指導する。池田部長は「非効率な方法かもしれないが、お客さまとの接点を大切にすることが、電気契約数の増加など事業拡大に結びついている」と手応えを話す。

　LPガスや灯油の販売拠点は札幌、帯

いちたかガスワンが販売する電気「エネワンでんき」のPRイベント（同社提供）

広、函館だが、将来的には同業他社との物流の合理化などで、電気の顧客もいる全道に広げることを目標とする。佐藤勝治社長は「多様なエネルギーを、必要としている道民に確実に届ける。それは地道な営業活動があって初めてできること」と信念を語る。

経理代行　札幌で急成長

給与計算受託の大手で、働き方改革や人手不足で企業が経理業務の外注を進める中、順調に顧客を獲得し、受託社数は650社を超えた。2020年3月期の売上高は約13億円と5年前の1.7倍に。同年4月に東証ジャスダックへの上場も果たし、急成長している。

人材紹介・派遣道内大手キャリアバンク（札幌）などでつくるSATOグループの佐藤良雄代表が、顧客からの給与計算代行を要望する声が多いことに着目。同社の子会社として1997年に設立した。日本では当時、ビジネスとしてあまり広まっていなかったが、米国では成功例があり、商機を見いだした。

給与計算はデータ入力に大勢の人手を必要とする。人口が多くて人件費が安く、オフィス賃料も抑えられる札幌は「バランスが絶妙」（熊谷浩二社長）で、首都圏の競合他社に比べて安価にサービスを提供できるという戦略もあった。

＊月10万件の処理

現在は毎月約10万件の給与計算を処理しており、顧客企業の8割は道外。アルバイトやパート従業員への給与支払いが多数発生する卸売業やサービス業からの受注が多い。従業員約千人のAIRDO（エア・ドゥ、札幌）など大手企業からも受託している。

スマートフォンを使った年末調整を代行するサービス「簡単年調」が第2の事業の柱に育った。年末調整は生命保険控除などの申告書を作成するため記入ミスが多く、手間がかかる。簡単年調は顧客企業の従業員がスマホで各種証明書を撮影し、エコミックへ送るだけ。残りの作業は全て同社が請け負う。19年度の受注は17年度の約6倍、約30万件と躍進した。

大量のデータ処理業務を支えるのは製造業をヒントにした分業制の徹底だ。データの入力や確認など作業別に担当を細かく割り振って習熟させ、作業効率を高めている。

＊中国青島へ進出

13年には中国・青島に子会社を設立し、受注業務の4分の1から3分の1を委託している。人件費が大卒初任給水準で札幌の約3割で、漢字文化圏のため作業ののみ込みも早いという。中国は企業数が多く、将来的に現地企業からの受託も目指す。熊谷社長は「販路を拡大し、業界をリードする企業になりたい」と話している。

エコミック

- 本社　札幌市中央区大通西8の1
- 拠点数　東京本部と大阪営業所、中国・青島に子会社の栄光信息技術
- 創業　1997年
- 事業内容　給与計算、年末調整の業務受託など
- 売上高　15億7600万円（2021年3月期）
- 従業員数　社員57人、パート・アルバイト84人
- 採用　8人（21年4月）

毎月約10万件の給与計算業務を分担するエコミックの従業員（同社提供）

ICT活用　生産性向上

2021年3月に全面開通した函館市内の函館新外環状道路（空港道路）の建設を、函館開建から請け負った総合建設会社。作業現場でひときわ威力を発揮したのが、整地をほぼ自動でできる最新の油圧ショベルだ。

衛星利用測位システム（GPS）の情報を基に現在位置を把握しながら、3次元の測量データに沿って正確に地盤を掘削できる機能を搭載する。斉藤大介社長が「ショベル運転手の業務負担を減らし、作業時間短縮にもつながる」と2016年、道内の建設業界でいち早く導入した。

＊測量業務を集約

情報通信技術（ICT）の活用で建設現場の生産性を高める「i-Construction（アイ・コンストラクション）」を積極的に推進する。小型無人機（ドローン）や3次元計測器を使いこなす専門チームを新設し、これまで各現場の技術者が担ってきた測量業務を集約。最新型ショベルの活用と合わせ、技術者の業務量の3～4割削減に成功し「週休2日を定着させた」（同社）という。

＊売上高過去最高

渡島管内知内町で1948年に創業。2008年に函館に本社を移した。ここ数年は空港道路のほか函館・江差自動車道、檜山管内今金町の農地整備など国の大型工事を次々と手掛け、20年4月期の売上高は43億円と過去最高を記録した。

ただ斉藤社長は「北海道新幹線の延伸工事を除いて、道南の公共工事発注は20年度がピーク」とみる。ICTの活用で生産性を高めてきた実績をアピールし「今後は、道央の工事を積極的に取りにいく」考えだ。

同時に新型コロナウイルス対策にも力を入れる。感染防止のため公共工事を一時中断する同業者もいる中、20年4月に道内全7カ所の工事事務所に体温測定装置「サーモグラフィー」を導入。毎朝、従業員を検温し、37.5度以上ある場合には帰宅指示を出すなど、従業員の安全確保と工事の継続を両立させている。

斉藤社長は「仮に感染が再拡大してもしっかり対応し、国など発注者の評価を高めたい」と話す。

斉藤建設

- 本社　函館市田家町15の12
- 事業所　札幌など道内3支店
- 創業　1948年
- 事業内容　土木工事を中心とした総合建設業
- 売上高　43億円（2020年4月期）
- 従業員数　53人（21年4月1日現在）
- 採用　3人（21年4月実績）

道路の整地作業の多くを自動でできる斉藤建設の油圧ショベル＝函館市東山町

キムチ　甘み生かしヒット

北日本フード

- 本社: 札幌市西区八軒7西11の1の48
- 拠点数: 栃木に支店、札幌、恵庭、上川管内鷹栖町にグループ会社3社
- 創業: 1981年
- 事業内容: 漬物、総菜の卸売業・通販事業
- 売上高: 53億円(2021年4月期)
- 従業員数: 社員20人、パート5人
- 採用: 2人(20年採用)

　2020年に発売20周年を迎えた「スーパー極上キムチ」をはじめ、道内外の漬物や総菜など約千品目を扱う卸売業道内大手。スーパーなどに卸すほか、通信販売も手掛ける。酒井信男社長はグループ会社で漬物製造の香貴(札幌)社長を兼務し、同じく同業の健信(恵庭)と大雪山(上川管内鷹栖町)の社長にも就任、「商品の安全安心を担保するには、トップが責任を持つ必要がある」と品質管理や商品開発でも陣頭指揮を執る。

＊鮮度にこだわり

　酒井社長は遠軽信用金庫で10年勤めた後、1977年に漬物業界へ転身。81年に北日本フードを創業した。当初は東京の業者から仕入れた漬物やつくだ煮を卸していたが、99年から製造分野にも参入。2001年に健信を設立するなど業容を拡大し、グループ3社が製造する漬物は、新鮮な野菜にこだわったキムチや浅漬け、古漬けなど計約200品目まで増えた。

　主力の「スーパー極上キムチ」は甘みが特長で、07〜09年には年間1千万パック(3500トン相当)以上を販売するヒット商品に。現在も売上高の3割を占めている。

　商品化のきっかけは焼き肉店で見た光景だ。辛さを和らげるため、キムチを水に浸して食べる客の姿に「女性や子供も好んで食べる、辛すぎないキムチを作りたい」と開発に着手。野菜のしゃきしゃき感を残しながら調味液が染みこむ漬け時間や、重しの置き時間などで試行錯誤を重ねた。

＊道産品活用図る

　足元では新型コロナウイルスの影響で内食需要が増えているものの、近年は米の需要減に伴い、ご飯のお供の漬物市場も縮小傾向にある。今後は09年に商標登録された「北海道地産地消のおすそわけ」ブランドを活用し、留萌管内羽幌町の甘エビや上川管内美瑛町のトウモロコシなど道内の名産品を使った漬物の開発や販売に力を注ぐ方針だ。

野菜の鮮度にもこだわった北日本フードのキムチ(同社提供)

　酒井社長は「北海道の会社にしかできない、北海道の名産品を生かした付加価値のある商品で差別化を図っていく」と意気込み、「スーパー極上キムチ」のように、道民に長年愛される新たなヒット商品の開発を目指す。

精巧な切削技術が強み

永沢機械

- 本社: 室蘭市東町3の1の4
- 創業: 1956年
- 事業内容: 機械部品製造
- 売上高: 3億8千万円(2020年3月期)
- 従業員数: 43人
- 採用: 中途採用1人(21年2月)

　自動車や旅客機の金属部品の加工、製造などを手掛ける。4代目の永沢優社長は「熱処理炉から仕上げの組み立て作業まで、一貫製造できるのが強み」と話す。

　日本製鋼所(東京)の協力会社として1956年に創業。構内で使う産業機械部品などを製造し、精密な加工技術や寸法管理といったノウハウを培ってきた。

　転機は2005年、タイヤのアルミホイールを道内で確保したいという、トヨタ自動車北海道(苫小牧市)の要望に応えたこと。現在は無段変速機(CVT)カバーの部品などを製造している。いすゞエンジン製造北海道(苫小牧市)からも受注し、自動車部品の製造が売り上げ全体の35%を占める。

＊国産ジェットも

　19年には、三菱航空機(愛知県)が開発を進める初の国産ジェット旅客機スペースジェット(旧MRJ)の離着陸時の車輪に用いられる部品を受注。道内企業初の快挙だった。

　受注したのは、強度が高いアルミ「超々ジュラルミン」でできた長さ約90センチ、直径約18センチの筒状の部品。穴を貫通させずに深くまで切削する精巧な技術が求められるため、必要な工具を自社で製造して技術力をアピールした。

＊地元と共同開発

　また、大手企業を相手に磨き上げてきた技術力の地元への還元にも力を入れる。室蘭市が16年に水素を使った燃料電池車(FCV)を導入したことをきっかけに、室蘭工業大学や複数の企業と共同で、水素ステーションの金属製部品開発に励む。22年の北京冬季五輪に向けて、室工大や北海道ボブスレー・スケルトン連盟(札幌)とスケルトンのソリ開発にも取り組む。

　人材育成の面でも高く評価され、20年に経済産業省の「地域未来牽引企業」に選出。現在、事務系を除く従業員35人の8割が技能士などの有資格者だ。入社

半導体関連の治具を製造する機械。精密に素早く金属を削ることができる

5年以内に技能士2級、10年以内に同1級を取得できるよう教育している。

　目標は航空機産業への本格参入。永沢社長は「航空機の部品は自動車の千倍以上あり、製造する部品の種類を増やしていきたい」と強調し、「国際的な品質管理規格『JISQ9100』の取得も目指す」と意気込んでいる。

HD処理　アルミ資源化

鈴木商会

▶本社	札幌市中央区北4西4の1
▶拠点数	札幌や苫小牧など道内22カ所、東京1カ所の計23拠点
▶創業	1941年
▶事業内容	金属リサイクル、産業廃棄物収集運搬など
▶売上高	148億1100万円(2020年8月期)
▶従業員数	364人
▶採用	75人(19年度実績)

　金属スクラップや家電、廃プラスチックなどさまざまな「使われなくなったモノ」を道内外から集め、「使えるモノ」に再資源化するリサイクル処理加工の道内大手。2019年11月には、タイにリサイクルの新会社を設立、海外への販路拡大も本格化させている。

　1941年(昭和16年)、室蘭で肥料会社として設立した。戦時中は鋳鉄品の製造販売を手掛け、53年に本格参入した鉄くず処理は、高度経済成長とともに取扱量が拡大。73年には本社を札幌に移し、今では道内17カ所の処理工場で、破砕、切断、分別など年間35万7千トンを処理している。

　新たな需要も取り込む。札幌市の発寒リサイクル工場では、パソコンやOA機器などの中間処理に加え、2006年から文書などを保存するハードディスク(HD)に穴を開けたりしてデータ消去する「物理破壊」を始めた。データを上書きして消去するよりも確実で、19年12月に神奈川県の行政文書を保存したHD流出の発覚以降、問い合わせや依頼が増えている。

　HDなどの処理後に取り出されるアルミは、苫小牧アルミ工場でインゴットに加工し、自動車メーカーなどに販売する。駒谷僚社長は「アルミを使う産業は多い。航空機などさまざまな分野に進出できれば」と意欲的だ。

＊タイに工場進出

　タイへは、中国の輸入規制で、中国に輸出していた金属スクラップの行き場を失ったことを契機に進出した。自動車や重機のモータースクラップを集めて銅などを精錬し、中国や近隣諸国に販売する予定で、香港企業などと共同出資したリサイクル工場を20年6月に稼働させた。

＊3K解決目指す

　一方で、リサイクル業界の「きつい・汚い・危険」といった3K問題の解決にも取り組む。人工知能(AI)や高速大容量の第5世代(5G)移動通信システムなどを活用した業務効率化を目指し、22年度以降にロボットを使った業務自動化の試験運用を開始。「職場環境を改善し、人手不足解消にもつなげたい」(駒谷社長)考えだ。

苫小牧アルミ工場の溶解炉。スクラップから取り出したアルミを溶かして精錬する(同社提供)

橋製造　ロケット関連も

釧路製作所

▶本社	釧路市川北町9
▶事業所	本社工場、釧路営業所、札幌営業所
▶創業	1956年
▶事業内容	橋の設計、製造、架橋
▶売上高	16億1900万円(2020年5月期)
▶従業員数	85人
▶採用実績	8人(21年4月実績)

　道内中堅で道東唯一の橋りょうメーカー。売上高の8割は橋りょう、残りはビルなどの建築鉄骨が占める。札幌市北区と石狩管内当別町を結ぶ札幌大橋や釧路湿原大橋(釧路市)など道内で約200橋を製造。1988年に開通した本州と四国を結ぶ瀬戸大橋の施工にも携わった。近年はロケット事業に参入した。

＊17年に黒字転換

　創業は56年。釧路市阿寒町(旧釧路管内阿寒町)にあった雄別炭鉱鉄道(70年解散)の石炭を運ぶ機関車製造・修理部門が独立し、発足した。だが、国のエネルギー政策の転換で、石油への切り替えなどが進み国内の石炭産業は衰退。このため、60年に橋りょう事業に進出した。新名弘人前社長は「当時の国土開発では橋の製造が欠かせず、安定的な主力製品になると考えた」と説明する。64年には建築鉄骨製造にも事業を広げた。

　歩道橋製造でも知られ、65年に道内で先駆けとなった歩道橋「稲穂横断歩道橋」(小樽市)を施工。71年には直径56メートルの円形で5方向にらせん階段が伸びる菊水横断歩道橋(札幌市)を製造するなど道内で約250橋を手掛け、65年から10年間の道内シェアはトップクラスの約3割を占めた。

　ところが、90年代のバブル経済崩壊後は公共工事も減少。売上高は右肩下がりとなり、2016年5月期は過去最少の約12億円とピーク時の6分の1まで落ち込んだ。13年から4年連続で赤字を計上したが、事業所の統廃合などで、17年には黒字転換を果たした。

＊「新事業に挑戦」

　経営が回復し成長が見込める新事業を模索する中、十勝管内大樹町の宇宙観測用小型ロケット開発のベンチャー企業インターステラテクノロジズ(IST)が目に留まった。「自社技術を活用し、道東から夢に挑戦する企業を応援したい」(新名前社長)と18年、同社に約2千万円を出資。ISTが23年の打ち上げを目指す人工衛星搭載用ロケット「ZERO(ゼロ)」の組み立て棟など発射システムの製作に取り組んでいる。

　新名前社長は「今後も橋造りにこだわりながら新事業に積極的に挑戦したい」と力を込める。

橋を設計、製造する釧路製作所の本社工場

find・H
北海道のクラウドファンディング。

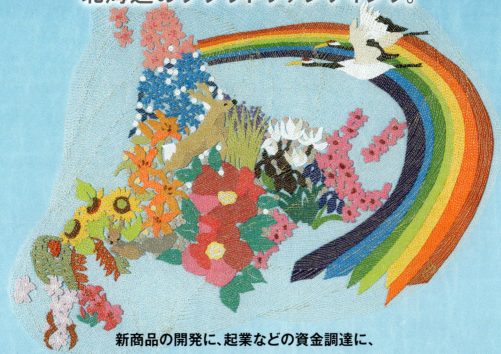

新商品の開発に、起業などの資金調達に、北海道新聞社のクラウドファンディング「find H（ファインド・エイチ）」を活用しませんか？個人・団体・企業を問わず、どなたでも挑戦することが可能です。

クラウドファンディングとは

クラウドファンディングは、社会に広げたい面白いアイデアを形にするために、インターネット上で不特定多数の方から小口の資金調達を行う仕組みです。資金調達でつまずくことなく、プロジェクト内容に共感・賛同した一般の人々から支援を募ります。「find H（ファインド・エイチ）」では、北海道の役に立つプロジェクトの起案から成功までを事務局がサポートいたします。

はじめやすい×応援しやすい。
ファインド・エイチ

問い合わせ先　北海道新聞社 企画室　Tel.011-210-5507
（9:30～17:30 土・日・祝を除く平日）

find-h.jp　ファインド・エイチ 検索

北海道新聞社

巻末特集

データでひもとく北海道経済

北海学園大学 佐藤先生が解説！

日本最北に位置し、都道府県NO.1の広さを誇る北海道。
そこには様々な都市があり産業や企業が存在しています。
この特集「データでひもとく北海道経済」では、
北海学園大学経営学部の佐藤大輔教授の解説のもと、
公的調査の数値やデータから、北海道の経済規模や
企業活動の特徴がわかる情報をまとめました。

データでひもとく北海道経済

【北海道の人口】

(1) 総人口の推移（全国・北海道）

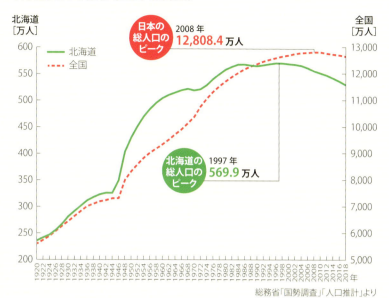

	都道府県	人口（単位：人）
1位	東京都	13,834,925
2位	神奈川県	9,209,442
3位	大阪府	8,849,635
4位	愛知県	7,575,530
5位	埼玉県	7,390,054
6位	千葉県	6,319,772
7位	兵庫県	5,549,568
8位	北海道	5,267,762
9位	福岡県	5,129,841
10位	静岡県	3,708,556

■都道府県別 人口トップテン

総務省「2020年1月1日住民基本台帳人口」より

総務省「国勢調査」「人口推計」より

(2) 将来推計人口（北海道・3階層別）

国立社会保障・人口問題研究所「日本の地域別将来推計人口」（2018年推計）より

北海学園大学 佐藤先生が解説！

　北海道は面積の広さが注目されがちですが、実は人口でも首都圏・近畿圏・中京圏などに次ぐ規模を持っています。ただし、人口減少傾向は明らかで、将来推計人口では特に働き手となる15～64歳の層で急激な減少が予想されています。道内人口の約4割が集中する札幌では道内からの転入が多く、現在も人口が増えていますが、その札幌でも20代を中心とした若年層では道外への転出が多いため、企業などの人材確保にとって懸念材料となっています。

【北海道の産業構造】

(1) 道内総生産（生産側 名目）

2018年度　19兆6,528億円
（対前年度　＋1,840億円　＋0.9％）

第1次産業	8,440億円	（前年度	－608億円　－6.7％）
第2次産業	3兆3,716億円	（前年度	－483億円　－1.4％）
第3次産業	15兆2,583億円	（前年度	＋2,762億円　＋1.8％）

北海道経済部「『2018年度道民経済計算』の概要」より（2021年3月発表）

(2) 道（国）内総生産の経済活動別構成比（北海道／全国比較・％）

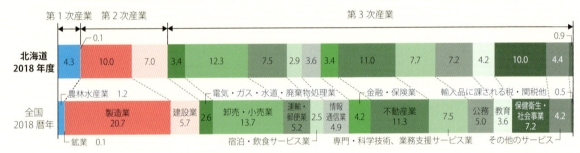

(注) 輸入品に課される税・関税他は「輸入品に課される税・関税、（控除）総資本形成に係る消費税」

北海道経済部「『2018年度道民経済計算』の概要」より（2021年3月発表）

(3) 経済活動別就業者数の構成比（北海道／全国比較・％）

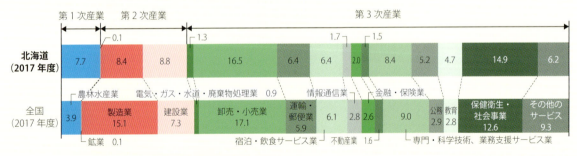

(注) 全国は、内閣府「平成30年度国民経済計算年報」による。

北海道経済部「『2017年度道民経済計算年報』より（2020年11月発表）

データでひもとく北海道経済

【北海道の事業所数と従業者数】

(1) 北海道の事業所数

■民営事業所数の上位10都道府県

	都道府県	事業所数	全国に占める割合
1位	東京都	913,912	14.3%
2位	大阪府	513,797	8.0%
3位	神奈川県	369,446	5.8%
4位	愛知県	363,784	5.7%
5位	埼玉県	284,566	4.4%
6位	福岡県	260,232	4.1%
7位	北海道	259,247	4.1%
8位	兵庫県	253,169	4.0%
9位	千葉県	230,763	3.6%
10位	静岡県	189,862	3.0%

北海道総合政策部「2019年 経済センサス・基礎調査」より(2021年1月公開)

■国および地方公共団体の事業所数の上位10都道府県

	都道府県	事業所数	全国に占める割合
1位	北海道	8,862	6.5%
2位	東京都	8,001	5.8%
3位	愛知県	5,912	4.3%
4位	兵庫県	5,110	3.7%
5位	埼玉県	4,962	3.6%
6位	千葉県	4,956	3.6%
7位	大阪府	4,949	3.6%
8位	神奈川県	4,347	3.2%
9位	福岡県	4,182	3.1%
10位	長野県	4,100	3.0%

総務省「2020年 経済センサス・基礎調査」より(2021年6月公開)

(2) 北海道の民営事業所の従業者数

■民営事業者 従業者数の上位10都道府県

	都道府県	事業所数	全国に占める割合
1位	東京都	9,146,493	15.9%
2位	大阪府	4,453,428	7.8%
3位	愛知県	3,804,470	6.6%
4位	神奈川県	3,493,315	6.1%
5位	埼玉県	2,590,119	4.5%
6位	福岡県	2,260,439	3.9%
7位	兵庫県	2,227,913	3.9%
8位	北海道	2,176,537	3.8%
9位	千葉県	2,130,214	3.7%
10位	静岡県	1,732,495	3.0%

■民営事業者 従業者規模別事業所数(北海道)

従業者規模	事業所数	構成比
1～ 4人	128,517	57.0%
5～ 9人	45,342	20.1%
10～ 19人	27,758	12.3%
20～ 29人	9,361	4.2%
30～ 49人	6,679	3.0%
50～ 99人	4,054	1.8%
100～199人	1,495	0.7%
200～299人	359	0.2%
300人以上	345	0.2%
出向・派遣従業者のみ	1,390	0.6%

北海道総合政策部「2016年 経済センサス・活動調査」より(2017年6月公開)

北海学園大学 佐藤先生が解説!

　北海道の産業構造を見ると、全国に比べ第一次産業が多く、第二次産業が少ないという特徴があります。中でも製造業の割合はかなり低く、立地的に関連産業の集積地や大消費地から遠いことなどが影響していると考えられます。ただし、同じ第二次産業でも建設業の割合は高く、開発行政の影響を伺わせます。北海道の民営事業所数、そこで働く従業員数はいずれも全国上位ですが、ほとんどの事業所が非常に小さな規模となっている点が特徴的です。一方で、北海道は公営の事業所も多く、公的なビジネスの存在感が大きいことも特筆されます。

【北海道内に本店登記のある上場企業】

	会社名	業種	本店所在地	上場市場名
1	アークス	小売業	札幌市	東京、札幌
2	アインホールディングス	小売業	札幌市	東京、札幌
3	イオン北海道	小売業	札幌市	東京、札幌
4	一寸房	サービス	札幌市	TOKYO PRO Market
5	インサイト	サービス	札幌市	札幌ア
6	ウェルネット	サービス	札幌市[注2]	東京
7	エコノス	小売業	札幌市	札幌ア
8	エコミック	情報・通信	札幌市	札幌ア、ジャスダック
9	エコモット	情報・通信	札幌市	東京マザーズ、札幌ア
10	SD エンターテイメント	サービス	札幌市	ジャスダック
11	カナモト	サービス	札幌市	東京、札幌
12	北弘電社	建設	札幌市	札幌
13	北の達人コーポレーション	食料品	札幌市	東京、札幌
14	キムラ	卸売業	札幌市	ジャスダック
15	キャリアバンク	サービス	札幌市	札幌
16	クワザワホールディングス	卸売業	札幌市	東京、札幌
17	軽自動車館	小売業	札幌市	TOKYO PRO Market
18	サツドラホールディングス	小売業	札幌市	東京、札幌
19	札幌臨床検査センター	サービス	札幌市	札幌、ジャスダック
20	CE ホールディングス	情報・通信	札幌市	東京、札幌
21	JIG-SAW	情報・通信	札幌市	東京マザーズ
22	ジャックス	その他金融	函館市	東京
23	進学会ホールディングス	サービス	札幌市	東京
24	総合商研	その他製品	札幌市	ジャスダック
25	ダイイチ	小売業	帯広市	札幌、ジャスダック
26	土屋ホールディングス	建設	札幌市	東京2、札幌
27	ツルハホールディングス	小売業	札幌市	東京
28	テーオーホールディングス	卸売業	函館市	ジャスダック
29	中道リース	その他金融	札幌市	札幌
30	ナラサキ産業	卸売業	札幌市	東京2、札幌
31	日糧製パン	食料品	札幌市	札幌
32	日本グランデ	不動産	札幌市	札幌ア
33	ニトリホールディングス	小売業	札幌市	東京、札幌
34	光ハイツ・ヴェラス	サービス	札幌市	札幌ア

データでひもとく北海道経済

	会社名	業種	本店所在地	上場市場名
35	ファイバーゲート	情報・通信	札幌市	東京、札幌
36	FUJIジャパン	建設	札幌市	札幌ア
37	フジタコーポレーション	小売業	苫小牧市	ジャスダック
38	フュージョン	情報・通信	札幌市	札幌ア
39	フルテック	サービス	札幌市	東京
40	ホーブ	水産・農林	東神楽町	ジャスダック
41	ほくやく・竹山ホールディングス	卸売業	札幌市	札幌
42	北雄ラッキー	小売業	札幌市	ジャスダック
43	北洋銀行	銀行	札幌市	東京、札幌
44	ホクリョウ	水産・農林	札幌市	東京
45	北海電気工事	建設	札幌市	札幌
46	北海道瓦斯	電気・ガス	札幌市	東京、札幌
47	北海道コカ・コーラボトリング	食料品	札幌市	東京2、札幌
48	北海道歯科産業	卸売業	札幌市	TOKYO PRO Market
49	北海道中央バス	陸運	小樽市	札幌
50	北海道電力	電気・ガス	札幌市	東京、札幌
51	丸千代山岡家	小売業	札幌市	ジャスダック
52	メディカルシステムネットワーク	小売業	札幌市	東京
53	雪印メグミルク	食料品	札幌市	東京、札幌
54	リビングプラットフォーム	サービス	札幌市	東京マザーズ
55	ロジネットジャパン	陸運	札幌市	札幌
56	和弘食品	食料品	小樽市	ジャスダック

※五十音順

金融庁WEBサイト「EDINET」および北海道新聞社調べ(2021年8月31日時点)

［注］
1 上場市場名は、〈東京：東京証券取引所市場第一部　東京2：東京証券取引所市場第二部　東京マザーズ：東京証券取引所マザーズ　ジャスダック：東京証券取引所ジャスダック・スタンダード　TOKYO PRO Market：東京証券取引所 TOKYO PRO Market　札幌：札幌証券取引所　札幌ア：札幌証券取引所アンビシャス〉の略です。
2 ウェルネットは、2021年12月に札幌市に本店登記移転をする予定が発表されているので掲載をしています。

北海学園大学 佐藤先生が解説！

　中小企業の数が圧倒的な北海道ですが、一定の規模を持つ企業もあります。なかでも東京証券取引所に上場するような大企業には、小売業が多いのが特徴的です。北海道の所得は全国的にみても低水準とされますが、そのような厳しい市場環境の中で鍛えられた企業が全国展開を通じて成功しているケースが目立ちます。また、情報・通信業を営む企業の上場も多く、特に札幌はいわゆるニアショア（道外企業から外注で仕事を請け負う）事業を主軸とするIT関連産業の集積地ともなっています。

165

企業・団体名別さくいん

あ

アーキテックプランニング …… 62, 63
アークス …… 74, 76, 85
アークランドサカモト …… 85
アートシステム …… 110
アートホーム …… 62
アーネストワン …… 63
アーバンハウス …… 62
RDC HD …… 81
RxR Innovation Initiative …… 77
IHI アグリテック …… 53
IHG・ANA・ホテルズグループジャパン …… 102
アイエンジニアリングスタッフ …… 60
あいおいニッセイ同和 …… 127
アイ建築工房 …… 62
アイコーポレーション …… 60
會澤高圧コンクリート …… 49
相澤ワイナリー …… 35
IC エージェンシー …… 60
アイシン …… 50
アイシン北海道 …… 50
アイセ・リアリティー …… 33
アイックス …… 54
アイックスフーズ …… 80
アイ・ティ・エス …… 109
アイ・ディー・エフ …… 131
アイティ・コミュニケーションズ …… 133
ITK ソーラー北海道 …… 60
I・TEC ソリューションズ …… 110
アイピーホーム …… 62
アイピック …… 83
あいプラン …… 130, 136
I-PRO …… 115
アイベックスエアラインズ …… 95
アイワード …… 114
アイングループ …… 131
アイン信州 …… 78
アインファーマシーズ …… 78, 84
アイン HD …… 78
AWL（アウル）…… 77
青池水産 …… 30
葵調剤 …… 78
赤石建設 …… 62
赤平オーキッド …… 85
赤平製紙 …… 45
阿寒バス …… 93
アクアパイプテック …… 61
アクサ・HD・ジャパン …… 127
アクサ生命保険 …… 127
アクティオ HD …… 61
アクテック …… 78
アコーディア・ゴルフ …… 119
旭イノベックス …… 47
旭川医科大学 …… 116
旭川ガス …… 42
旭川ケーブルテレビ（ポテト）…… 113
旭川工業高等専門学校 …… 116
旭川信用金庫 …… 128
旭川大学 …… 118
旭川電気軌道 …… 93
旭川トヨタ自動車 …… 83
旭川冨貴堂 …… 111
アサヒグループ HD …… 34
朝日サービス …… 115
アサヒ商会 …… 54
朝日新聞社 …… 112
旭ダンケ …… 49
あさひ調剤 …… 78
アジェンダ …… 109
アシタバ …… 133

味の素食品北海道 …… 28
足寄町農協 …… 18
明日佳 …… 135
明日佳グループ …… 130
アスクゲート …… 133
アットマークテクノ …… 110
あつまバス …… 92
アティア …… 62
アテリオ・バイオ …… 17
アド・ケインズ …… 115
アド・ビューロー岩泉 …… 115
アド・ワン・ファーム …… 20
アドヴアンスト・ソフト・エンジニアリング …… 110
アドウイック …… 79
アド三広 …… 115
アドバンス …… 34
アトリエ・モリヒコ …… 80
アトリエゼロ …… 62
アネックス …… 133
網走信用金庫 …… 128
網走バス …… 93
網走ビール …… 34, 132
網走北天の丘 …… 100
安彦水産 …… 30
アブ・アウト …… 81
阿部鋼材 …… 47
阿部商事 …… 47
あまとう …… 33
アミノアップ …… 17
アムコー・テクノロジー・ジャパン …… 53
アメリカンビジネスサービス …… 133
アユーララボラトリーズ …… 78
荒井建設 …… 61
亜璃西社 …… 111
アルゴグラフィックス …… 108
あるた出版 …… 111
アルティザン建築工房 …… 64
アルファコート …… 65
アルファベットパステル …… 82
アルフレックスジャパン …… 85
アレフ …… 23, 34, 80
アンカー …… 62
アンビックス …… 101

い

イーストン …… 80
イーパック …… 49
イーベック …… 17
家計画 …… 62
イオン …… 74, 76, 84
イオン北海道 …… 74, 84, 131
いかめし阿部商店 …… 81
育英館 …… 118
池内ベニヤ …… 67
池田食品 …… 33
池田町ブドウ・ブドウ酒研究所 …… 35
池田熱処理工業 …… 51
池広 …… 30
石垣電材 …… 66
石狩開発 …… 65
石田商店 …… 30
石屋製菓 …… 32, 130
石山工務店 …… 62, 63
医仁会 …… 135
いすゞエンジン製造北海道 …… 50
いすゞ自動車 …… 50
井関農機 …… 16
キセキ北海道 …… 53
いたがき …… 82
板谷土建 …… 60
一ウ …… 30

一鱗共同水産 …… 29
一久 …… 32
一幻フードカンパニー …… 81
一条工務店 …… 63
一印旭川魚卸売市場 …… 31
市進 HD …… 119
いちたかガスワン …… 42, 54, 155
一正蒲鉾 …… 28
イチマル渋谷 …… 30
イチムラ …… 85
イチヤマル長谷川水産 …… 29
一平本店 …… 81
出光興産 …… 43, 54
出光興産北海道製油所 …… 54
伊藤園 …… 26
伊藤組 …… 60
伊藤組土建 …… 60, 113
伊藤組農林 …… 60
伊藤建業 …… 62
伊藤チェーン …… 74
伊藤畜産 …… 20
伊藤忠エネクスホームライフ北海道 …… 54
伊藤忠商事 …… 27
伊藤忠食品 …… 27
伊藤デイリー …… 20
伊藤法夫商店 …… 30
イトーヨーカ堂 …… 75
イト電商事 …… 61
井原水産 …… 29
いまい …… 34
今井金商 …… 47
伊予銀行 …… 126
イワクラ …… 67
岩倉建材 …… 67
岩倉建設 …… 60
イワクラホーム …… 67
岩崎商店 …… 30
岩瀬牧場 …… 20
岩田住宅商事 …… 60
岩田醸造 …… 27
いわた書店 …… 111
岩田地崎建設 …… 60, 94
イワタニセントラル北海道 …… 54
岩塚製菓 …… 32
岩三 …… 31
岩見沢ガス …… 42
岩見沢市 …… 16
インサイト …… 115
インターステラテクノロジズ …… 17
INDETAIL（インディテール）…… 110
インテグラル …… 94
Infeeld winery …… 35
インフィニットループ …… 109
INPEX …… 43

う

ヴァックスラボ …… 108
ヴィニャ デオロ ボデガ …… 35
ウイン・コンサル …… 110
ウエス …… 132
上野商店 …… 30
植松電機 …… 17
ウエルシア HD …… 76
ウェルネット …… 108
魚長 …… 74
VOREAS（ヴォレアス）…… 131
宇治園 …… 26
碓氷勝三郎商店 …… 35
ウッディークラフト …… 62
ウメトク …… 51
梅屋 …… 32
ウリ信用組合 …… 129
運上船舶工業 …… 53

え

エア・ウォーター …… 24, 26, 48, 50, 96
エア・ウォーターグループ …… 17
エア・ウォーター十勝食品 …… 24
エア・ウォーター物流 …… 96
エア・ウォーター北海道 …… 48
AIRDO（エア・ドゥ）…… 94
エアーダイブ …… 111
英広社 …… 115
エイチ・ビー・シー・ビジョン …… 99
HIR HD …… 81
エイチエス …… 111
エイチケイアール …… 81
H2 グループ …… 65
HDC …… 109
HBA …… 109
HBC ラジオ …… 113
エヴァンス …… 115
AIS 北海道 …… 108
ANA ウイングス …… 94
ANA HD …… 94
AGC グラスプロダクツ …… 67
ACD …… 131
エース …… 98
エースラゲージ …… 82
ADK マーケティング・ソリューションズ北海道支社 …… 115
エーピーアール …… 80
エクサネット HAL …… 110
エクシオ・エンジニアリング北海道 …… 108
エクシオグループ …… 108
エクセディ …… 50
エクセルシャノン …… 67
ecoa ハウス …… 62, 63
エコノス …… 111
エコパワー JP …… 45
エコミック …… 133, 156
エコモット …… 109
エス・ケー・ライン …… 30
SMC …… 79
SOC（エスオーシー）…… 110
SOC ブルーイング …… 34
エスケー産業 …… 61
SCSK …… 109
SCSK 北海道 …… 109
STV ラジオ …… 113
エスパシオ …… 81
エスポラーダ北海道スポーツクラブ …… 130
エゾデン …… 77, 130
恵庭開発 …… 119
エヌ・ティ・ティ・データ（NTT データ）…… 108
NHK ラジオ …… 113
NK インターナショナル …… 82, 133
NK ファーム …… 20
エヌシーおびひろ …… 127
NGK オホーツク …… 53
NTT（日本電信電話）…… 108
NTT グループ …… 16
NTT データ北海道 …… 108
NTT ネクシア …… 133
NTT 東日本 …… 135
NTT 東日本─北海道 …… 108
ENEOSHD …… 54
エネコープ …… 54
エネサンス北海道 …… 54
エビス商会 …… 29
エフ・イー …… 53
エフエム・ノースウェーブ …… 113
エフエム北海道 …… 113
FJ コンポジット …… 51
FDS HD …… 32
FPL 証券 …… 127
エプロン …… 30
江別製粉 …… 25

エミヤ HD …… 66
エム・エス・ケー農業機械 …… 53
MS & ADHD …… 127
MF フィード …… 48
エムエム建材 …… 47
MMJ …… 23
エムデジ …… 82
MP アグロ …… 79
エルディ …… 85
LNJ さくらスマイル …… 96
遠軽信用金庫 …… 128
沿岸バス …… 93
えんれいしゃ …… 111, 115

お

逢坂農園 …… 20
王子エフテックス …… 44
王子グリーンエナジー江別 …… 44
王子工営北海道 …… 44
王子サーモン …… 28
王子製紙 …… 42, 44
王子総合病院 …… 135
王子ネピア …… 44
王子 HD …… 17, 44, 60, 97, 101
王子マテリア …… 44
王子木材緑化 …… 44
オエノン HD …… 35
大石農産 …… 20
オーエスマシナリー …… 46
大岡技研 …… 51
オーシャン …… 81
太田精器 …… 53
大舘水産 …… 30
オータニ …… 74
大谷商店 …… 30
大塚食品 …… 26
大塚農場 …… 20
大塚ファーム …… 20
大槻食材 …… 27
大野ファーム …… 20
オープンループ …… 109
オカモト …… 54
オカモト HD …… 54, 111, 119
岡谷岩井北海道 …… 51
小川商店 …… 29
オサダ農機 …… 53
オサワイナリー …… 35
オシキリ食品 …… 28
渡島信用金庫 …… 128
小樽芸術村 …… 85
小樽ゴルフ場 …… 119
小樽市漁協 …… 31
小樽商科大学 …… 116
小樽倉庫 …… 98
小樽ベイシティ開発 …… 84
小樽屋 …… 30
オチガビワイナリー …… 35
越智建設 …… 49
男山 …… 35
小野青果 …… 30
小原 …… 26
帯広大谷学園 …… 118
帯広ガス …… 42
帯広公益社 …… 136
帯広シティーケーブル（OCTV）…… 113
帯広信用金庫 …… 128
帯広畜産大学 …… 16, 116
帯広地方卸売市場 …… 31
帯広電子 …… 50
帯広臨床検査センター …… 78
オホーツク農業共済組合 …… 20
オホーツクビール …… 34, 155
表鉄工所 …… 47
オリエンタルランド …… 19

オリオン機械 …… 53
オリコム 札幌支社 …… 115
オリックス …… 43
オルソン …… 28
温泉旅館「銀鱗荘」…… 85

か

Kalm 角山 …… 20
開高 …… 81
鹿毛牧場 …… 20
葛西 …… 30
菓子處大丸 …… 33
菓匠小樽新倉屋 …… 33
片桐機械 …… 61
勝毎 HD …… 101
学研 HD …… 119
カナモト …… 61
かにめし本舗かなや …… 81
カネカ …… 23
曲小小倉工務店 …… 62, 63
曲〆髙橋水産 …… 30
カネジン食品 …… 25
兼長水産 …… 30
カネモ …… 31
かま栄 …… 28
上川大雪酒造 …… 35
かみふらの工房 …… 24
上山水産 …… 30
加森観光 …… 100
カラカミホテルズアンドリゾート …… 101
かりん舎 …… 111
カルビー …… 33
カルビーポテト …… 33
カレスサッポロ …… 135
河上水産 …… 30
川崎汽船 …… 97
川崎近海汽船 …… 98
川田工業 …… 61
カワムラ …… 62, 63
環境エンジニアリング …… 60
カンタス航空 …… 95
神田芳雄商店 …… 30
カンディハウス …… 85
かんぽ生命 …… 127

き

Gear8（ギアエイト）…… 110
木内商店 …… 30
菊郷会 …… 135
菊水 …… 25
菊田食品 …… 28
木古内町 …… 92
北一硝子 …… 83
北一食品 …… 81
北オホーツク農協 …… 18
北ガスサービス …… 42
北ガスジープレックス …… 42
北ガスジェネックス …… 42
北ガスフレアスト …… 42
北菓楼 …… 32
北こぶしリゾートグループ …… 101
北印 …… 31
木田製粉 …… 25
北宗谷農協 …… 22
北空知信用金庫 …… 128
北第百通信電気 …… 108
北日本海運 …… 97
北日本広告社 …… 115
北日本スカイテック …… 16
北日本精機 …… 52
北日本フード …… 28, 157
北の住まい設計社 …… 85
北の達人コーポレーション …… 77
北見工業大学 …… 116
北見市 …… 18

北見信用金庫 …… 128
北見通運 …… 98
北見ハッカ通商 …… 77
北連物産 …… 29
キッコーマン …… 27
キッズウェル・バイオ …… 17
キットアライブ …… 110
きのとや …… 32
キムラ …… 66, 85
キムラリース …… 66
キメラ …… 17
キャメルファームワイナリー …… 35
キャリアバンク …… 133
キャリアフィット …… 133
キューズダイニング …… 80
キューブシステム …… 108
共栄運輸 …… 97
共成製菓 …… 33
共成レンテム …… 61
京セラ …… 52
共通運送 …… 96
京都育英館 …… 118
共働学舎新得農場 …… 23
共同水産 …… 30
共同文化社 …… 111, 114
京都セミコンダクター …… 53
京橋エイジェンシー 札幌支社 …… 115
響文社 …… 111
共立メンテナンス …… 102
杏林堂薬局 …… 76
協和機械製作所 …… 50, 52
共和コンクリート工業 …… 49
共和紙業 …… 45
協和総合管理 …… 65
キョードー札幌 …… 132
キョクイチ …… 31
キョクイチ食販 …… 31
キョクイチ HD …… 31
旭新運輸 …… 97
極東高分子 …… 48
清里焼酎醸造所 …… 35
ぎょれん鹿島食品センター …… 21
ぎょれん設計センター …… 21
ぎょれん総合食品 …… 21, 29
ぎょれん道東食品 …… 21
ぎょれん販売 …… 21
ぎょれん北光 …… 21
ぎょれんマリノサポート …… 21
輝楽里 …… 20
キリン HD …… 26, 34
キロロリゾート HD …… 102
近畿日本ツーリスト北海道 …… 99
キングベーク …… 25
金印わさび …… 27
近宣 札幌支社 …… 115
金滴酒造 …… 35

く

釧路魚市場 …… 31
釧路ガス …… 42
釧路火力発電所 …… 43
釧路工業高等専門学校 …… 116
釧路公立大学 …… 116
釧路コールマイン …… 43
釧路市漁協 …… 31
釧路新聞社 …… 112
釧路信用金庫 …… 128
釧路信用組合 …… 129
釧路製作所 …… 17, 158
くしろバス …… 93
釧路メガソーラー …… 43
くすりの福太郎 …… 76
グッドフィールド …… 63
国稀酒造 …… 35
久原本家グループ …… 27

クボタ …… 16
くまだ …… 29
くみあい乳業 …… 22
蔵重商店 …… 30
クラシック …… 119
倉島乳業 …… 23
倉本鉄工所 …… 51
グランビスタホテル＆リゾート …… 102
クランベリー …… 33
グランマルシェ …… 100
グリーンパワーインベストメント …… 43
クリーンリバー …… 64
クリエイティブオフィスキュー …… 132
クリオネ …… 79
栗澤ワインズ …… 35
GRIT WORKS …… 77
栗林海陸輸送 …… 97
栗林商会 …… 26, 97
栗林商船 …… 97
栗林石油 …… 54
クリプトン・フューチャー・メディア …… 109, 120
クルーズ …… 111
creare（クレアーレ）…… 77
クレードル興農 …… 28
クレードル食品 …… 28
グローヴエンターテイメント …… 136
グローバル・コミュニケーションズ …… 110
グローブマネジメント …… 133
黒松内町特産物手づくり加工センター「トワ・ヴェール」…… 23
黒松内銘水 …… 26
クワザワ …… 64, 66
クワザワ工業 …… 66
クワザワ HD …… 66
クワハラ食糧 …… 27

け

京王プラザホテル札幌 …… 102
ケイシイシイ …… 32
渓仁会 …… 135
京阪電鉄不動産 …… 64
京浜精密工業 …… 51
恵佑会 …… 135
桂和商事 …… 65
恵和ビジネス …… 114
KDDI …… 109, 131
ケン・コーポレーション …… 65
ケンコーマヨネーズ …… 28
建成ホーム …… 62
堅展実業 …… 34
玄米酵素 …… 17

こ

コア・アソシエイツ …… 111
コアックス …… 52
コアレックス道栄 …… 45
公益社 …… 136
光塩学園 …… 118
光源舎オートプロダクツ …… 51
廣告社 札幌支社 …… 115
光駿輸送 …… 96
孝仁会 …… 135
光生アルミ北海道 …… 51
合田観光商事 …… 132
合同会社実力養成会 …… 114
合同酒精 …… 35
合同容器 …… 45
神戸物産 …… 75
弘報案内広告社 …… 115
広洋水産 …… 28, 29
交洋不動産 …… 126
幸楽輸送 …… 96
公立千歳科学技術大学 …… 116
公立はこだて未来大学 …… 116

コープ・アイ …… 127
コープさっぽろ …… 54, 74, 77, 82, 86, 136
コープはまなか …… 22
ゴールドパック …… 26
コーンズ・エージー …… 53
五勝手屋本舗 …… 29
國學院大學 …… 118
国際観光バス …… 100
国際興業 …… 96
国策鉄工 …… 44
国分グループ本社 …… 23, 34
国分北海道 …… 34
コクミン …… 76
国立病院機構 …… 134
コサイン …… 85
コスモエコパワー …… 43
コスモ建設 …… 62, 63
コスモスイニシア …… 64
古清商店 …… 29
国家公務員共済組合連合会 …… 134
五島軒 …… 81
寿産業 …… 52
寿スピリッツ …… 32
寿土地建物 …… 60
こどもクラブ …… 119
コニサーオイル …… 54
コハタ …… 16, 48
小林酒造 …… 35
小林商店 …… 29
小林牧場 …… 22
媚山鉄工 …… 47
こぶし建設 …… 61
駒谷農場 …… 20
小松牧場 …… 23
コム・メディカル …… 78
コムシス HD …… 108
コメリ …… 85
小柳協同 …… 48
五稜郭タワー …… 99
コンコルディア・フィナンシャルグループ …… 126
コンサドーレ …… 77, 130
コンサドーレ北海道スポーツクラブ …… 130
近藤工務店 …… 62
今野鉄工所 …… 17
コンピューター・ビジネス …… 110
コンポス …… 133

さ
ザ・ウインザー・ホテルズインターナショナル …… 101
ザ・本屋さん …… 111
彩香 …… 75
財界さっぽろ …… 111
サイサン …… 54
西條 …… 75
西條産業 …… 64
斉藤建設 …… 156
サカイ …… 30
坂栄養食品 …… 33
坂下工務店 …… 62
坂水産 …… 30
サクサ HD …… 109
サクマ …… 45
さくらインターネット …… 108
サザエ食品 …… 32
佐々木畜産 …… 24
サスオール …… 47
札建工業 …… 60
札証billboard …… 62, 63
札総 …… 133
札促 …… 111
札樽自動車運輸 …… 96
札鶴ベニヤ …… 67
サツドラ HD …… 74, 77
札幌アポロ …… 54

札幌医科大学 …… 17, 116
サッポロウエシマコーヒー …… 26
札幌駅総合開発 …… 84
札幌駅立売商会 …… 33
札幌エレクトロプレイティング工業 …… 51
札幌大谷学園 …… 117
札幌開拓使麦酒醸造所 …… 34
札幌開発 …… 80
札幌学院大学 …… 117
札幌ガス …… 54
札幌観光バス …… 93
札幌カントリー倶楽部 …… 119
札幌高級鋳物 …… 47
札幌交通機械 …… 52
札幌国際観光 …… 101
札幌国際大学 …… 117
札幌国際ビル …… 60
札幌ゴルフ倶楽部 …… 119
札幌市 …… 18, 42, 84, 113, 131
札幌シーフーズ …… 30
札幌市交通局 …… 92
札幌市交通事業振興公社 …… 92
札幌市農協 …… 30
札幌市農業協同組合 …… 18
札幌酒精工業 …… 35
札幌商工会議所 …… 131
札幌市立大学 …… 116
札幌進学プラザ …… 119
札幌振興公社 …… 99
札幌第一観光バス …… 93
札幌第一興産 …… 54
札幌大学 …… 117
札幌中央信用組合 …… 129
札幌通運 …… 96, 127
札幌定温運輸 …… 96
さっぽろテレビ塔 …… 99
札幌テレビ放送（STV）…… 113
札幌ドーム …… 131
札幌都市開発公社 …… 84
札幌トヨタ自動車 …… 83
札幌トヨペット …… 83
サッポロドラッグストアー …… 77
札幌日産自動車 …… 83
札幌バス …… 93
札幌パリ …… 25
札幌ばんけい …… 99
サッポロビール …… 130, 131
札幌副都心開発公社 …… 84
さっぽろ藤野ワイナリー …… 35
サッポロ不動産開発 …… 84
サッポロプレジション …… 52
サッポロ HD …… 34, 84
札幌北洋カード …… 127
札幌北洋リース …… 127
札幌ボデー工業 …… 51
札幌丸井三越 …… 84
札幌みらい中央青果 …… 18, 30
サッポロライス …… 18
札幌リゾート開発公社 …… 102
札幌臨床検査センター …… 78
さっぽろワイン …… 35
サツラク農業協同組合 …… 23
サトウ …… 67
佐藤商事 …… 51
サトウ食品 …… 28
佐藤水産 …… 29
佐藤鋳工 …… 51
佐藤木材工業 …… 67
Safilva（サフィルヴァ）…… 131
SUMCO …… 53
さらべつチーズ工房 …… 23
三愛牧草 …… 64
サンアグロ …… 48
サンエス電気通信 …… 110
三桜アサツマ商事 …… 45

三喜 …… 82
産業経済新聞社 …… 112
三共産業 …… 60
三共水産 …… 30
三共舗道 …… 60
サングリン太陽園 …… 16
サンクレエ …… 110
サンケイビル …… 94
サン広告社 …… 115
三五北海道 …… 51
サンジェルマン …… 25
サンショク産業 …… 81
三印三浦水産 …… 29, 150
産直 …… 75
山藤三陽印刷 …… 114
サンドラッグ …… 76
サンドラッグエース …… 76
サンドラッグプラス …… 76
サントリー HD …… 22, 34
三八 …… 32
さんぱち …… 81
サンマルコ食品 …… 28
サンライズ社 札幌支店 …… 115
三和油化工業 …… 51

し
CE HD …… 108
シーヴイテック北海道 …… 50
GSI（ジーエスアイ）…… 110
ジーベック …… 82
シーラクンス …… 77
J．フロント リテイリング …… 84
ジェイ・アール北海道バス …… 92
JR 貨物 …… 92
JR 北海道（北海道旅客鉄道）…… 52, 64, 75, 84, 92, 101, 135
JR 北海道フレッシュキヨスク …… 75
JR 北海道ホテルズ …… 101
ジェイウインド …… 43
ジェイエア …… 95
JA 全厚連（全国厚生農業協同組合連合会）…… 18
JA 全中（全国農業協同組合中央会）…… 18
JA 全農（全国農業協同組合連合会）…… 18
JA ふらの …… 33
JX 金属 …… 46, 49
JX 金属苫小牧ケミカル …… 49
JFE 条鋼 …… 46
JFE 条鋼豊平製造所 …… 46
JFE HD …… 46
JCOM …… 113
ジェイコム札幌（J:COM）…… 113
JTB 北海道事業部 …… 99
JP コアレックス HD …… 45
ジェイピーシー …… 51
J ファーム …… 16
ジェイファームシマザキ …… 20
ジェットスター・ジャパン …… 95
ジェネシス …… 132
ジェネティックラボ …… 17
滋賀銀行 …… 126
敷島製パン …… 25
JIG-SAW …… 109
支笏湖観光運輸 …… 100
システム・ケイ …… 109
シズナイロゴス …… 96
七十七銀行 …… 126
シチズン時計マニュファクチャリング …… 83
シップヘルスケア HD …… 79
篠河建設 …… 62
しののめ畜産 …… 20
島川製菓 …… 33
清水鋼鐵 …… 46

清水鋼鐵苫小牧製鋼所 …… 46
市民風力発電 …… 43
積丹スピリット …… 34
ジャスマックプラザ …… 101
ジャックス …… 127, 131
シャトレーゼ HD …… 102
社名渕みどり牧場 …… 20
ジャパンテクニカルソフトウェア …… 109
秀岳荘 …… 83, 149
住研ハウス …… 62
十丸中川青果 …… 30
寿都本 …… 111
春秋航空 …… 95
春秋航空日本 …… 95
淳心学園 …… 117
春雪さぶ〜る …… 24
ジョイフルエーケー …… 66, 85
ジョイフルホーム …… 63
ジョイフル本田 …… 85
正栄プロジェクト …… 131, 132
常口アトム …… 65, 154
商工組合中央金庫 …… 129
商船三井フェリー …… 98
じょうてつ …… 64, 92
城南進学研究社 …… 119
昭和木材 …… 67
昭和冷凍プラント …… 53
ジョーンズ ラング ラサール日本法人 …… 84
食創 …… 27
ショコラティエ マサール …… 32, 148
書峰社書道 …… 119
ジョンソンホームズ …… 62, 63
白樺山荘 …… 81
シレトコイオン生産組合 …… 20
シロ …… 77
新王建設 …… 60
進学会 HD …… 119, 130
進学舎 …… 119
森россワイナリー …… 35
信金中央金庫 …… 128
新宮商行 …… 67
新札幌乳業 …… 22
新さっぽろ脳神経外科病院 …… 135
新篠津つちから農場 …… 20
新生 …… 115
新星苑 …… 80
シンセメック …… 51
信託ホーム …… 63
新東工業 …… 51
神内ファーム 21 …… 24
新日本海フェリー …… 98
しんや …… 148
新谷建設 …… 61
新和グループ …… 132
新和産業 …… 98
伸和 HD …… 80

す
水産流通 …… 30
スウェーデンハウス …… 63
菅井商店 …… 30
スガイディノス …… 132
スガイディノス HD …… 132
スカイマーク …… 94
スカイワーク …… 94
スガノ農機 …… 53
杉山工業 …… 51
ズーコーシャ …… 61
鈴木工務店 …… 62
鈴木住建 …… 62
鈴木商会 …… 49, 158
薄野地麦酒 …… 34
スズケン …… 79
鈴与 …… 95
すずらん釧路町太陽光発電所 …… 43

スターゼン …… 24
須田製版 …… 114
寿都町 …… 43
砂川ハイウェイオアシス観光 …… 93
砂子組 …… 61
スハラ食品 …… 27
スピリッツオブノースランド …… 131
スフェラーパワー …… 53
スペースアグリ …… 16
スペースウォーカー …… 17
スペースコタン …… 17
スポーツハウス …… 83
住まいのウチイケ …… 62
住まいのクワザワ …… 66
澄川麦酒醸造所 …… 34
住鉱国富電子 …… 52
住商アグリビジネス …… 48
住友ゴム工業 …… 131
住友商事 …… 48
住友商事北海道 …… 47
住友生命 …… 126, 127
住友電気工業 …… 47
住友電工 …… 50
住友不動産 …… 63, 64
住友林業 …… 63
すみれ …… 81
スリービー …… 17

せ

生活クラブ生協 …… 129
生活プロデュース …… 131
セイカン …… 53
青函フェリー …… 97, 98
清月 …… 33
盛興建設 …… 61
セイコーエプソン …… 52
セイコーフレッシュフーズ …… 75
セイコーマート …… 75
聖山会 …… 136
成尚 …… 29
セイショウ …… 133
製鉄記念室蘭病院 …… 135
セイノー HD …… 96
西友 …… 75
セーコー …… 147
赤十字病院 …… 134
積水化学工業 …… 63
石炭資源開発 …… 42
セコマ …… 22, 75
セコム …… 79
セブン＆アイ・HD …… 75, 78
セブン - イレブン・ジャパン …… 75
セリオむすめ …… 130
セレッソ大阪 …… 131
セロテック …… 79
全国開拓農業協同組合連合会 …… 18
全国共済農業協同組合連合会（JA共済）…… 127
全国共済農業協同組合連合会北海道本部 …… 18
全国信用協同組合連合会 …… 129
全国労働者共済生活協同組合連合会（こくみん共済 Coop（全労済））…… 127
千秋庵製菓 …… 32
セントラル総合開発 …… 64
セントラルリーシングシステム …… 65
全日本空輸（全日空）ANA …… 94, 131
全日食（全日本食品）…… 75

そ

そうけん …… 130
総合技研 …… 133
総合住研 …… 62
総合商研 …… 114
総合パッケージ …… 45

双日 …… 47, 94
総宗山弘照院 …… 136
創文 …… 115
宗谷バス …… 92
宗谷岬牧場 …… 20
創和プロジェクト …… 136
ソーゴー印刷 …… 111
ソフテック …… 110
ソメスサドル …… 82
ソラシドエア …… 94
ソラチ …… 27
空知商工信用組合 …… 129
空知信用金庫 …… 128
空知炭礦 …… 43
空知単板工業 …… 67
空知中央バス …… 93
空知リゾートシティ …… 99
損害保険ジャパン …… 94
損保ジャパン …… 127
SOMPO HD …… 127

た

ダイアモンドヘッド …… 110, 130, 131
ダイイチ …… 75
第一金属 …… 51
第一ゴム …… 82
第一生命 …… 127
第一滝本館 …… 101
第一寶亭留 …… 101
第一ホテル …… 101
ダイエットクック白老 …… 28
大王製紙 …… 45
大京 …… 64
大協水産 …… 30
大幸水産 …… 30
ダイコクドラッグ …… 76
第四北越銀行 …… 126
大鎮キムラ建設 …… 62
泰進建設 …… 60
大成コンセッション …… 94
大雪地ビール …… 34
大雪木工 …… 85
ダイチク …… 78
大地みらい信用金庫 …… 128
大同舗道 …… 60
ダイナックス …… 50, 55
大日本印刷 …… 26, 114
ダイハツ北海道販売 …… 83
太平洋建設工業 …… 49
太平洋製作所 …… 61
太平洋セメント …… 49
太平洋フェリー …… 98
大丸 …… 45, 110
大丸藤井セントラル …… 45
大丸松坂屋百貨店 …… 84
太陽 …… 111
太陽グループ …… 132
大陽日酸北海道 …… 48
大和ハウス工業 …… 63, 64
台湾札幌薬粧 …… 77
髙砂酒造 …… 35
鷹栖町農業振興公社 …… 26
高梨乳業 …… 22
タカノトレーディング …… 29
タカハシ …… 93, 132
髙橋工務店 …… 62
高橋産業 …… 66
高橋製菓 …… 33
タカヤナギ …… 47
タカラレーベン …… 64
滝川ガス …… 42
滝川クラフトビール工房 …… 34
TAKIZAWA ワイナリー …… 35
滝乃家 …… 101
拓殖大学 …… 118

タクトホーム …… 63
匠工芸 …… 85
竹田食品 …… 28
竹山 …… 79
多田ワイナリー …… 35
匠運コーポレーション …… 62, 63
ダットジャパン …… 109
伊達信用金庫 …… 128
ダテハキ …… 82
タナカ …… 63
田中組 …… 60
田中酒造 …… 35
谷口農場 …… 20
タニコー …… 53
谷田製菓 …… 33
田端本堂カンパニー …… 61
タピックスジャパン …… 130
玉川組 …… 61
玉造 …… 47
タマホーム …… 63
樽一小樽中央青果 …… 31
丹波屋 …… 48

ち

地域医療機能推進機構 …… 134
チーズ工房アドナイ …… 23
チーズ工房角谷 …… 23
チーズ工房白糠酪恵舎 …… 23
チーズ工房タカラ …… 23
地崎商事 …… 54
地崎道路 …… 60
地勢社 …… 111
千歳相互観光バス …… 93
千葉銀行 …… 126
中越パルプ工業 …… 44
中央スーパー …… 74
中央ネームプレート製作所 …… 17
中央バス観光開発 …… 102
中国銀行 …… 126
中部飼料 …… 48
中和石油 …… 54
長生堂寺嶋菓子舗 …… 33
調和技研 …… 109

つ

つうけん …… 108
つうけんアドバンスシステムズ …… 108
津軽海峡フェリー …… 98
月浦ワイン醸造所 …… 35
月島機械 …… 46
月と太陽 BREWING …… 34
津司 …… 75
辻商店 …… 30
辻木材 …… 62
土倉 …… 26
土谷特殊農機具製作所 …… 53
土屋ホーム …… 62, 63
土屋ホームトピア …… 62
土屋ホーム不動産 …… 62, 64
土屋 HD …… 62
壺屋総本店 …… 32
ツムラ …… 79
鶴居村振興公社 酪楽館 …… 23
鶴岡学園 …… 118
鶴雅観光開発 …… 100
鶴雅トラベルサービス …… 100
鶴雅 HD …… 100, 153
鶴雅リゾート …… 100
ツルハ …… 76
ツルハグループドラッグ＆ファーマシー西日本 …… 76
ツルハグループマーチャンダイジング …… 76
ツルハフィナンシャルサービス …… 76
ツルハ HD …… 76

て

DHC …… 77
DNX Ventures …… 131
DNP 北海道 …… 114
DMG 森精機 …… 109
DCM …… 85
DCM ニコット …… 85
DCM HD …… 85
DG コミュニケーションズ札幌支社 …… 115
ティーパイティー HD …… 83
TBS HD …… 113
禎心会 …… 135
テーオーフォレスト …… 67
テーオー HD …… 85
テーオーリテイリング …… 85
テクノウイング …… 110
テクノフェイス …… 110
テクノラボ …… 110
デジック …… 109
鉄建 …… 47
鉄道建設・運輸施設整備支援機構 …… 92
テレ・マーカー …… 110
テレビ朝日 HD …… 113
テレビ東京 HD …… 113
テレビ北海道（TVH）…… 113
電源開発 …… 43
電子開発学園 …… 117
天使学園 …… 117
電制 …… 52
デンソー …… 50
デンソー北海道 …… 50
電通 …… 94, 131
電通北海道 …… 115
テンフードサービス …… 80
テンフォー …… 80

と

ド・モンティーユ＆北海道 …… 35
10R ワイナリー …… 35
東一函館青果 …… 31
東栄 …… 66
道央興発 …… 119
東海大学 …… 117
東海東京フィナンシャル・HD …… 127
東急 …… 94
どうきゅう …… 80
東急エージェンシー北海道支社 …… 115
東急百貨店 …… 84
東急不動産 …… 64, 84
東急ホテルズ …… 102
東京海上日動 …… 127
東京海上 HD …… 127
東京農業大学 …… 118
道銀カード …… 127
道銀地域総合研究所 …… 126
道銀ビジネスサービス …… 126
東光ストア …… 74
東芝ホクト電子 …… 52
登寿 HD …… 60
道新インタラクティブ …… 133
道新サービスセンター …… 94, 99, 115
道新文化事業社 …… 132
道新文化センター …… 132
道新ロジスティクス …… 98
道水 …… 29
道水サービス …… 29
道水中谷水産 …… 29
道東アークス …… 74
道東観光開発 …… 132
道南いさりび鉄道 …… 92
道南うみ街信用金庫 …… 128
道南食品 …… 23, 33
道南食糧工業 …… 27
道南バス …… 93

道南ラルズ …… 74
道南冷蔵 …… 29
東武 …… 75
東邦銀行 …… 126
道北アークス …… 74
道北バス …… 93
東北木材 …… 67
東洋 …… 114
東洋ガラス工業 …… 66
東洋水産 …… 28
東洋電気産業 …… 130
東洋農機 …… 53
道路工業 …… 60
東和食品 …… 29
東和電機製作所 …… 53
トーア …… 127
ドーコン …… 61
トータル・メディカルサービス …… 78
トーホウリゾート …… 101
トーホー工業 …… 49
トーモク …… 45
土開製粉 …… 25
十勝いけだミートパッカー …… 24
十勝浦幌森永乳業 …… 22
十勝しんむら牧場 …… 20, 23
十勝信用組合 …… 129
十勝大福本舗 …… 33
十勝農業共済組合 …… 20
十勝野フロマージュ …… 23
十勝バス …… 93, 147
十勝葉山電器 …… 50
十勝毎日新聞社 …… 101, 112
ときわ …… 81, 146
徳重 …… 51
特殊衣料 …… 82
徳洲会 …… 135
ドクターアイズ …… 83
時計台観光 …… 81
ドコモ CS 北海道 …… 82
図書館ネットワークサービス …… 111
トッパン・フォームズ …… 114
凸版印刷 …… 114
トップファーム …… 24
トドック電力 …… 42
苫小牧エネルギー公社 …… 44
苫小牧王子紙業 …… 44
苫小牧ガス …… 42
苫小牧協和サービス …… 44
苫小牧栗林運輸 …… 97
苫小牧港開発 …… 97
苫小牧工業高等専門学校 …… 116
苫小牧市 …… 97
苫小牧飼料 …… 48
苫小牧信用金庫 …… 128
苫小牧ソーラーエナジー …… 43
苫小牧バイオマス発電 …… 43
苫小牧埠頭 …… 97
苫小牧民報社 …… 112
苫東 …… 65
苫東安平ソーラーパーク …… 43
苫東安平ソーラーパーク 2 …… 43
苫東コールセンター …… 42
トミーランド …… 20
富岡ワイナリー …… 35
ドメーヌアツシスズキ …… 35
ドメーヌタカヒコ …… 35
ドメーヌモン …… 35
DOMAINE YUI …… 35
Domaine Raison ワイナリー …… 35
巴産業 …… 60
豊頃町農協 …… 18
トヨタカローラ札幌 …… 83
トヨタ自動車 …… 50
トヨタ自動車北海道 …… 50
豊通スメルティングテクノロジー …… 51
豊富牛乳公社 …… 22, 75
豊富町 …… 22
豊原生産組合 …… 20
DORAL …… 66
トライアル HD …… 75
トライバルユニット …… 133
ドラッグイレブン …… 76
トランスコスモス …… 133
ドリームヒル …… 20
トルク精密工業 …… 51
トワニ …… 27
どんぐり …… 25
トンタス浜中 …… 24
トンデンファーム …… 24
とんでん HD …… 80

な

永沢機械 …… 17, 157
中標津町農協 …… 23
ナカジマ薬局 …… 78
ナガセ …… 119
なかせき商事 …… 54
中津川水産 …… 30
永富調剤薬局 …… 78
中西出版 …… 111
中西商店 …… 30
中道リース …… 61, 127
中山組 …… 60
中山農場 …… 20
ナガワ …… 61
ナシオ …… 33
ナチュラリー …… 111
ナチュラルサイエンス …… 77
ナトリ …… 49
ナニワ …… 83
なの花北海道 …… 78
名村造船所 …… 52
滑川商店 …… 30
名寄市立大学 …… 116
ナラサキ産業 …… 52, 98
ナラサキスタックス …… 98
楢崎製作所 …… 47
ナラサキ石油 …… 54
南華園 …… 27

に

NEEDS …… 23
NIKI Hills ワイナリー …… 35
西尾ダンボール工業 …… 44
西神楽夢民村 …… 20
西上経営組合 …… 20
西沢 …… 30
西出興業 …… 54
西日本ファーマシー …… 78
西野製作所 …… 17, 51
西山製麺 …… 25
ニスコグループ …… 119
二世古酒造 …… 35
ニセコチーズ工房 …… 23
ニセコ東急リゾート …… 102
ニセコバス …… 93
ニセコリアルエステート …… 65
ニセコワイナリー …… 35
日医工 …… 79
NICHIJO …… 50
日動 …… 64
ニチリウ …… 74
日糧製パン …… 25
ニチレイ・ロジスティクス北海道 …… 96
ニチレイフーズ …… 28
ニチロ畜産 …… 24, 28
ニッカウヰスキー …… 34
日刊スポーツプロモーション …… 115
日軽北海道 …… 46
ニッコー …… 53
日昭（Nissho） …… 64
日商砿油 …… 54
日清オイリオグループ …… 27
日清食品 HD …… 28
日星電機 …… 61
日生バイオ …… 17
日専連旭川 …… 127
ニッセンレンエスコート …… 127
日専連釧路 …… 127
日専連ジェミス …… 127
日専連ニックコーポレーション …… 127
日専連パシフィック …… 127
ニッタクス …… 67
日鉄鋼板 …… 46
日鉄セメント …… 49
日鉄ソリューションズ …… 108
日鉄ファーストテック …… 46
日東石油 …… 54
ニップン …… 25
日本アクセス …… 27
日本アクセス北海道 …… 27
日本軽金属苫小牧製造所 …… 46
日本軽金属 HD …… 46, 50
日本酸素 HD …… 48
日本政策金融公庫 …… 129
日本政策投資銀行 …… 94, 97, 129
日本製紙 …… 42, 43, 44
日本製紙ロジスティクス …… 97
日本製鉄 …… 46, 49
日本製鉄室蘭製鉄所 …… 46
日本通運 …… 97
日本甜菜製糖 …… 27
日本ハム …… 23, 24, 131
日本ハム北海道ファクトリー …… 24
日本フルハーフ …… 50
ニトリ …… 85, 131
ニトリパブリック …… 85
ニトリファシリティ …… 85
ニトリ HD …… 85
ニプロ …… 17
ニヘイ …… 66
日本アイ・ビー・エムデジタルサービス …… 109
日本アスパラガス …… 26
日本医療大学 …… 117
日本エスコン …… 65
日本カストディ銀行 …… 126
日本仮設 …… 61
日本紙パルプ商事 …… 45
日本グランデ …… 64
日本経済社 札幌支社 …… 115
日本経済新聞社 …… 112
日本高圧コンクリート …… 49
日本航空　JAL …… 94, 95, 130
日本酒類販売 …… 34
日本醤油工業 …… 27
日本製鋼所 …… 46
日本製鋼所 M & E …… 46
日本清酒 …… 35
日本生命 …… 126, 127
日本赤十字学園 …… 118
日本調剤 …… 78
日本データーサービス …… 61
日本デジタル研究所 …… 95
日本テレビ HD …… 113
日本トータルシステム …… 110
日本ニューホランド …… 53
日本農業新聞 …… 112
日本ハウス HD …… 63
日本ビューホテル …… 102
日本風力開発 …… 43
日本放送協会（NHK） …… 113
日本ホワイトファーム …… 24
日本マスタートラスト信託銀行 …… 126
日本メックス …… 133
日本メディカルプロダクツ …… 79
日本ユニパック …… 49
日本酪農協同 …… 23
日本理化学工業 …… 48
日本旅行北海道 …… 99
日本霊廟 …… 136
ニレミックス …… 49

ぬ

ぬくもりの宿ふる川 …… 101
沼田椅子製作所 …… 62, 85

ね

ネオメディックス …… 79
熱原帯広 …… 54
ネッツトヨタ札幌 …… 83
根室交通 …… 93

の

ノヴェロ …… 115
農業情報設計社 …… 16
農林中央金庫 …… 18, 129
ノーザンホースパーク …… 99
ノースカラーズ …… 33
ノースカントリー …… 35
ノース技研 …… 61
ノースコープぎょれん …… 21
ノースパシフィック …… 61, 126
ノースプレインファーム …… 23
野口観光 …… 100, 131
野口観光ホテルプロフェッショナル学院 …… 100
野口観光マネジメント …… 100
のぐち北湯沢ファーム …… 100
野口商社 …… 100
野口リゾートマネジメント …… 100
ノベルズ …… 20, 24
登醸造 …… 35
登別温泉ケーブル …… 100
登別グランドホテル …… 101
登別伊達時代村 …… 99
のぼりべつ酪農館 …… 23
野又学園 …… 118
ノムラ …… 67
野村興産 …… 49
農楽蔵 …… 35
ノルディックファーム …… 23

は

ハーゲンダッツジャパン …… 22
ハードオフコーポレーション …… 111
ハートランドフェリー …… 98
バーナードソフト …… 110, 152
バーニッシュカンパニー …… 82
ハーバー …… 77
ハーバー研究所 …… 77
ハイアットホテルズ …… 102
ハイテックシステム …… 110
パインランド・デーリィ …… 20
ハウジング・コバヤシ …… 62
ハウジング髙橋 …… 62
萩原建設工業 …… 61
博善社 …… 136
博報堂 DY メディアパートナーズ …… 130
柏艪舎 …… 111
函館魚市場 …… 31
函館エヌ・デー・ケー …… 53
函館大谷学園 …… 118
函館カール・レイモン …… 24
函館工業高等専門学校 …… 116
函館厚生院 …… 135
函館酸素 …… 48
函館市企業局交通部 …… 92
箱館醸蔵 …… 35
函館新聞社 …… 112

函館商工信用組合 …… 129
函館千秋庵総本家 …… 33
函館電子 …… 53
函館どつく …… 52
函館トヨタ自動車 …… 83
函館バス …… 92
函館平安システム …… 136
函館丸井今井 …… 84
はこだて柳屋 …… 33
函館山ロープウェイ …… 99
函館酪農公社 …… 23
はこだてわいん …… 35
パシフィックゴルフマネージメント …… 119
橋谷川島コーポレーション …… 61
端谷菓子店 …… 33
ハスコム …… 65
長谷川産業グループ …… 85
ハセガワストア …… 75
ハタナカ昭和 …… 49
八海醸造 …… 34
八剣山ワイナリー …… 35
花川病院 …… 131
パナソニック リビング北海道・東北 …… 66
パナソニックスイッチングテクノロジーズ …… 50
パナソニックホームズ …… 64
花畑牧場 …… 32
はなまる …… 81
ハニューフーズ …… 24
パブリックリレーションズ …… 110
歯舞漁協 …… 27
羽幌沿海フェリー …… 98
浜学園 …… 119
浜中町農協 …… 22
浜理 PFST …… 79
ハミューレ …… 82
バリオン …… 115
パルコ …… 84
パルス …… 79
はるやまチェーン …… 82
バロー HD …… 74
パン・パシフィック・インターナショナル HD …… 75
ばんけい峠のワイナリー …… 35
ばんちょう …… 81
Pan de Pan …… 100
Hand Made …… 131

ひ

ビアスワークス …… 62
ビー・アンド・ディー …… 76
ビー・ユー・ジー DMG 森精機 …… 109
ビー・リガーレ …… 33
ピーチ・アビエーション …… 94
ビヴォ …… 84
東札幌日通輸送 …… 97
東日本学園 …… 118
東日本銀行 …… 126
東日本フード …… 24
ひがしもこと乳酪館 …… 23
光合金製作所 …… 53
光ハイツ・ヴェラス …… 135
ヒシサン …… 54
菱中海陸運輸 …… 97
菱中建設 …… 60
日高信用金庫 …… 128
飛騨産業 …… 85
日立製作所 …… 108
日立物流 …… 96
日立物流ダイレックス …… 96
ビッグ …… 65
ビッグボーイジャパン …… 80
ピックルスコーポレーション札幌 …… 28
ビットスター …… 108
尾藤農産 …… 20

日の出本田水産 …… 29
美唄ガス …… 42
ビバホーム …… 85
美美 …… 136
平川ワイナリー …… 35
平田建設 …… 60
平田商店 …… 30
びらとり農協 …… 26
ぴりかファーム …… 20
ヒルトン・グループ …… 102
広瀬技建 …… 62
廣野組 …… 61
ピーアールセンター …… 115

ふ

ファーストコネクト …… 133
ファーストブレス …… 110
ファームエイジ …… 53
ファームトピア …… 20
ファームノート …… 16
ファイターズスポーツ＆エンターテイメント …… 131
ファイバーゲート …… 109
ファミリーマート …… 75
フィード・ワン …… 48
フィールド …… 132
フィッシュランド …… 83
風月 …… 80
フージャースウェルネス＆スポーツ …… 119
フージャースコーポレーション …… 64
フェルゼンファーマ …… 78
深川油脂工業 …… 33
福居製餡所 …… 28
福田商店 …… 30
福司酒造 …… 35
福原 …… 74
福山醸造 …… 27
フジ・メディア・HD …… 113
藤井ビル …… 65
藤井牧場 …… 20
富士化学工業 …… 66
藤学園 …… 117
藤城建設 …… 62,63
藤建設 …… 61
富士サルベージ …… 61
FUJI ジャパン …… 64
藤田印刷 …… 111
フジタコーポレーション …… 80
フジッコ …… 28
不二電子工業 …… 51
フジドリームエアラインズ …… 95
フジパングループ 本社 …… 25
藤丸 …… 84
藤光鋼材 …… 47
富士メガネ …… 83
藤森商会 …… 81
富士薬品 …… 76
フジワラ …… 83
藤原製麺 …… 25
双葉工業社 …… 47
双葉屋 …… 30
ふたみ青果 …… 31
ブックオフグループ HD …… 111
不動産企画ウィル …… 62,63
不動木材 …… 66
フナコシヤ産商 …… 64
フュージョン …… 109
芙蓉総合リース …… 61
ブライダルハウス チュチュ …… 136
PLUS2（プラスツー）…… 81
富良野市 …… 93
富良野市ぶどう果樹研究所 …… 35
富良野チーズ工房 …… 23
ふらのバス …… 93

ぶらんとマガジン社 …… 111
プリプレス・センター …… 114
プリマハム …… 24
プリンスホテル …… 102,119
ブルーチップ …… 77
ふる里公苑 …… 136
ふるさとファーム …… 20
フルテック …… 52
フルハーフ北海道 …… 50
フレイン・エナジー …… 146
プレステージジャパン …… 85
ブロイハウス大沼 …… 34

へ

ベールドノール …… 67
ベシェ・ミニオン …… 32
べつかい乳業興社 …… 23
ベリーベリーファーム＆ワイナリー仁木 …… 35
ベルーナ …… 102
ペルコ …… 131,136
ベルシステム 24HD …… 133
ベルジョイス …… 74
ベル食品 …… 27
ベルックス …… 65
弁釜 …… 75

ほ

豊栄建設 …… 62,63
豊月 …… 74
宝水ワイナリー …… 35
ホープ …… 19
ホーム・デコ …… 85
ホーム企画 …… 63
ホーム企画センター …… 62,63
ホーム創建 …… 62
ホーム宅建 …… 62
ホームロジスティックス …… 85
ホールセールスターズ …… 78
ホクディア …… 53
ホクエイ …… 53
北栄保険サービス …… 127
北越コーポレーション …… 45
北王 …… 62
北旺運輸 …… 97
北央信用組合 …… 129
ホクサン …… 48
北燦食品 …… 75
北昭興業 …… 45
北商コーポレーション …… 54
北勝水産 …… 29
北翔大学 …… 117
北翔農場 …… 20
北辰学堂 …… 118
北新金属工業 …… 51
北星学園 …… 117
北星信用金庫 …… 128
ほくせん …… 127
北拓 …… 43
ほくでんエコエナジー …… 42
北電興業 …… 42
ほくでん情報テクノロジー …… 42
ホクト …… 19
北斗 …… 135
北東商事 …… 132
北都建材 …… 66
北都交通 …… 93
北斗市 …… 92
北都システム …… 109
北然商事 …… 54
ホクノー …… 74
ホクビー …… 24
ほくほく TT 証券 …… 127
ほくほくフィナンシャルグループ …… 126
北明システム …… 110
北門信用金庫 …… 128

北紋バス …… 92
ほくやく …… 79
ほくやく・竹山 HD …… 79
北友興業 …… 47
北雄ラッキー …… 74
北楡会 …… 135
北洋銀行 …… 61,94,126,131
北洋システム開発 …… 127
北洋証券 …… 127
北洋ビジネスサービス …… 126
北陸銀行 …… 126
ホクリヨウ …… 19
北菱産業埠頭 …… 43
ホクレン運輸 …… 96
ホクレンくみあい飼料 …… 18
ホクレン商事 …… 18,75
ホクレン通商 …… 18
ホクレン農業協同組合連合会（ホクレン）…… 16,18,22,30,75,131
ホクレン肥料 …… 18
ホクレン油機サービス …… 53
母恋 …… 135
ほしの …… 83
星野水産 …… 29,30
星野リゾート …… 102
星屋 …… 62
ボスアグリワイナリー …… 35
ボストン …… 25
牧家 …… 23
北海運輸 …… 97
北海学園 …… 117
北海鋼機 …… 46
北海工芸 …… 85
北海産業 …… 61
北海紙管 …… 45
北海スターチック …… 19
北海製罐 …… 46
北海製鉄 …… 46
北海石油 …… 100
北海葬祭 …… 136
北海畜産農協 …… 18
北海電気工事 …… 42,131
北海道 …… 42,92,130
北海道アイ …… 27,153
北海道アクセスネットワーク …… 99
北海道朝日広告社 …… 115
北海道アルバイト情報社 …… 110,111,133
北海道いすゞ自動車 …… 83
北海道医薬総合研究所 …… 78
北海道医療団 …… 134
北海道エアシステム …… 95
北海道エアポート …… 94
北海道 SO キャピタル …… 132
北海道エナジティック …… 54
北海道 NS ソリューションズ …… 108
北海道エネルギー …… 54
北海道 MD 機構 …… 77
北海道 LNG …… 42
北海道オリオン …… 53
北海道カーオイル …… 54
北海道科学大学 …… 117
北海道ガス …… 42,131
北海道観光バス …… 93
北海道機船漁業協同組合連合会 …… 21
北海道北見バス …… 92
北海道キッコーマン …… 27
北海道軌道施設工業 …… 60,92
北海道キューブシステム …… 108
北海道教育大学 …… 116
北海道教科書供給所 …… 111
北海道共創パートナーズ …… 126
北海道協同組合通信社 …… 111
北海道漁業協同組合連合会 …… 21
北海道キリンビバレッジ …… 26
北海道銀行 …… 94,126,130,131

北海道空港 …… 94
北海道クールロジスティクスプレイス …… 97
北海道建設新聞社 …… 112
北海道厚生農業協同組合連合会 …… 18
北海道厚生連 …… 134
北海道高速鉄道開発 …… 92
北海道興農社 …… 34
北海道コカ・コーラボトリング …… 26, 114, 131
北海道コクボ …… 33
北海道サラダパプリカ …… 16
北海道三喜 …… 82
北海道サンジェルマン …… 25
北海道ジェイ・アール・サービスネット …… 92
北海道ジェイ・アール商事 …… 92
北海道ジェイ・アール都市開発 …… 65
北海道ジェネリック …… 78
北海道歯科産業 …… 79
北海道シジシー …… 74
北海道シャーリング …… 47
北海道社会事業協会 …… 134
北海道車体 …… 50
北海道自由ウヰスキー …… 34
北海道出版企画センター …… 111
北海道酒類販売 …… 34
北海道新聞社 …… 98, 111, 112, 130, 131, 132
北海道新聞 HotMedia …… 112
北海道信用漁業協同組合連合会（北海道信漁連） …… 21, 129
北海道信用金庫 …… 128
北海道信用農業協同組合連合会（JA北海道信連） …… 18, 129
北海道スバル …… 83
北海道住電スチールワイヤー …… 50
北海道住電精密 …… 47
北海道生協連合会 …… 129
北海道星槎学園 …… 118
北海道西濃運輸 …… 96
北海道セキスイハイム …… 63
北海道セキスイハイム工業 …… 63
北海道セキスイファミエス …… 63
北海道総合技術研究所 …… 110
北海道総合商事 …… 126
北海道総合スポーツクラブ …… 131
北海道総合通信網 …… 42
北海道曹達 …… 48, 152
北海道そば製粉 …… 25
北海道大学 …… 16, 17, 116
北海道大学出版会 …… 111
北海道ダイキアルミ …… 46
北海道太平洋生コン …… 49
北海道宝島旅行社 …… 99
北海道拓殖バス …… 93
北海道建物 …… 126
北海道チクレン農業協同組合連合会 …… 18
北海道千歳ハム …… 24
北海道中央農業共済組合 …… 20
北海道中央バス …… 60, 93, 99
北海道中央葡萄酒 …… 35
北海道中央牧場 …… 24
北海道ツアーズ …… 99
北海道通信社 …… 112
北海道テレビ放送（HTB） …… 113
北海道電機 …… 52
北海道電子機器 …… 110
北海道電子工業 …… 52
北海道典範 …… 136
北海道電力 …… 42, 43, 94, 126, 131
北海道電力ネットワーク …… 42
北海道糖業 …… 27
北海道トッパン・フォームズ …… 114
北海道二十一世紀総合研究所 …… 126

北海道ニチモウ …… 21
北海道日刊スポーツ新聞社 …… 112
北海道日紅 …… 48
北海道日産自動車 …… 83
北海道日水 …… 29
北海道日通プロパン販売 …… 54
北海道日本ハムファイターズ …… 131
北海道乳業 …… 23
北海道熱供給公社 …… 42
北海道農業共済組合連合会 …… 20
北海道農業協同組合中央会 …… 18
北海道バイオインダストリー …… 17
北海道バイオマスエネルギー …… 43
北海道博報堂 …… 115
北海道バス …… 93
北海道ハニューフーズ …… 24
北海道ハピネス …… 133
北海道バレーボールクラブ …… 131
北海道PR通信社 …… 115
北海道麦酒醸造 …… 34
北海道ひがし農業共済組合 …… 20
北海道日高乳業 …… 23
北海道日立システムズ …… 108
北海道日野自動車 …… 83
北海道フィードワン販売 …… 48
北海道フーズ …… 33
北海道フーズ輸送 …… 96
北海道ブブ …… 83
北海道プリマハム …… 24
北海道プレカットセンター …… 67
北海道文化放送（UHB） …… 113, 132
北海道ペスカ …… 30
北海道放送（HBC） …… 113
北海道保証牛乳 …… 22
北海道ポラコン …… 49
北海道毎日サービス …… 115
北海道マツダ販売 …… 83
北海道マリンイノベーション …… 17
北海道マリンパーク …… 100
北海道丸大食品 …… 24
北海道三井化学 …… 17
北海道みどり流通 …… 30
北海道ミネラルウォーター …… 26
北海道武蔵女子学園 …… 118
北海道森紙業 …… 44
北海道八雲ソーラーパーク …… 43
北海道輸送 …… 97
北海道酪農公社 …… 23
北海道リース …… 127
北海道労金ビジネスサービス …… 129
北海道労働金庫 …… 129
北海道ロジサービス …… 98
北海道ワイン …… 16, 34, 35
北海パネ …… 51
北海まりも製菓 …… 33
ポッカサッポロフード＆ビバレッジ …… 26, 34
ポッカサッポロ北海道 …… 26
ホッカン …… 29
ホッカン HD …… 46
北興化工機 …… 52
北幸農園 …… 20
ホッコン …… 49
ホテル鹿の湯 …… 101
ホテルニュー王子 …… 101
ホテルモントレ …… 102
ホテル山浦 …… 100
ホライズン・オーシャン・マネジメント …… 43
ホリ …… 32
ホリ HD …… 32
堀松建設工業 …… 61
幌延風力発電 …… 43
本田水産 …… 30
本田誠一商店 …… 30
ホンダ四輪販売北海道 …… 83
ほんま …… 33

本間商店 …… 30
本間水産 …… 30

ま

マイステイズ・ホテル・マネジメント …… 102
毎日新聞グループ HD …… 112
マウントアライブ …… 132
前側石油 …… 54
前田農産食品 …… 20
マオイ自由の丘ワイナリー …… 35
増井商店 …… 30
マスダプランニング …… 136
満寿屋商店 …… 25
マタツ水産 …… 29
町村農場 …… 20, 23
松井 …… 66
マツオ …… 81
松岡満運輸 …… 96
マツキヨココカラ＆カンパニー …… 76
マック …… 79
マツ建工房 …… 62
マッシブサッポロ …… 65
マッチポイント …… 131
松原産業 …… 67
松原農園 …… 35
松村農場 …… 20
松本組 …… 60
松本鉄工所 …… 52
マテック …… 49
マリオット・インターナショナル …… 102
丸イ佐藤海産 …… 29
丸イ水産 …… 29
丸一苫小牧中央青果 …… 31
丸果旭川青果卸売市場 …… 31
マルカイチ水産 …… 29
丸果札幌定温倉庫 …… 30
丸勝 …… 27
マルカツ興産 …… 34
丸勝農場 …… 20
丸果函館合同青果 …… 31
マルカワ食品 …… 28
丸共水産 …… 17
丸共農産商事 …… 30
マルキンサトー …… 47
マルサ笹谷商店 …… 29
丸水札幌中央水産 …… 29
マルスイフーズ …… 30
マルスイ冷蔵 …… 30
マルセンクリーニング …… 101
丸善 CHI HD …… 114
丸玉木材 …… 67
丸千代山岡家 …… 81
丸ト青果 …… 30
マルトマ苫小牧卸売 …… 31
丸中釧路中央青果 …… 31
丸中しれとこ食品 …… 29
マルナカ相互商事 …… 29
丸二永光水産 …… 29
マルハニチロ …… 24, 28
マルハニチロ北日本 …… 28, 29
丸彦産業 …… 60
丸彦商事 …… 60
丸彦渡辺建設 …… 60
丸紅 …… 17
マルベリー …… 79
丸升増田本店 …… 45
まるみ水産 …… 30
マルモ …… 47
丸ヨ池内 …… 84
萬世閣 …… 101, 154

み

ミクロ札幌 …… 51
ミサワホーム …… 63
ミサワホーム北海道 …… 63, 64

ミズノ …… 130
三千櫻酒造 …… 35
三井住友海上 …… 127
三井住友銀行 …… 94
三井物産 …… 34, 47
三井物産スチール …… 47
三井不動産 …… 94
三井不動産商業マネジメント …… 84
三井不動産リアルティ札幌 …… 65
三井不動産レジデンシャル …… 64
三井ホーム …… 63
三井ホーム北海道 …… 63
ミツウマ …… 82
三越伊勢丹 HD …… 84
三菱地所 …… 94
三菱地所プロパティマネジメント …… 84
三菱地所レジデンス …… 64
三菱商事 …… 47, 94
三菱製鋼 …… 46
三菱製鋼室蘭特殊鋼 …… 46
三菱製紙 …… 44
三菱パワー …… 52
三星 …… 32
三ツ星レストランシステム …… 81
ミツミ電機 …… 53
みつる …… 80
三ッ輪運輸 …… 97
三ッ輪商会 …… 97
緑ケ岡学園 …… 118
ミナミアグリシステム …… 20
ミナミ石油 …… 54
南日本酪農協同 …… 23
みなみ北海道農業共済組合 …… 20
宮越商事／ミヤコシヤサンズ …… 80
宮坂建設工業 …… 60
ミヤタ技研工業 …… 17
宮本商店 …… 30
宮脇土建 …… 61
ミュージックファン …… 132
三好製作所 …… 53
ミライト・HD …… 108
ミライト・モバイル・イースト …… 108
未来のアグリ …… 53
ミルクの郷 …… 23
みれい菓 …… 33

む

武蔵野銀行 …… 126
ムトウ …… 79
夢民舎 …… 23
村越建設 …… 61
村澤農園 …… 20
村瀬鉄工所 …… 47
ムラタ …… 83
室蘭魚市場 …… 31
室蘭ガス …… 42
室蘭共同 …… 31
室蘭工業大学 …… 17, 116
室蘭信用金庫 …… 128
ムロランスズキ …… 51
室蘭ダイハツ販売 …… 100
むろらん東郷 …… 51
室蘭銅合金 …… 46
室蘭民報社 …… 112

め

明治海運 …… 101
明治コンサルタント …… 61
明治 HD …… 23, 33
明治安田生命 …… 126, 127
メイトク北海道 …… 51
明和工業（愛知） …… 51
明和工業（新潟） …… 53
明和地所 …… 64

メタルワン …… 47
メタルワン北海道 …… 47
メッドネクスト …… 127
メディア・マジック …… 109
メディウェル …… 78
メディカルシステムネットワーク …… 78, 110
メディパルフーズ …… 27
メディパル HD …… 27, 79
メデック …… 51
メトロタイルジャパン …… 62
めむろワイナリー …… 35
メモリアルむらもと …… 136
麺厨房あじさい …… 81

MOE HD …… 135
茂田石油 …… 54
もち米の里ふうれん特産館 …… 20
もっかいトラスト …… 45
森川組 …… 61
モリカワ産業 …… 21
森下商店 …… 30
森高牧場 …… 23
モリタン …… 28
森哲 …… 30
盛永組 …… 61
森永乳業 …… 22
森永乳業北海道 …… 22
もりもと …… 32
森谷ファーム …… 20
モリワキ …… 75
モロオ …… 79, 109
モンガク谷ワイナリー …… 35

や
八木菓子舗 …… 33
ヤクハン製薬 …… 79
ヤブシタ …… 67, 150
ヤブシタエネシス …… 42
山岡木材工業 …… 85
山上木工 …… 85
山岸工務店 …… 62
ヤマギシズム生活北海道別海実顕地 …… 20
山口油屋福太郎 …… 32
ヤマザキ …… 28
山崎建設工業 …… 60, 130
山崎製パン …… 25
山崎ワイナリー …… 35
山下不動産建設 …… 63
やまた水産 …… 30
ヤマチ工芸社 …… 62
ヤマチコーポレーション …… 62, 66, 68
ヤマチマネジメント …… 67
山地ユナイテッド …… 62
大和工業 …… 151
大和納華 …… 20
山本忠信商店 …… 25
山本ビル …… 132
ヤンマー HD …… 16

ゆ
勇﨑恒次郎商店 …… 18, 30
UCC HD …… 26
遊鶴 …… 80
夕張ツムラ …… 79
夕張鉄道 …… 93
ユーラスエナジー HD …… 43
雪印種苗 …… 17, 22
雪印パーラー …… 22
雪印ビーンスターク …… 22
雪印メグミルク …… 22, 26
ユニオンデーターシステム …… 110
ユニシス …… 79
ユニバーサルホーム …… 63
ユニバース …… 74

ユニマイクロンジャパン …… 52

よ
余市ワイナリー …… 35
横市フロマージュ舎 …… 23
横河ブリッジ HD …… 47
横浜銀行 …… 126
横山食品 …… 25
横山製粉 …… 25
吉田学園 …… 117
YOSHIMI …… 32
吉本興業札幌支社 …… 132
よつ葉テクノサービス …… 22
よつ葉乳業 …… 22, 36
よつ葉物流 …… 22
米倉商店 …… 33
米沢煉瓦 …… 67
読売 IS 北海道支社 …… 115
読売エージェンシー北海道支社 …… 115
読売広告社 札幌支社 …… 115
読売新聞グループ本社 …… 112
4丁目プラザ …… 84

ら
RIZAP グループ …… 119
ライフコーポレーション …… 80
ライフネット …… 136
ライラック・フーズ …… 28
酪農学園 …… 117
ラッキーピエログループ …… 81
ラルズ …… 74
Lan Seqqua …… 35
ランチョ・エルパソ …… 34

り
リアント …… 64
リージョナルマーケティング …… 77, 130
リージョナルマーケティング琉球 …… 77
リージョンズ …… 133
リーベンホーム …… 62, 63
リカーズかめはた …… 34
リクルート北海道じゃらん …… 111
理研興業 …… 149
梨湖フーズ …… 80
リタファーム＆ワイナリー …… 35
リテールパートナーズ …… 74
リビングプラットフォーム …… 135
リブテック …… 60
リブレ・デザイン事務所 …… 131
柳月 …… 32
流研 …… 110
龍文堂 …… 114
リラィアブル …… 111
リンケージサービス …… 133
りんゆう観光 …… 99, 102

る
ル・レーヴ・ワイナリー …… 35
ルック・ヒライ …… 83
ルピシア …… 26
留萌信用金庫 …… 128

れ
レアックス …… 151
RAINBOW …… 17
LEOC …… 130
レデイ薬局 …… 76
レバンガ北海道 …… 131
レンゴー …… 45
練成会グループ …… 119, 131
RENFOODS（レン・フーズ）…… 81

ろ
ロイズコンフェクト …… 32
労働金庫連合会 …… 129

労働者健康安全機構 …… 134
ローソン …… 75, 131
ロゴスホーム …… 62, 63
ロゴス HD …… 62
ロジェ …… 64
ロジネットジャパン …… 26, 96, 103
六花亭製菓 …… 32
ロバ菓子司 …… 32
ロバパン …… 25
ろまん亭 …… 32

わ
ワールド山内 …… 47
ワイエスフーズ …… 29

ワイナリー夢の森 …… 35
わかさいも本舗 …… 32, 34
ワカサリゾート …… 99
和弘食品 …… 27
ワコー …… 45
わしづ …… 34
ワタショウ …… 34
渡辺工務店 …… 62
和田農園 …… 20
稚内信用金庫 …… 128
ワッズ …… 26
ワテックス北海道 …… 47
わらく堂 …… 33
わらべや日洋 HD …… 28

巻頭・巻末特集、北海道新聞「夢さぽ」、ならびに「業界地図」中の説明文に記載された企業・団体名はさくいんに掲載されていません。HDはホールディングスの略です。ご留意ください。

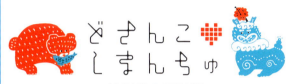

「どさんこしまんちゅプロジェクト」は、沖縄の企業や団体が連携して、端（北海道）と端（沖縄）で力を合わせて、新しいアイデアを基に社会的意義のある新たな価値を創造し、社会に大きな変化をもたらす人・モノ・仕組みを促進させ、沖縄と北海道、さらには日本を元気にし、世界から愛される場所にすることを目指すプロジェクトです。

本書は沖縄の皆さんとの出会いの中で、沖縄で先行発行された書籍「沖縄の業界地図」（写真下）の取り組みを知り、北海道版の制作を行いました。

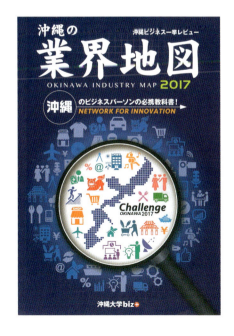

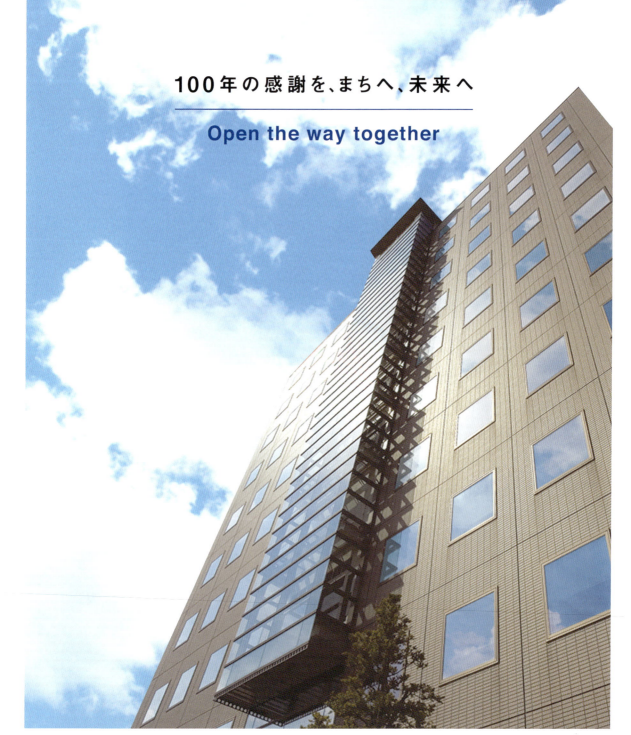

100th 2022年、おかげさまで100周年

100年の感謝を、まちへ、未来へ
Open the way together

岩田地崎建設株式会社

〒060-8630 札幌市中央区北2条東17丁目2番地
TEL·011-221-2221 FAX·011-222-7682 http://www.iwatachizaki.jp

企業が求める資格 第1位
日商簿記検定

人気No.1

簿記は、企業の経営活動を記録・計算・整理して、経営成績と財政状態を明らかにする技能です。企業の活動を適切、かつ正確に情報公開するとともに、経営管理能力を身につけるために、必須の知識です。

- ◆ 1～3級全国統一試験（ペーパー試験）
- ◆ 2～3級随時施行ネット試験

2・3級は、随時受験が可能なネット試験がスタートしました！

札幌商工会議所内のネット試験会場で、パソコンを使用してインターネットを介して試験を実施します。
試験終了後、すぐに合否結果が判明し、合格された方はQRコードからデジタル合格証を読み込むことができますので、速やかに資格取得を目指す方におすすめです。

北海道唯一

札幌で6カ月学んで診断士を取得！

中小企業診断士 登録養成課程

1次試験に合格したら　診断士になるための もうひとつの道

札幌商工会議所 人材確保・開発部 人材開発室

お気軽にお問い合わせください

〒060-8610 札幌市中央区北1条西2丁目 北海道経済センター
TEL.011-231-1761

おかげさまで、
セイコーマートは
50周年

あの夏の日から、つながってゆく青空

汗もしたたる真夏日の北海道、いやいや、いやあ、暑い。偶然、仕事で訪れたのは、昔住んでいた町だった。打ち合わせを終えたあと、懐かしむようにぶらりと散歩。途中、ふと見つけたコンビニに、あっ、と声を上げた。そこは、もとは酒屋だったのだが、小学五年生のある日から、ジュースやお菓子や色々なものを置くようになった。子どもだった私たちは少ないお小遣いをにぎりしめて、入道雲の下でよくアイスパーティーをしたものだった。何かとすぐったい気持ちを抱えてアイスを買い、近くのこれまた懐かしい公園のベンチに腰かけた。変わったようでいて、あの頃の匂いが鼻をくすぐる町並み。夏の陽射しの中でアイスを食べる、というのは何年ぶりだろう。昔、一緒にアイスを食べた友人たちは元気だろうか。結婚し、娘が生まれてからも、しばらくこの町にいた。あのコンビニのアイスが大好きだった娘。一緒にここでアイスを食べたこと、彼女は覚えているだろうか。

家に帰ると、妻が豪勢な夕食を用意してくれていた。「お父さん、誕生日、おめでとう」着替えていると、リビングから明るい声が。久しぶりに娘夫婦が遊びにきたようだ。「セイコーマートさ、お店の色、新しくなったんだね」もうずいぶんと大きくなったおなかを気遣いながら、娘は袋から何かを取り出して、見せてくる。「パパ、ご飯のあと、一緒にコレ、食べよう」もうすぐしたら、親子三世代でアイスかな。子どもの頃の面影をにじませて笑う娘。さっき同じアイスを食べたことは内緒にして、おう、と返す。「今、おなか、蹴った」などと想像していると、娘があら、と。まもなく出会うであろう孫が返事をしたような気がして、思わず笑った。こころにじんわり沁みてくる想い。大切なものはいつの日も、すぐそばに。いままでも、これからも、ずっと。心もあらたに、さぁ、これからだ。

www.seicomart.co.jp

セイコーマート1号店は1971年8月に開店しました。これからも、よろしくお願いいたします。

次世代レンタルスペース

TANUBE
狸小路BASE

TANUBEなら叶う！
仕事も遊びも最先端のスタイル

オンラインが日常化したいま、人と人を繋ぐ拠点（BASE）として狸小路にオープン！！
集まってのミーティングはもちろん、オンラインセミナーやWEB会議などのビジネス利用、ライブ・ビューイングやスポーツ観戦などのプライベート利用、推し活やPOPアップショップ、展示会などの様々なシーンで活用いただけます

TANUBE for Business
TANUBEで広がるビジネス

たとえばこんな使い方
- 資料共有もスムーズなリモート会議
- オンライン授業の配信
- アパレルや食品などのPOP UPショップ（販売会）
- 絵画やアートのオンライン展示会（販売会）etc.

TANUBE for PRIVATE
TANUBEなら楽しめる多彩なスタイル

たとえばこんな使い方
- 遠方の友人や家族とのオンライン飲み会
- ライブ配信スタジオ
- 推しのバースデーパーティ
- 映画やドラマの鑑賞会（お客様のアカウントを利用）
- 人狼！仲間同士のスポーツ観戦・ライブビューイング etc.

使い方に応じたレイアウトで準備させていただきます。レンタル品などのご相談もお気軽にお問合せください。※写真はいずれもイメージです。

PRICE
人数や用途に合わせたルームは2タイプ

BIG ROOM

楽しみ方は無限大！！
ビジネスユースにもちろん、
グループ利用にもおすすめ！！
- 面積／約21㎡
- 推奨人数／1名～15名

1時間 **11,000yen** [税込]

SMALL ROOM

少人数でのリモート会議などはもちろん、映画鑑賞やライブビューイングにおすすめ！！
- 面積／約9㎡
- 推奨人数／1名～5名

1時間 **5,500yen** [税込]

EQUIPMENT
BIG ROOM / SMALL ROOM 設備・備品

- フリードリンク
  - 各種コーヒー
  - 炭酸水
- オールインワンインタラクティブパネル MAXHUB
- 大型スクリーン
- プロジェクター JVC-DLA-X509R
- サラウンドシステム
- ROOM専用 FREE Wi-Fi

Foods & Drinks Delivery
ドリンクやフードの持ち込み・デリバリーも対応可能！！

MAXHUB販売も承ります。購入やデモンストレーションをご希望の方はお気軽にお申し付けください

GOLDEX mobile 格安スマホ「GOLDEX mobile」取り扱い店

札幌市中央区南3条西3丁目17-10
☎ 011-252-9590

ご予約サイト
https://upnow.jp/tanube
スマホでスキャン！すぐ予約！！

LINE ともだち登録▶
トークで予約できます！！

北海道内 ものづくり企業 求人情報

北海道で働こう！

掲載職種一例

- ◆営業職、製造職
- ◆CADオペレーター
- ◆品質管理、生産管理
- ◆機械修理
- ◆メンテナンスエンジニア
- ◆検査担当
- ◆機械設計管理
- ◆塗装、鉄工、溶接工
- ◆車体製造、設計

　　　など、多数掲載！

北海道ものづくり企業求人情報　検索

応援します！北海道の「ものづくり」「ひとづくり」

一般社団法人 **北海道機械工業会**
〒060-0001札幌市中央区北1条西7丁目3-2　北一条大和田ビル4F
TEL:011-221-3375　　FAX:011-251-4387
Mail:hmma@h-kogyokai.or.jp　URL:http://h-kogyokai.or.jp/

HP

THE HOKKAIDO BANK, LTD.

時代に求められる銀行であり続けるために、
デジタル化を加速させ、さらなる進化を目指します。
これからも、北海道の発展のために、
道民の皆さまの豊かさへの貢献のために。

株式会社北海道銀行
頭取 兼間 祐二

北海道銀行の経営理念

- 地域共栄
- 公正堅実
- 進取創造

 北海道銀行

https://www.hokkaidobank.co.jp

日々の暮らしを いま、そして 未来も支える 建設業

ものづくりの魅力 感じてください

　住宅、電気、ガス、水道、下水道。いずれも私たちの生活に欠かすことのできないものですが、建設業の存在がなければ、それらを使うことはできません。

　国際競技大会やプロスポーツ、コンサートといったイベントも、建設業なしには成り立ちません。

　そのほかにも、道路、公園、学校、廃棄物処理施設、鉄道、地下鉄、空港、漁港など日々の暮らしや産業を支えている施設があります。普段は何気なく利用しているものですが、すべてに建設業がかかわっています。

　わが国の経済活動が続く限り、それに寄り添い支えていく。そこには、確かな技術に裏付けられた、ものづくりの魅力もあります。

　現在（いま）、そして未来を支える建設業。その役割を伝えようと、当協会では、さまざまな取組を展開しています。

　あなたも感じてみませんか？その魅力を。

 一般社団法人
北海道建設業協会

詳しくは北海道建設業協会のホームページ
（http://www.doukenkyo.jp/）をご覧ください。

〒060－0004
札幌市中央区北4条西3丁目1番地北海道建設会館7階
電話011－261－6184／ＦＡＸ011－251－2305

北海道マツダ販売株式会社 創業68周年

Be a driver.

https://www.hokkaido-mazda.co.jp/

北海道マツダ販売株式会社は創業から68周年。
今や生活必需品となりつつある自動車ですが、
北海道マツダグループでは『走る歓び』をすべてのお客様へ届けるために、
免許の取得から自動車の販売・修理に至るまで関連会社も一丸となり
お客様のカーライフをサポートしています。
一緒に会社の未来を創りませんか？

【北海道マツダグループ】

- 北海道ロードヘルプ
- マツダレンタリース北海道
- シュテルン札幌（メルセデスベンツ札幌中央）
- 鉄工団地自動車学園
- 白石中央自動車学園
- 室蘭中央自動車学園

北海道マツダ販売株式会社

帯広市西21条北1丁目3-20　TEL：0155-37-5511　FAX：0155-38-7185

〈協力〉

佐藤　大輔

北海学園大学経営学部教授

大阪府出身。立教大学経済学部卒業、神戸大学大学院経営学研究科博士課程後期課程（マネジメントシステム専攻）修了。博士（経営学）。2002年北海学園大学経済学部専任講師、12年同経営学部教授。

組織における人々の行為や、実践における創造性、自律性などを研究領域とする。著書に『「創造性」を育てる教育とマネジメント』（編著　同文館、2014年）。

ゼミでは、地域や企業などとの連携による課題解決型プロジェクトや学生による事業創造プロジェクトを実施するなど、創造性をテーマに実践的なプログラムを展開する。先に理論を学び、後でそれを使う「応用的」な取り組みだけではなく、先に実体験として行動し、後で自分なりに理論を学ぶ「反省的」な取り組みにも力を入れる。

佐藤　大輔ゼミ（「北海道の業界地図 2022-23」制作プロジェクトチーム）

境　　京介（北海学園大学経営学部 3 年）　　西村　望恵（北海学園大学経営学部 3 年）

宮川　綾菜（北海学園大学経営学部 3 年）　　阿部　幹宏（北海学園大学経営学部 2 年）

白幡　来幸（北海学園大学経営学部 2 年）　　髙橋　涼夏（北海学園大学経営学部 2 年）

〈スタッフ〉

西條　恵一郎、瓦木　毅彦、松崎　繁雄、中山　顕崇（以上　北海道新聞社）

小松　元明、千葉　雅士（北海道新聞HotMedia）

カバー・表紙デザイン　佐々木　正男（佐々木デザイン事務所）

本文デザイン　アイワード

北海道の業界地図 2022-23

2021 年 10 月 30 日　　初版第 1 刷発行

編　者　北海道新聞社

発行者　菅原　淳

発行所　北海道新聞社

　　　　〒060-8711　札幌市中央区大通西 3 丁目 6

　　　　出版センター（編集）☎ 011・210・5742 ／（営業）☎ 011・210・5744

印刷所　株式会社アイワード

本誌掲載の図版、記事、写真の無断転載を禁じます。

乱丁・落丁本は出版センター（営業）にご連絡ください。お取り換えいたします。

ISBN978-4-86721-043-7